Stephan Brey
Joomla! für Profis

Stephan Brey

Joomla! für Profis

Das Praxisbuch

Mit 426 Abbildungen

FRANZIS

Bibliografische Information der Deutschen Bibliothek

Die Deutsche Bibliothek verzeichnet diese Publikation in der Deutschen Nationalbibliografie;
detaillierte Daten sind im Internet über http://dnb.ddb.de abrufbar.

Lektorat: Franz Graser
Satz: DTP-Satz A. Kugge, München
art & design: www.ideehoch2.de
Druck: Bercker, 47623 Kevelaer
Printed in Germany

ISBN 978-3-7723-7068-7

Der König fragt die Schlange: Was ist Wert?
Die Schlange antwortete: Gold
Was ist herrlicher als Gold? fragte der König
Das Licht, antwortete die Schlange
Was ist erquicklicher als Licht? fragte jener. –
Das Gespräch, antwortete die Schlange

(Johann Wolfgang von Goethe)

Dieses Buch ist meinen beiden Söhnen

.:Janosch und Felix:.

und meiner Tochter

.:Leonie:.

gewidmet

Inhaltsverzeichnis

1 Joomla – ein Phänomen

1.1 Was ist Joomla?

Joomla ist ein etwas merkwürdiger Name, der zuerst einmal wenig darüber aussagt, worum es eigentlich geht.

Joomla wird wie *Tschuumla* ausgesprochen. Das Wort stammt dem Vernehmen nach aus dem Arabischen und bedeutet übersetzt in etwa »alle zusammen«. So könnte man auch die Philosophie der Joomla-Gemeinde zusammenfassen: »etwas zusammen entwerfen, etwas zusammen machen«. Denn Joomla ist wirklich in einer Community geschaffen worden.

Joomla ist ein sogenanntes Content Management System (CMS), oder Web Content Management System, mit dem sich Inhalte einer Website gestalten und verwalten lassen. Möglich macht dies unter anderem die Benutzerverwaltung, die Rechte und Möglichkeiten klar eingrenzt. Es gibt zum Beispiel eingeschränkte Rechte für Autoren, die lediglich Beiträge verfassen, die ins Netz gestellt werden sollen. Administratoren haben selbstverständlich größere Freiheiten, wie etwa bestimmten Benutzern den Zugang zum System zu erlauben oder zu verwehren.

Das System eignet sich für kleine und mittelgroße Firmen, aber auch für private Websites, da es, wenn es einmal verstanden ist, einfach und sicher bedient werden kann. Ein Firmen-Intranet wäre zum Beispiel eine gute Einsatzmöglichkeit für Joomla

Es gibt Marktkenner, die Joomla sogar als *Phänomen* bezeichnen. Das liegt nicht zuletzt an der großen und aktiven Community, die das System entwickelt und pflegt. So gibt es eine große Zahl von Erweiterungen, die nützliche Funktionen mitbringen. Erweiterungen sind, wie das Kernsystem selbst, kostenlos und frei editierbar, sofern die Lizenzrichtlinien der GPL (General Public License) eingehalten werden. Und eben dieser großer Community aus Entwicklern, Autoren, Redakteuren etc. ist es zu verdanken, dass Joomla etwas Großes geworden ist.

Fakten, die für Joomla sprechen:

• Die Zahl der im Internet verwendeten Joomla-Installationen wird auf etwa 5 Millionen geschätzt[1].

• Joomla dürfte damit nach der Zahl der Installationen das beliebteste Web Content Management System weltweit sein.

---

[1] Laut einem Eintrag in `joomla-blog.net` vom 11. Januar 2008.

- Joomla ist multilingual und in über 20 Sprachen verfügbar.

- Es gibt vermutlich kein zweites CMS, das eine so große Vielfalt an Entwicklern und Benutzern sowie an frei verfügbaren Erweiterungen aufweist.

1.2   Einsatzmöglichkeiten

Im Prinzip lässt sich Joomla überall dort einsetzen, wo Inhalte publiziert, aktualisiert und Besucher informiert werden sollen und wo die Bedienerfreundlichkeit eine große Rolle spielt.

Einige Beispiele dafür, wo Joomla genutzt wird:

- in Schulen. Es gibt beispielsweise einen Vertretungsplan für Lehrer als Joomla-Extension

- in Vereinen

- als Onlineshop

- als CMS für die Unternehmenswebsite

- als Intranet in Firmen

- als Webseite mit dynamischen Funktionen für Firmen

- als Portal für z. B. Ärztehäuser

- und natürlich als öffentliche Webseite für Familien und Privatpersonen, die eben mehr kann als eine statische HTML-Seite mit einem PHP-Kontaktformular

1.3   Voraussetzungen für Joomla

Obwohl Joomla eine Webanwendung ist, kann sie – zum Beispiel zu Testzwecken – auch lokal installiert werden.

Damit Joomla bei Ihnen auf dem Rechner läuft und Sie das Beispieltemplate nachvollziehen können, habe ich eine kleine Liste an Software zusammengestellt, die dazu erforderlich ist. Jegliche Software ist kostenlos und für alle relevanten PC-Betriebssysteme (Windows, Linux, Mac) verfügbar. Windows-Benutzer sollten allerdings darauf achten, mindestens Windows XP zu verwenden.

Mindestens einer der aufgeführten Browser:

- Firefox 2.x oder höher

- Internet Explorer 6.x oder höher

- Opera 7 oder höher

- Google Chrome

Für den Betrieb sind in jedem Fall ein Webserver (Apache, Microsoft Internet Information Server etc) und eine SQL-Datenbank nötig. Für Joomla 1.5 werden folgende Versionen benötigt:

- Apache 1.13.19 oder höher

- Datenbank: MySQL 3.23.x oder höher

- Die Programmiersprache PHP 4.4.x oder höher

- Joomla 1.6, das voraussichtlich im Frühjahr 2009 erscheinen wird, setzt die PHP-Version 5.2 voraus. Diese Variante schließt unter anderem einige Sicherheitslücken der Sprache. Da Joomla in PHP programmiert ist, profitieren die Anwendung und die damit erstellten Webseiten ebenfalls von dem höheren Sicherheitsstandard.

Das kostenlose Paket XAMPP (X, Apache, MySQL, Perl, PHP – der Buchstabe X steht hierbei für ein beliebiges Betriebssystem) stellt alle serverseitigen Programme zur Verfügung, die für den lokalen Betrieb von Joomla gebraucht werden. Wie das X andeutet, ist XAMPP für alle relevanten PC-Betriebssysteme erhältlich, und zwar unter `www.apachefriends.org/de/xampp.html`.

Als zusätzliche Werkzeuge sind empfehlenswert:

- Ein FTP-Programm (File Transport Protocol) für den Datentransfer. Die FTP Soft ware ist spätestens dann nötig, wenn auf dem PC erstellte Joomla-Seiten auf einen Online-Server überspielt werden sollen. Hier hat sich das freie Programm Filezilla (`www.filezilla.de`) bewährt.

- Ein Grafik- oder Bildbearbeitungsprogramm. Wer dafür kein Geld ausgeben will, sollte sich den GIMP (GNU Image Manipulation Program) einmal näher ansehen: `www.gimp.org`. Der GIMP wurde ursprünglich für Linux entwickelt, es existieren aber auch Versionen für Windows und MacOS.

- Ein HTML-Editor wie Adobe Dreamweaver, GoLive oder die freie Software Aptana (Download unter `www.aptana.com`) zum Editieren von Webseiten- und Skriptdateien.

1.4   Was ist neu in Joomla 1.5.x?

Joomla in der Version 1.5.x gibt es nun schon seit etwa einem Jahr. Eine Frage stellt sich insbesondere für Joomla-Freunde, die die ältere Version 1.0.x installiert haben: Was gibt es denn überhaupt Neues in der Version 1.5.x? Auf jeden Fall sieht das neue Joomla professioneller und erwachsener aus als sein Vorgänger. Viele Funktionen wurden neu entwickelt und ältere modifiziert. Insgesamt lässt sich Joomla 1.5 wesentlich leichter bedienen als bisher.

Sicher: Der modulare Aufbau – mit ein Grund für den Erfolg des Systems – ist geblieben und die Erstellung frischer Inhalte hat sich im Prinzip nicht verändert. Die Installation lässt sich in 7 Schritten abbilden. Im Kapitel 2 dieses Buches werden die einzelnen Schritte schnell und leicht erklärt. Wer allerdings eine Setup-Datei sucht, die die 1.0.x mit einem Mausklick auf die Version 1.5.x aktualisiert, sucht vergebens. Diese gibt es nicht. Die wichtigsten Neuerungen beim Versionssprung auf 1.5.x lauten wie folgt:

- Migrationsmöglichkeit während des Setups

- Barrierefreiheit

- Schnittstellenänderungen in der API (Application Programming Interface, Schnittstelle zum Betriebssystem)

- Mambots (kleine Hilfsprogramme für Joomla 1.0.x) gehören der Vergangenheit an, nunnmehr werden Mambots Plugins genannt. Der Name Mambots leitet sich von der Tatsache ab, dass Joomla eine Weiterentwicklung des quelloffenen CMS mit dem Namen Mambo darstellt.

- Die Datenbank wurde an die neueren Versionen von PHP und MySQL angepasst.

1.5 Was wird sich in der Version 1.6 ändern?

Mit großer Spannung wird Joomla 1.6.x bei den Anwendern und Entwicklern erwartet. Der Versionssprung auf Joomla 1.5.x war schon enorm und begeisterte viele dankbare User. Der nächste Schritt ist die Version 1.6. x., die eventuell noch 2009 zu erwarten ist. Von den Programmierern wurden unter anderem Verbesserungen beim Rechtesystem oder die automatische Aktualisierung von Erweiterungen angekündigt.

1.5.1 Übersicht der bekannten Neuerungen

- Das Rechtesystem, das vergleichsweise unflexible Rechteschema von Administrator, Publisher, Autor, Redakteur etc. mit ihren vorgegebenen Rechten lässt sich in der derzeitigen Version noch nicht anpassen. Die Version 1.6.x wird es voraussichtlich erlauben, Benutzergruppen zu definieren und diesen Gruppen Rechte zuzuweisen, die auf ihren Tätigkeitsbereich zugeschnitten sind.

- Erweiterungen werden automatisch aktualisiert, Sicherheitslücken automatisch durch Updates geschlossen.

- Sie können die Erweiterungen mit wenigen Klicks aktualisieren.

- Joomla soll sich selbst aktualisieren können.

- Wie bereits angedeutet, wird Joomla 1.6 aus Sicherheitsgründen nur noch mit der PHP-Version 5.2 und aufwärts kompatibel sein.

1.5.2 Übersicht der geplanten Modifikationen

- Modifiziertes Hilfesystem

- Spamschutz

- Library-Installer

- Features für Suchmaschinenoptimierung (SEO)
- Verbesserungen für den Media Manager

> **Tipp:** Den aktuellen Fortschritt der Entwicklung und der neuen Funktionen in Joomla 1.6.x können Sie im englischsprachigen Forum `http://community.joomla.org` verfolgen.

1.6 Was spricht für den Einsatz von Joomla?

- Joomla ist eine kostenlose, frei editierbare, benutzerfreundliche Content Management Software.

- Es gibt eine riesige Joomla Community, die weltweit ca. 300 000 Foreneinträge geschrieben hat. Dadurch steht eine unerschöpfliche Quelle an hilfreichen Informationen zur Verfügung.

- Joomla baut auf MySQL und Apache auf; diese Programme sind ebenfallks kostenlos und frei verfügbar.

- Joomla ist nicht nur ein CMS, sondern kann auch als Wiki, Blog, Portal, Forum und Onlineshop eingesetzt werden.

- Es gibt eine Fülle von Erweiterungen, Templates, Modulen.

- Joomla lässt sich leicht installieren und verwalten.

- Alle Beiträge, Inhalte und Grafiken sind druckbar.

- Joomla-Inhalte lassen sich in über 20 Sprachen darstellen.

- Joomla lässt sich durch Werbemodule vermarkten.

- Inhalte lassen sich nach Einstelldatum und Beliebtheit anordnen.

- User-spezifische Sprachen können eingesetzt werden. Damit ist es möglich, dass ein deutschsprachiger Anwender ein deutschsprachiges Joomla in seinem Bereich vorfindet und ein Englisch sprechender Anwender seinen persönlichen Bereich in Englisch sehen kann.

1.7 Lizenzen

Für Joomla gilt die GNU General Public License. Kurz zusammengefasst bedeutet das, dass jeder das Recht hat, die Software nicht nur frei zu nutzen, sondern sie auch nach eigenem Ermessen zu erweitern und weiterzuentwickeln. Derartige Weiterentwicklungen müssen jedoch wiederum der Community zur Verfügung gestellt werden.

Nähere Informationen dazu finden sich im Netz unter:

- `http://www.gnu.org/licenses/gpl.html` (englischer Originaltext der GNU General Public License),

- `http://www.gnu.de/gpl-ger.html` (Inoffizielle deutsche Übersetzung der Lizenz),

- `http://de.wikipedia.org/wiki/GNU_GPL` (Wikipedia-Eintrag zur Lizenz),

- `http://www.gnu.org/licenses/gpl-faq.html` (häufig gestellte Fragen zur Lizenz, englischsprachig).

- Die Philosophie der GNU-Lizenz wird auf folgenden Internetseiten erläutert:

- `http://www.gnu.org/philosophy/`

- `http://de.wikipedia.org/wiki/Open_Source`

- `http://de.wikipedia.org/wiki/Freie_Software`

1.8   Nachteile

Kein System ist perfekt. Joomla besitzt durchaus auch Schwächen. Nach Ansicht vieler User wiegen die Vorteile des Systems die Mängel mehr als auf. Dennoch seien hier einige Nachteile genannt:

- Grundkenntnisse über CSS und HTML sind unerlässlich, sobald die Ansprüche der Benutzer über die Standardinstallation hinausgehen.

- Entwickler benötigen PHP-Kenntnisse.

- Die Logik des Seitenaufbaus und der Inhalteverwaltung ist nicht für jeden nachvollziehbar.

2 Installation & Konfiguration

2.1 Systemvoraussetzungen

Joomla ist eine dynamische Anwendung und benötigt daher eine Datenbank sowie einen Webserver. Die Frage nach den Systemvoraussetzungen stellt sich heute eigentlich nicht mehr. Ubuntu, Mac OSX und Windows eignen sich bestens für eine lokale Installation, auch wenn noch ein Webserver und eine Datenbank eingerichtet werden müssen.

Trotzdem! Hier nochmal in Kürze die Installationsvoraussetzungen für Joomla 1.5.x:

- Mozilla Firefox 2.0 oder höher
- Internet Explorer 6 oder höher
- Opera 6 oder höher
- Webserver: Apache 1.17.14 oder höher
- Datenbank: MySQL 4.20.x oder höher
- Skriptsprache: PHP 4.1.x oder höher

Die Version 1.6 wird mindestens die PHP-Version 5.2 voraussetzen und damit auch einige Sicherheitslücken schließen, die auf die ältere PHP-Variante zurückgeführt werden.

2.1.1 Einrichten eines lokalen Webservers unter Windows

Der kostenlose Webserver mit SQL-Datenbank ist XAMPP. Dabei handelt es sich um eine Zusammenstellung verschiedener freier Softwareprogramme. Das Kürzel XAMPP leitet sich von den enthaltenen Programmen ab – dabei stehen A für den Webserver Apache, M für die Datenbank MySQL und die beiden Ps für die Skriptsprachen PHP und Perl. Das X bedeutet, dass das Paket für verschiedene Betriebssystemumgebungen erhältlich ist (unter anderem Windows, Linux und Max OSX). XAMPP ist sehr einfach zu installieren und außerordentlich bedienerfreundlich. Daher eignet es sich ideal zum Einsatz als Testumgebung für eine lokale Joomla-Installation.

XAMPP ist zwar die populärste Lösung, aber nicht die einzige. Sie können natürlich auch eine andere Lösung verwenden, die sich als lokaler Webserver eignet.

> **Tipp:** Die XAMPP-Installationsdateien sind auf folgender Website erhältlich: http://www.apachefriends.org/de/xampp.html. Dort kann das XAMPP- Paket für Linux, MacOS, Solaris und Windows heruntergeladen werden.

XAMPP lässt sich in wenigen Schritten installieren. Nach dem Download liegt XAMPP unter Windows als .exe- oder als .zip-Datei vor. Auch der Sourcecode lässt sich herunterladen. In diesem Beispiel verwende ich die Datei xampp-win32-1.7.0-installer.exe.

Übersicht der Installationsschritte für XAMPP

Schritt 1: Die Installation starten.

Durch Doppelklick auf das Symbol der Installationsdatei öffnet sich das Setup-Menü von XAMPP. Es empfiehlt sich nicht, Apache oder MySQL als Dienst zu installieren. Dadurch werden Systemressourcen gebunden, die an anderer Stelle fehlen könnten. Die drei Kästchen der Rubrik »Dienste« lassen Sie daher am besten unberührt.

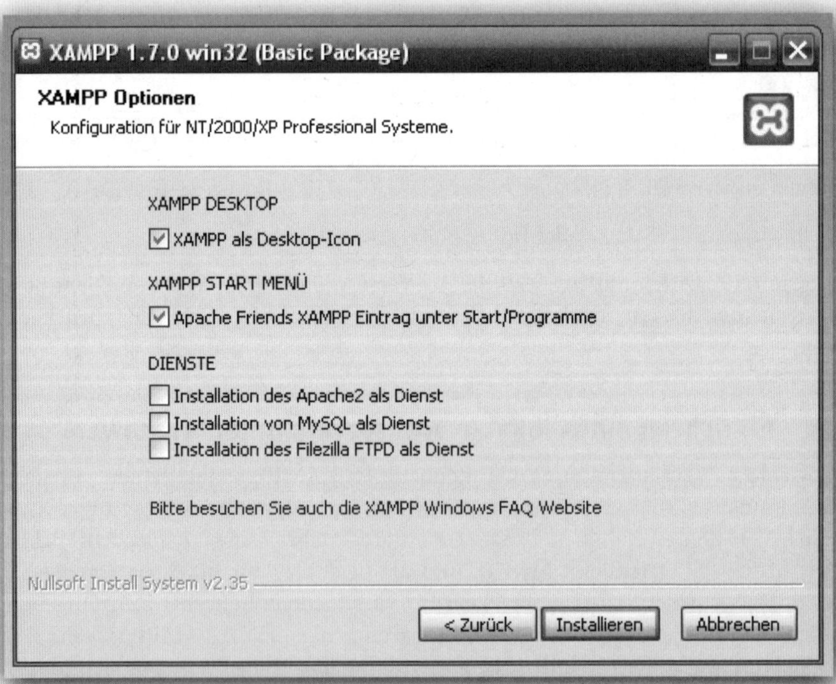

Bild 2.1: Das Setup-Menü von XAMPP

Schritt 2: Webserver und Datenbank starten

Nach der Installation lässt sich das XAMPP-Kontrollzentrum über die Programm- oder Taskleiste aufrufen. Starten Sie den Apache-Webserver und die MySQL-Datenbank, indem Sie in der Rubrik »Modules« jeweils rechts neben Apache und MySQL auf den »Start«-Button klicken. Nach kurzer Zeit sollten Sie die Rückmeldung »Running« erhalten, wie im Bild zu sehen ist. Auf den bisherigen »Start«-Buttons des XAMPP-Kontrollzentrums steht jetzt das Wort »Stop«.

Wenn Sie Apache und MySQL nicht mehr brauchen, können Sie die Programme durch Klick auf »Stop« wieder abschalten. Das »Running«-Symbol erlischt dann wieder. Um Joomla installieren und betreiben zu können, müssen sich Apache und MySQL jedoch im Betrieb befinden.

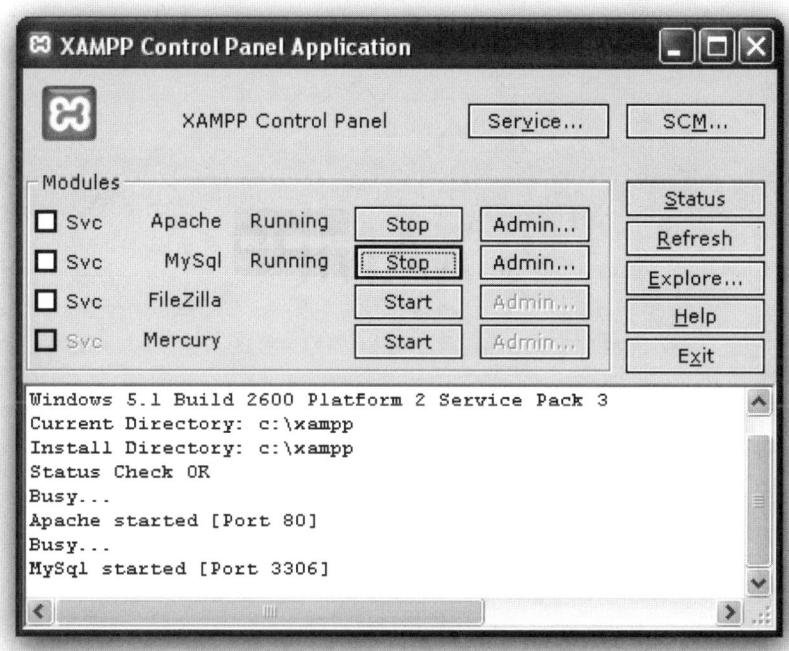

Bild 2.2: XAMPP Control Panel

Hinweis: Sind auf Ihrem Rechner sowohl Skype als auch XAMPP installiert, dann kann es vorkommen, dass sich beide Programme nicht gut miteinander vertragen. Wenn Skype läuft, lässt sich der Apache-Server in der Regel nicht starten. Der Grund hierfür liegt darin, dass Apache und Skype den gleichen Port verwenden. Das Problem wird behoben, wenn Sie zuerst Apache und dann Skype starten.

Ferner kann es vorkommen, dass die Windows-Firewall vor einem Zugriff warnt. Bitte freigeben, dann muss XAMPP eventuell nochmals gestartet werden.

Schritt 3: Konfigurationsmenü aufrufen

Ist die Installation problemlos verlaufen, dann sollten Sie – nach Eingabe des Wortes `localhost` oder der Adresse `http://127.0.0.1` in die Adresszeile des Browsers – untenstehendes Bild sehen können:

Bild 2.3: XAMPP-Aufruf über »localhost«

Abschließend sollten Sie noch auf die Option »Deutsch« klicken – fertig. XAMPP sieht nach einer erfolgreichen Installation folgendermaßen aus:

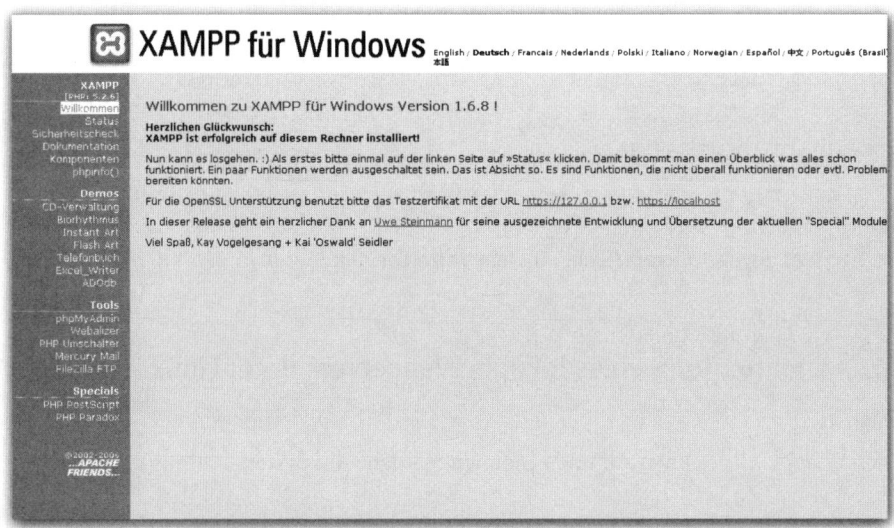

Bild 2.4: XAMPP-Ansicht nach erfolgreicher Installation

Um zur Datenbankansicht zu kommen, muss unter dem Menüpunkt »Tools« das Werkzeug »phpMyAdmin« aufgerufen werden.

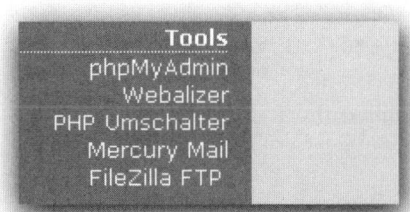

Bild 2.5: Vergrößerte Tools-Ansicht im XAMPP-Begrüßungsfenster

Damit ist die Installation des Webservers und der Datenbank abgeschlossen. In der Windows-Exploreransicht befindet sich nun das Verzeichnis xampp. In diesem steht der Ordner htdocs. In dieses Verzeichnis wird das Installationspaket für Joomla geschoben oder kopiert, welches dann später über den Browser aufgerufen wird.

Bild 2.6:   Windows-Exploreransicht mit dem Verzeichnis htdocs

2.1.2   Einrichtung eines lokalen Webservers unter Linux

Schritt 1:

Rufen Sie eine Linux-Shell auf und ernennen Sie sich zum System-Administrator root:

```
su
```

Schritt 2:

Entpacken Sie das das heruntergeladene Dateiarchiv von XAMPP. Benutzen Sie dafür diesen Befehl:

```
tar xvfz xampp-linux-1.7.tar.gz -C /opt
```

Tipp: XAMPP für Linux gibt es unter dieser Webadresse:
http://www.apachefriends.org/de/xampp-linux.html.

XAMPP ist nun im Verzeichnis /opt/lampp installiert.

Schritt 3:

Geben Sie zum Starten von XAMPP diesen Befehl ein:

```
/opt/lampp/lampp start
```

Auf dem Bildschirm sollten nun folgende Zeilen stehen:

```
Starte XAMPP für Linux 1.8...
XAMPP: Starte Apache mit SSL...
XAMPP: Starte MySQL...
XAMPP: Starte ProFTPD...
XAMPP gestartet.
```

Starten Sie nun Ihren Webbrowser. Geben Sie das Wort localhost beziehungsweise die Adresse http://127.0.0.1 in die Adresszeile des Browsers ein.

Voilà die Startseite von XAMPP unter Linux:

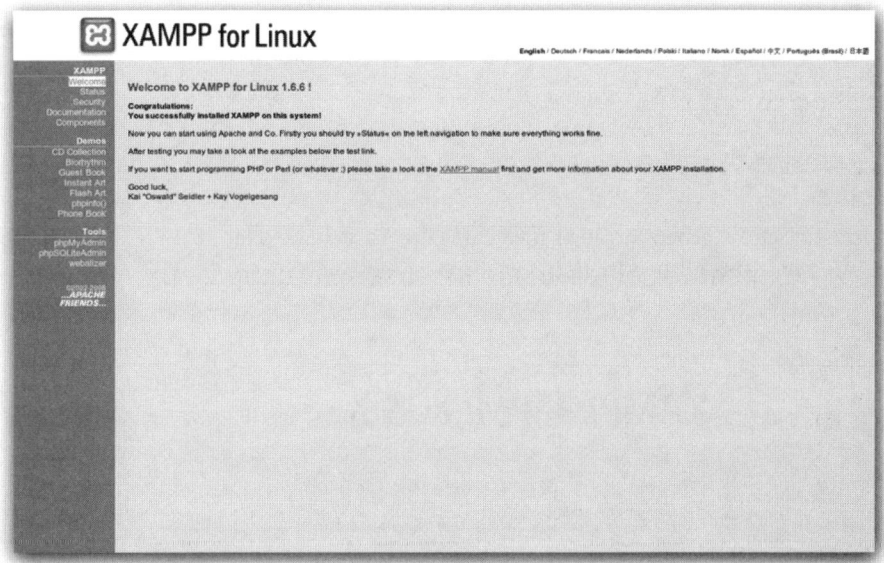

Bild 2.7: XAMPP für Linux

2.1.3 Einrichtung eines lokalen Webservers unter Mac OSX

Nach dem Download der Installationsdatei (der aktuelle Dateiname lautet: `xampp-macosx-0.7.4.dmg`) müssen folgende Schritte ausgeführt werden:

- Öffnen Sie das DMG-Image.

- Ziehen Sie den XAMPP-Ordner in den `Programme`-Ordner.

Damit ist XAMPP im Verzeichnis `/Applications/XAMPP` installiert.

Zum Start von XAMPP ist es notwendig, als Superuser `root` eine kurze Befehlsfolge in eine Terminal-Shell einzugeben.

Um sich zum `root` zu ernennen, müssen Sie einfach folgenden Befehl und bei der Passwortabfrage das Administratorkennwort eingeben:

```
sudo su
```

Starten Sie anschließend XAMPP für MacOS X:

```
/Applications/XAMPP/xamppfiles/xampp start
```

Auf dem Bildschirm sollten nun die folgenden Zeilen erscheinen:

```
Starte XAMPP für MacOS X 0.7.4...
XAMPP: Starte Apache mit SSL...
XAMPP: Starte MySQL...
XAMPP: Starte ProFTPD...
XAMPP gestartet.
```

Als letzten Schritt geben Sie auch hier entweder `localhost` oder `http://127.0.0.1` in die Adresszeile Ihres Browsers ein.

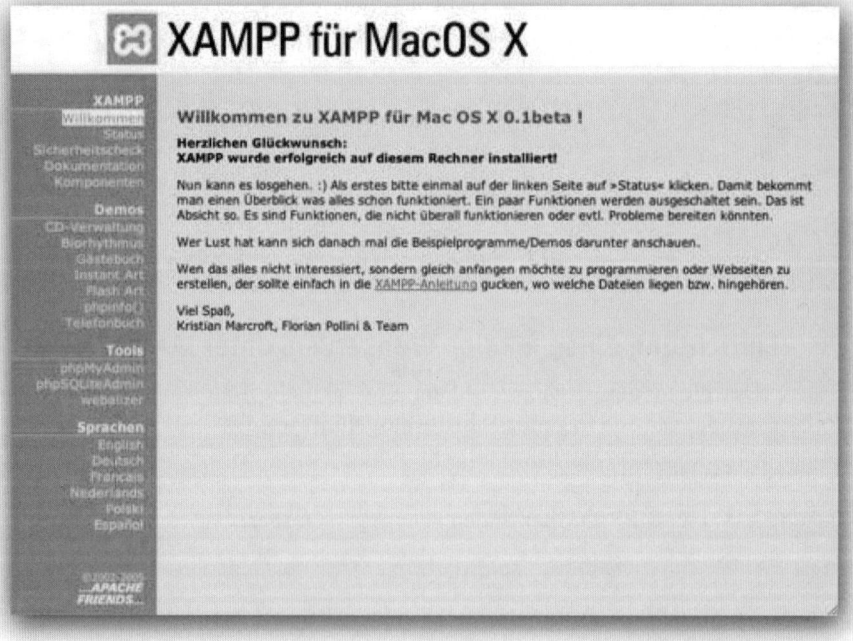

Bild 2.8: Startbildschirm von XAMPP für den Mac

2.1.4   Ein Blick in den phpMyAdmin

Da XAMPP als lokaler Webserver nun eingerichtet ist, wird für den Betrieb von Joomla noch eine SQL-Datenbank benötigt. XAMPP bringt wie gesagt einen Apache- Webserver und eine MySQL-Datenbank mit. Über das Werkzeug phpMyAdmin muss noch eine Datenbank angelegt werden. Wie sich eine Datenank über phpMyAdmin anlegen lässt, wird im Folgenden skizziert.

Eine Datenbank einrichten

Zuerst muss im XAMPP-Menü der phpMyAdmin aufgerufen werden. Sie erhalten dann diese Ansicht:

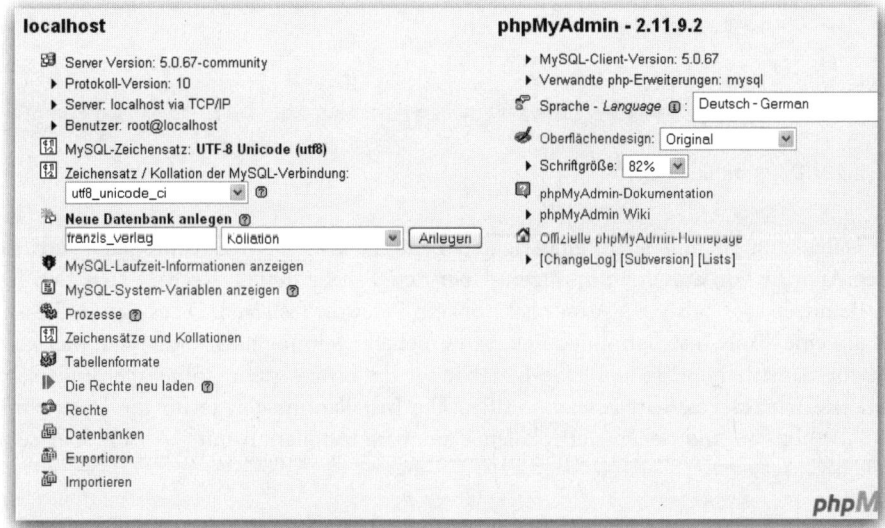

Bild 2.9: Eine neue Datenbank anlegen

Das Anlegen einer Datenbank ist kein Problem. Geben Sie einfach den gewünschten Datenbanknamen ein und tragen Sie als Datenbanktyp »Kollation« ein.

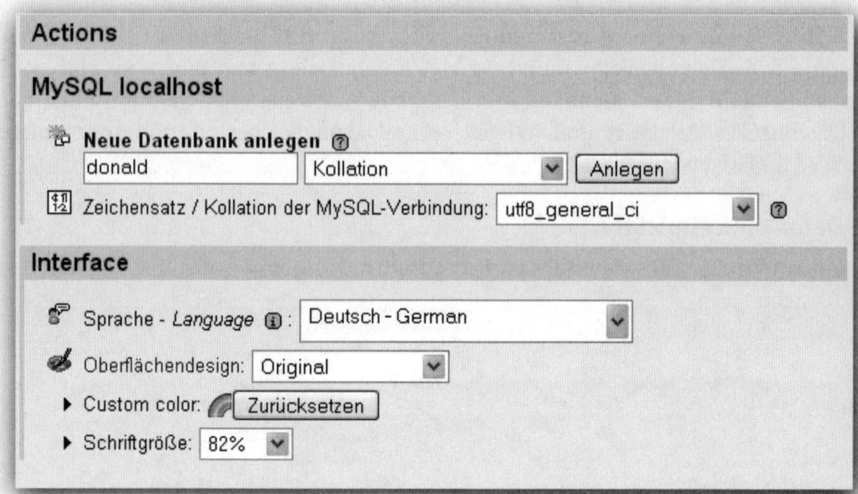

Bild 2.10: Datenbank anlegen

Die Datenbank ist nun fertig eingerichtet, benötigt aber noch Zugangsdaten, um sie gegen Angriffe von außen zu schützen. Über den Tabellenreiter »Rechte« lässt sich für den Benutzer root (also den Administrator) ein Passwort festlegen. Da es sich in diesem Fall um eine lokale Installation handelt, ist es meiner Meinung nach sinnvoller, hier kein Passwort einzurichten. In der Live-Umgebung, die online steht, sollte allerdings sehr wohl ein sicheres Passwort gesetzt werden. Die Installationsschritte für die Datenbank beim Webhoster sind denen der lokalen Datenbankinstallation mit XAMPP aber sehr ähnlich.

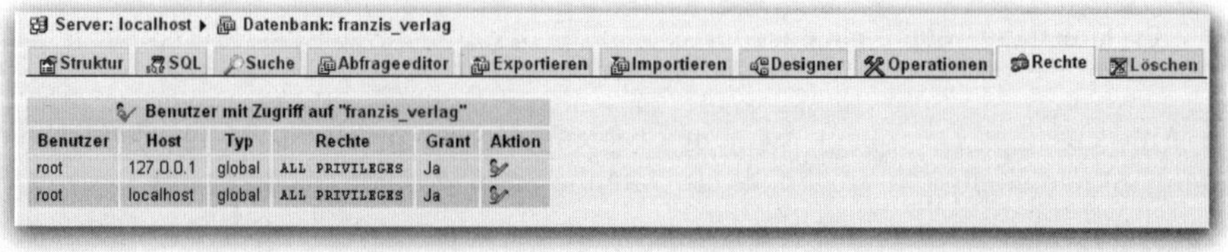

Bild 2.11: Rechte für Datenbank festlegen

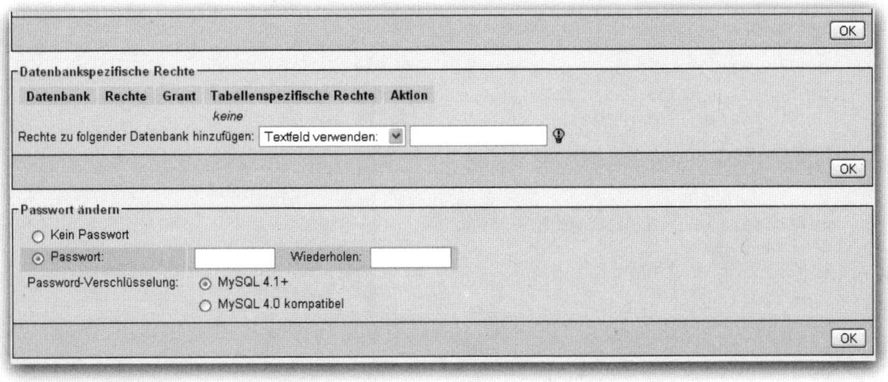

Bild 2.12: Localhost ohne Passwort

2.1.5 Joomla bei externen Webhostern

Die Installation von Joomla bei einem Provider/Webhoster verhält sich analog zu einer lokalen Installation. Auch hier wird eine MySQL-Datenbank mit PHP-Unterstützung benötigt. Es muss übrigens nicht immer einer der großen Hosting-Anbieter sein. Manche kleineren Webhoster überraschen oft durch schnellen und kundenorientierten Support. Einige Anbieter offerieren Joomla sogar als Ein-Klick-Installationspaket. Auch wenn der Webhoster ein wenig teurer sein sollte, lohnt sich gerade für professionelle Internetauftritte ein zuverlässiger Provider, der gelegentlich auch technische Hilfe leisten kann.

Speicherplatz ist bei den Hosting-Providern in der heutigen Zeit kein Thema mehr. Webspace von 5 Gigabyte und mehr gibt es schon für vergleichsweise wenig Geld, so dass neben den Joomla-Standardtemplates auch noch eine größere Zahl anderer – vielleicht selbst entwickelter – Templates gespeichert werden kann. Die Größe der MySQL-Datenbank wird übrigens im Regelfall nicht zum Webspace dazugerechnet.

2.1.6 Joomla-Installation – Schritt für Schritt

Schritt 1: Installation des Sprachpaketes

Um die Installationsroutine für Joomla aufzurufen, ist die Eingabe von `http://localhost/joomla/installation` oder alternativ `http://127.0.01/joomla/installation` in der Adresszeile des Browsers notwendig.

Anschließend sollten Sie das folgende Bild sehen. Wählen Sie die gewünschte Systemsprache aus und klicken Sie anschließend auf `Weiter`.

Bild 2.13: Auswahl der Sprache

Spracheinstellungen

Seit der Version Joomla 1.5 lassen sich neue Sprachen einfacher installieren. Darüber hinaus ist es möglich, verschiedene Sprachen für das Backend einzurichten. In der Vorgängerversion 1.0.x existierte diese Möglichkeit noch nicht.

Die einfache Installation von Sprachen ist deshalb sehr praktisch, weil sich damit z. B. ein englischsprachiges Frontend (sprich: eine Website in englischer Sprache) mit einem deutschsprachigen Backend gestalten lässt.

Schritt 1: Zustimmung zur Lizenz

Stimmen Sie nun den Bedingungen der General Public License (GPL) zu, unter denen Joomla weltweit veröffentlicht und vertrieben wird.

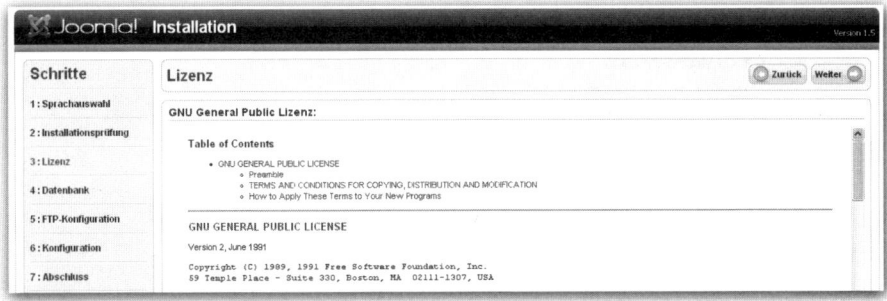

Bild 2.14: Zustimmung zur Lizenz

Hinweis: Wird während der Joomla-Installation zu lange auf den nächsten Installationsschritt gewartet, kann ein Timeout-Fehler auftreten.

Fehler   Zurück

Folgender Fehler ist aufgetreten:

Ihr Browser scheint keine Cookies zu unterstützen!
Sie können die Anwendung nicht installieren, wenn diese Browserfunktion
deaktiviert ist!

Bild 2.15: Timeout-Fehler

Schritt 2: Installationsprüfung

Als Nächstes prüft Joomla, ob die Installation korrekt abgelaufen ist. Falls alles in Ordnung ist, können Sie auf `Weiter` klicken.

PHP-Version >= 4.3.10	Ja
- Zlib-Kompression wird unterstützt	Ja
- XML-Unterstützung	Ja
- MySQL-Unterstützung	Ja
MB Sprache ist Standard	Ja
MB String overload ist aus	Ja
configuration.php beschreibbar	Ja

Anweisungen	Empfohlen	Aktuell
Safe-Mode:	Aus	Aus
Fehler anzeigen:	Aus	**An**
Dateien hochladen:	An	An
Magic Quotes Laufzeit:	Aus	Aus
Register Globals:	Aus	Aus
Gepufferte Ausgabe:	Aus	Aus
Automatischer Session-Start:	Aus	Aus

Bild 2.16: Stimmen die Einstellungen?

Die Konfiguration sollte wie auf den beiden Screenshots aussehen. Falls die Prüfung nicht erfolgreich war (was aber eher die Ausnahme ist), wird angezeigt, wo der Fehler liegt.

Schritt 3: Konfiguration der Datenbank

Joomla muss erfolgreich eine Verbindung zur Datenbank aufbauen, damit es funktionieren kann. Die Einstellungen für die Datenbank erhalten Sie von Ihrem Provider. Bei einer Installation im LAN, also lokal, werden die Einstellungen verwendet, die zuvor über den phpMyAdmin angelegt wurden. Diese Einstellungen sind immer nötig und ohne sie lässt sich Joomla nicht installieren.

In unserem Beispiel wurde über den phpMyAdmin zuvor eine Datenbank mit dem Namen joomla angelegt. Als Host wude der Name localhost verwendet. Der Benutzername lautet root (sofern Sie ihn nicht geändert haben). Das Passwort wurde in diesem Fall nicht gesetzt. Sie können dies aber jederzeit ändern.

Somit lauten die Daten für die lokale Joomla-Installation:

- Datenbankhost: localhost

- Benutzername: root

- Passwort: keines

- Datenbankname: joomla

Während des Installationsvorgangs von Joomla müssen diese Angaben unter »Konfiguration der Datenbank« eingegeben werden.

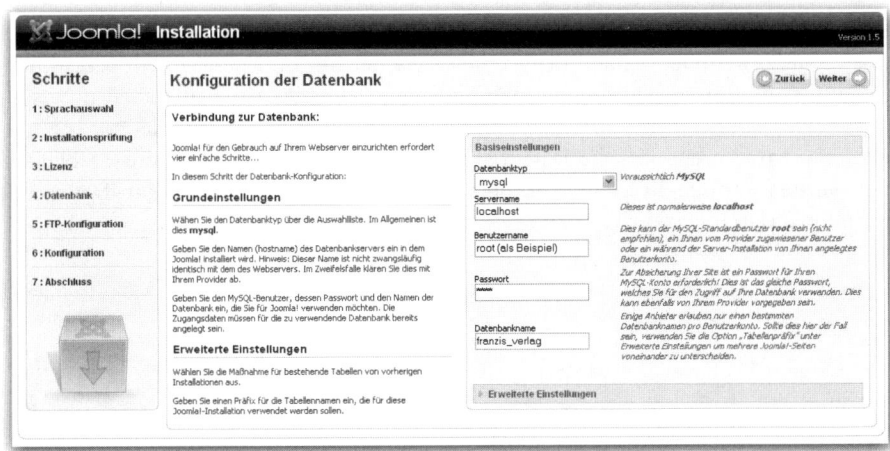

Bild 2.17: Konfiguration der Datenbank

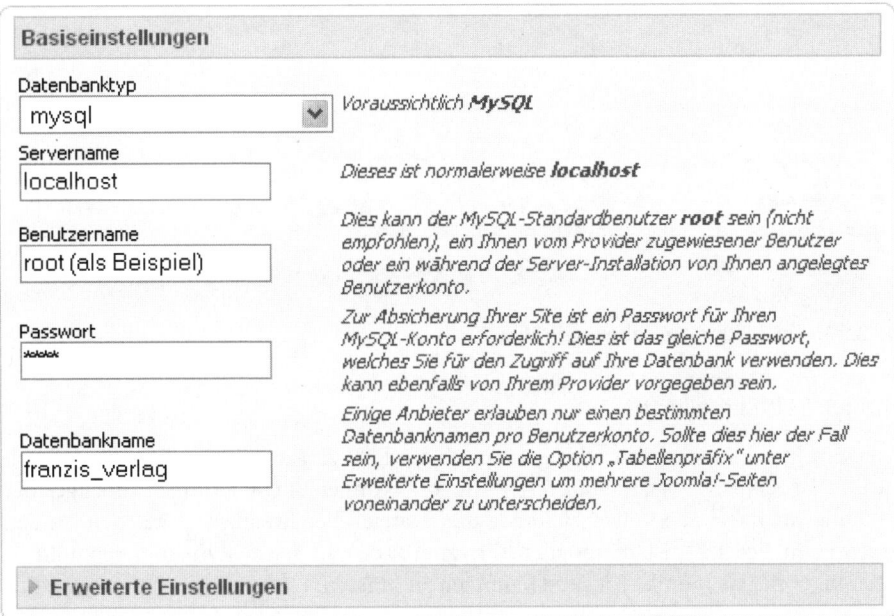

Bild 2.18: Eingabe der Datenbankkennung

Tipp: Beispiele, wie eine Datenbank bei einigen Hosting-Providern anzulegen ist, finden Sie im Abschnitt 2.18 »Datenbanken bei unterschiedlichen Providern«.

Schritt 4: Erweiterte Einstellungen

Etwas versteckt befindet sich auf der rechten Seite der Button Erweiterte Einstellungen (Abbildung unten). Dort lassen sich die Präfixe für die Datenbanktabellen einstellen. Wie wichtig die richtigen Präfixe sind, mag man anfangs gar nicht glauben. Aber es kann schnell passieren, dass die Datenbank wieder eingespielt werden muss. Üblicherweise werden Joomla-Tabellen mit dem Präfix jos_ versehen. Backup-Datensätze verwenden das Präfix bak_ .

Bild 2.19: Der Button »Erweiterte Einstellungen«

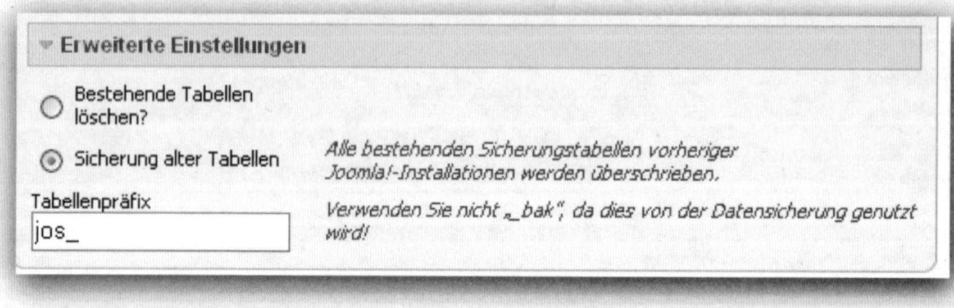

Bild 2.20: Einstellung der Tabellen-Präfixe

Schritt 5: FTP-Einstellungen

In diesem Installationsschritt wird gefragt, ob ein FTP-Zugang eingerichtet werden soll. Warum? Über FTP (File Transfer Protocol) können Erweiterungen hochgeladen werden, ohne dabei alle Verzeichnisse und Dateien beschreibbar zu machen. Anders ausgedrückt: Per FTP ist es möglich, Erweiterungen in Joomla zu kopieren und zu editieren, ohne das Joomla-Backend benutzen zu müssen.

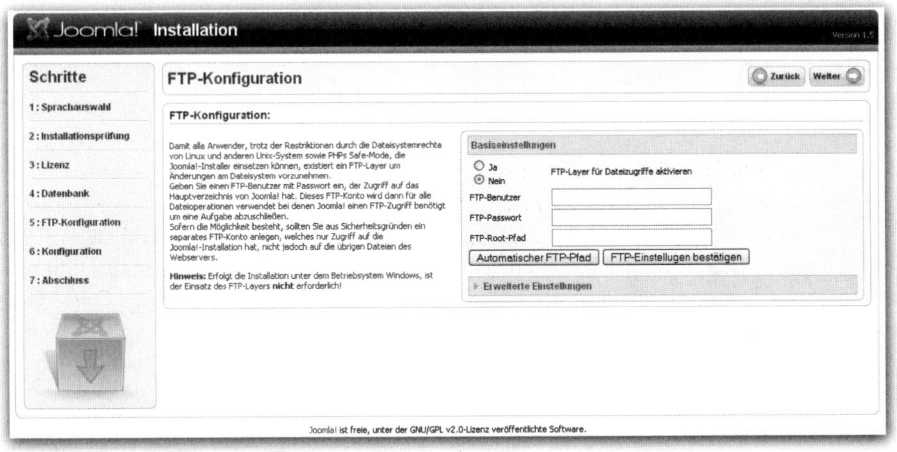

Bild 2.21: FTP-Konfiguration

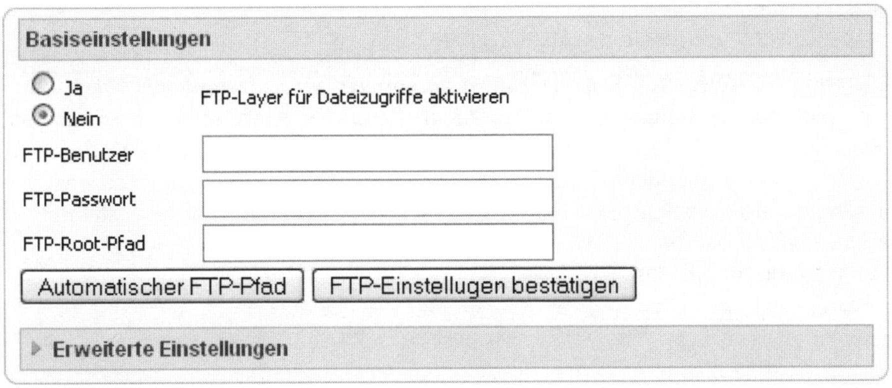

Bild 2.22: FTP-Konfiguration

Schritt 5: Hauptkonfiguration

In diesem Installationsschritt werden Sie nach einem Namen für die Website beziehungsweise das Webprojekt gefragt. Die Eingabe einer gültigen E-Mail-Adresse sowie eines Administratorpassworts sind zwingend erforderlich. Mit diesem Passwort melden Sie sich als Administrator im Backend-Bereich Ihrer Website an.

⚙ Joomla! **Installation**	Version 1.5

Schritte

1: Sprachauswahl

2: Installationsprüfung

3: Lizenz

4: Datenbank

5: FTP-Konfiguration

6: Konfiguration

7: Abschluss

Hauptkonfiguration ⟲ Zurück Weiter ⟳

Website-Name:

Bitte geben Sie den Namen Ihrer Joomla!-Website ein

Website-Name [Franzis Verlag]

Bestätigen Sie E-Mail und Passwort des Administrators.

Geben Sie Ihre E-Mail-Adresse ein. Dies wird die E-Mail-Adresse des Super Administrator dieser Site.
Geben Sie das Passwort ein und bestätigen Sie es im nachfolgenden Feld. Dieses Passwort benötigen Sie am Ende der Installation um sich im Administrationsbereich mit dem Benutzer **admin** anzumelden.
Wenn Sie Inhalte Ihrer alten Website migrieren, können Sie diesen Abschnitt ignorieren, da Ihre Einstellungen automatisch überführt werden.

Ihre E-Mail [joomla@franzis.de]

Administrator-Passwort [■■■■]

Administrator-Passwort bestätigen [■■■■]

Beispieldaten laden, Inhalte aus Sicherung oder Migration wieder herstellen:

Wichtig! Anfängern wird dringend empfohlen die Beispieldaten zu installieren. Dafür ist es nötig die Option auszuwählen *und* den Button anzuklicken, bevor Sie mit dem nächsten Schritt weitermachen.

Bevor Sie die Installation beenden, können Sie Daten in die Site-Datenbank einspielen. Hierzu stehen drei Optionen zur Verfügung:

1. Standard-Beispieldaten einspielen. Hierzu wählen Sie die erste Option und klicken den Button "Installation der Beispieldaten".

2.a Joomla 1.5 kompatible SQL-Skriptdatei vom lokalen Rechner hochladen und auf der Website ausführen. Hiermit können lokalisierte Beispielinhalte oder eine Joomla!-Datensicherung wieder hergestellt werden. Das Skript muss den korrekten Tabellenpräfix verwenden, in UTF-8 kodiert sein und dem Joomla! 1.5 Datenbankschema entsprechen.

2.b Migration von Inhalten früherer Joomla!-Versionen. Die Auswahl der Option &„Migrationsscript laden" unterstützt die Migration

◉ Installation der Beispieldaten   *Anfängern wird dringend empfohlen diese Daten zu installieren. Hiermit werden die Beispielinhalte eingefügt, welche dem Installationspaket von Joomla! beiliegen.*

[Beispieldaten installieren]

○ Lade Migrationsskript   *Der Migrationsskript muss über die alte Website mit der Komponente com_migrator erstellt werden. Geben Sie dann den Tabellenpräfix der alten Site ein, sowie deren Zeichenkodierung (aus der Einstellung _ISO der Sprachdatei oder wie im Browser in Ansicht / Zeichensatz / Kodierung angezeigt wird). Die Joomla! 1.5 SQL-Migrationsskripte müssen mit der Joomla! 1.5 Struktur kompatibel, in UTF-8 kodiert sein und den entsprechenden Tabellenpräfix enthalten.*

Maximale Uploadgröße   Die maximale Dateigröße für den Server-Upload liegt bei: 16.00MB.

Bild 2.23: Hauptkonfiguration

Die Option »Beispielseiten installieren« zu akzeptieren ist sehr empfehlenswert. Ihnen stehen dadurch ein umfangreicher Fundus an Beispielen sowie mehr Experimentiermöglichkeiten zur Verfügung. Die mitgelieferten Beispiel-Templates (also Vorlagen für die optische Gestaltung der Website) lassen sich auch hervorragend zum Editieren verwenden, um aus dem Beispiel-Template ein neues Joomla-Template zu basteln. Auch das barrierefreie Template »Beez« wird als Referenz-Template angelegt und lässt sich beliebig erweitern und editieren.

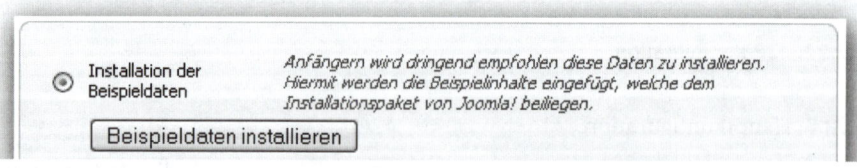

Bild 2.24: Die Installation der Beispieldaten ist sehr empfehlenswert.

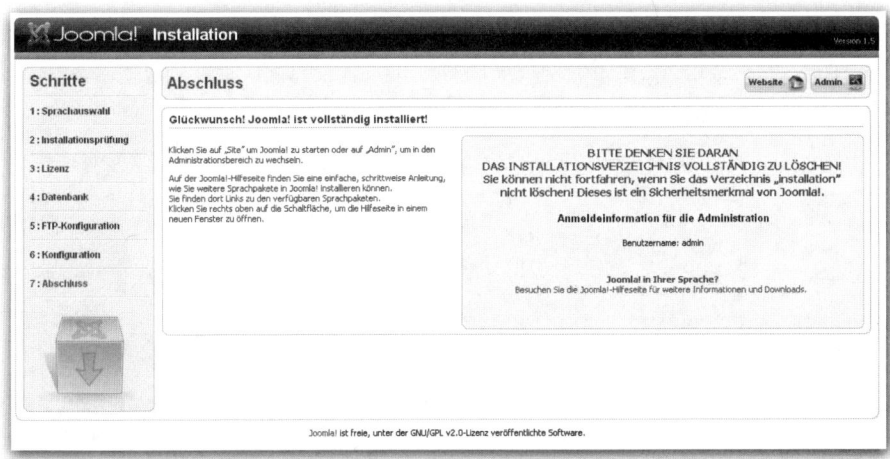

Bild 2.25: Finaler Schritt – Setup Ende

Als letzter Schritt muss noch das Installationsverzeichnis gelöscht werden. Damit ist Joomla erfolgreich installiert.

2.1.7 Alternative Installationsmethoden

Neben der Installation per XAMPP existieren noch einige weitere Varianten. Eine davon ist JSAS (Joomla Stand Alone Server). Dabei handelt es sich um ein Softwarepaket, das Apache, MySQL und PHP enthält und bei dem Joomla bereits vorinstalliert ist. JSAS ist für Windows erhältlich, eine Variante für Mac OSX ist in Vorbereitung. Die aktuelle JSAS-Version enthält die Joomla-Version 1.5.7. JSAS kann unter der Adresse www.jsasonline.com heruntergeladen werden.

Bild 2.26: JSAS

Joomla's2Go ist ein brandeuer lokaler Webserver für Windows XP und Vista. Er basiert auf dem quelloffenen Server2Go (`www.server2go-web.de`), das den Apache-Server, MySQL, PHP und Perl zur Verfügung stellt. Joomla's2Go setzt hier noch einen drauf und bietet zudem die vorinstallierte Joomla-Version 1.5.10. Per Klick auf die Datei `Server2Go.exe` wird der Server gestartet. Es öffnet sich der integrierte Firefox-Browser und Joomla steht fertig zum Test bereit. Eine feine Sache. Joomla's2Go kann unter `www.joomlas2go.net` heruntergeladen werden.

Bild 2.27: Joomla mit Server2go

Bild 2.28: Das Joomla-Backend mit Server2Go

2.1.8 Datenbanken bei unterschiedlichen Providern

Es wurde bereits mehrfach angesprochen: Ohne eine Datenbank beim Webhoster lässt sich Joomla weder installieren noch ausführen.

Dennoch: Sofern wir es mit einer MySQL-Datenbank zu tun haben, gibt es im Prinzip keine Unterschiede zwischen den Hosting-Anbietern. Ich habe Datenbankkonfigurationen für zwei der größeren Anbieter und einen meiner Meinung nach bei Preis und Service beispielhaften kleineren Provider (all-inkl.com) zusammengestellt.

Sofern es sich nicht um lokale Installationen handelt, benötigen MySQL-Datenbanken immer den Hostnamen, den Datenbank- und Benutzernamen und natürlich ein Passwort. Bei einer lokalen Installation ist ein Passwort dagegen nicht unbedingt nötig.

Der Anbieter Strato (`www.strato.de`) verwendet die folgende Typologie:

- Der Servername lautet immer `rdbms.strato.de`

- Benutzername: z. B. `U388563` (Der Benutzername und der Datenbankname unterscheiden sich nur durch die Präfixe »DB« für Datenbank und »U« für Username)

- Datenbankname: z. B. `DB388563`

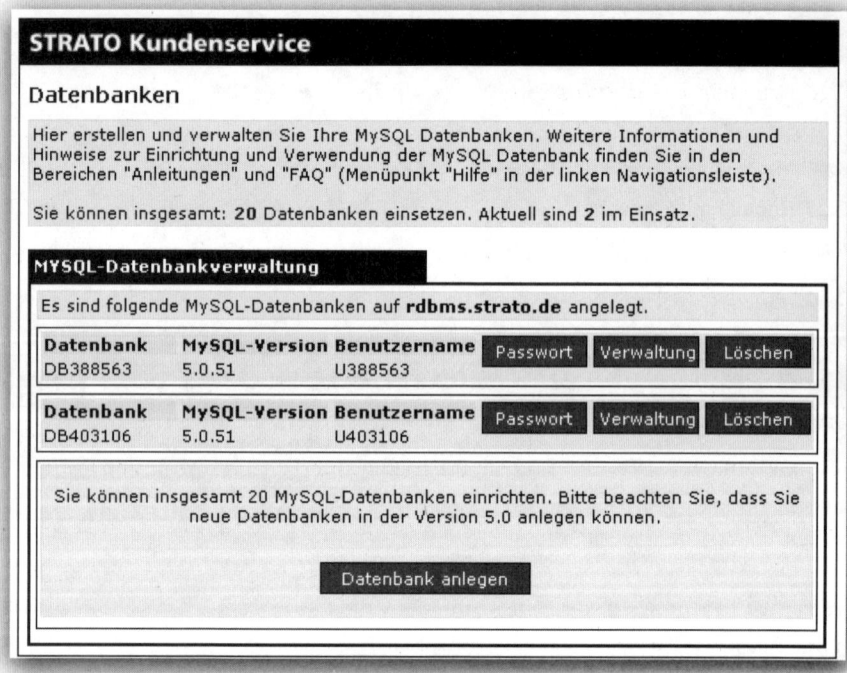

Bild 2.29: Datenbankverwaltung beim Provider Strato

Der Provider 1&1 arbeitet nach folgendem Muster:

- Server: `dbxxxx.1und1.de` (`xxxx` steht hier für einen variablen Wert).

- Benutzername: z. B. `dbo27143945`. Der Benutzername und der Datenbankname unterscheiden sich im Präfix durch »db« für den Datenbank- und »dbo« für den Benutzernamen.

- Datenbankname: z. B. `db27143945`.

Bild 2.30: Datenbank beim Provider 1&1

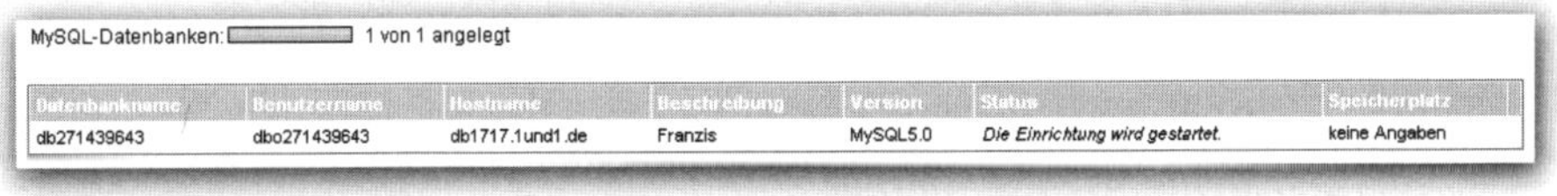

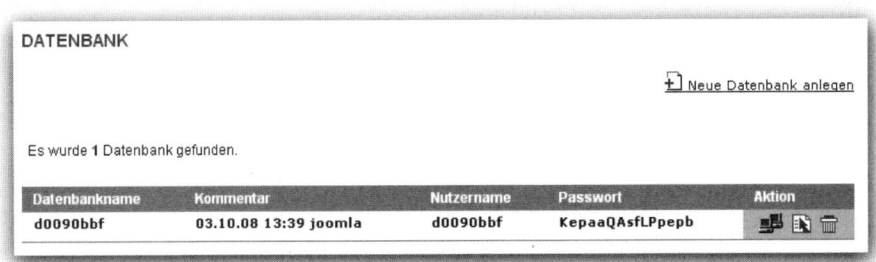

Bild 2.31: *Provider 1&1*

Für den Provider `all-inkl.com` gilt folgendes Muster:

* Server: der eigene Domainname (z. B. `www.joomlafuerprofis.de`)

* Benutzername: z. B. `d0090bbf` (der Benutzername und Datenbankname sind identisch)

* Datenbankname: z. B. `d0090bbf`

Bild 2.32: Anlegen einer Datenbank beim Provider All-Inkl.com

2.2 Step-by-Step-Migration

Joomla von der Version auf 1.0.x auf die Version 1.5.x (1.6.x) zu aktualisieren ist leider nicht ohne Weiteres möglich. Die Datenmigration muss von Hand angestoßen werden. Aber, das ist die gute Nachricht: Es gibt zwei Möglichkeiten, Joomla zu aktualisieren.

Die erste Möglichkeit ist, das Update mit Hilfe einer Komponente namens com_migrator auszuführen. Diese Komponente exportiert die Datensätze aus der bestehenden Datenbank und konvertiert sie, damit die Daten in der neuen Version von Joomla kompatibel sind.

Die zweite Möglichkeit wäre eine händische Migration. Dazu müssen alle Tabellen über den phpMyAdmin exportiert und konvertiert werden und nach Beendigung der Joomla 1.5. x-Installation wieder in die Datenbank importiert werden.

Meines Erachtens ist es der beste Weg, Joomla mit Hilfe von com_migrator zu aktualisieren. Die Komponente ist in der jetzigen Version fehlerfrei. In den meisten Fällen klappt die Migration auch einwandfrei.

Damit die Aktualisierung funktioniert, müssen die Grundvoraussetzungen stimmen.

Als Ziel der Migration muss ein leeres Joomla in der Version 1.5.x (1.6.x) installiert werden. Leer deshalb, weil die Migrationskomponente eine SQL-Datenbank erstellt. Diese funktioniert allerdings am besten, wenn die Datenbank der Ziel-Installation von Joomla leer ist.

Wird in eine bestehende Datenbank importiert, dann gibt phpMyAdmin eine Meldung aus, dass die Datensätze bereits vorhanden sind und daher nicht importiert werden konnten. Dieser Fehler tritt dann auf, wenn die importieren Dateien das gleiche Präfix aufweisen wie die, die bereits in der Ziel-Installation vorhanden sind. Das bedeutet: Wenn beim Import von Datensätzen die Präfixe (jos_, bak_ etc.) der alten und der neuen Daten gleich sind, gibt es eine Kollision. Lösen lässt sich das Problem, wenn entweder:

- die Präfixe unterschiedlich sind oder
- die Datensätze in der neuen Datenbank gelöscht werden.

Eine Anleitung, wie Daten über phpMyAdmin gelöscht werden können, befindet sich im Abschnitt 2.2.2.

Die Komponente com_migrator ist auf diversen Joomla-Seiten erhältlich. Sie finden das Paket als gepacktes Zip-Archiv (migrator.zip) zum Beispiel auf der Webseite http://joomlacode.org/gf/project/pasamioprojects/frs/.

2.2.1   Erstellen eines Migrationsskriptes unter Joomla 1.0.x

Im ersten Schritt muss die Migrator-Komponente auf Ihren Rechner geladen und in Joomla 1.0.x installiert werden

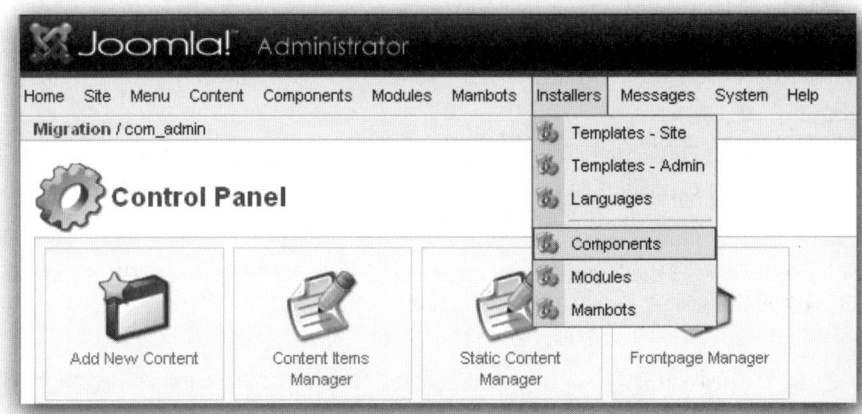

Bild 2.33: Installation der Komponente com_migrator

Laden Sie dazu den `com_migrator` über die Upload-Funktion in die bestehende Joomla-Installation.

Bild 2.34: Upload der Komponente

Ist der Upload geglückt, dann erhalten Sie eine Erfolgsbestätigung mit einer kurzen englischsprachigen Beschreibung der Funktionsweise der Komponente:

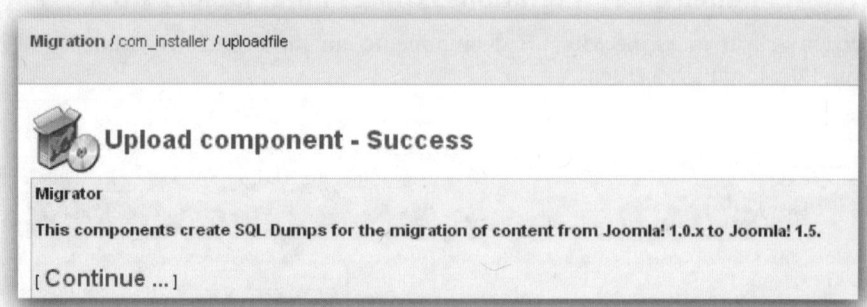

Bild 2.35: Meldung bei erfolgreichem Upload

Als Nächstes rufen Sie die Komponente über den Menüpfad Components/Migrator auf, um sie auszuführen.

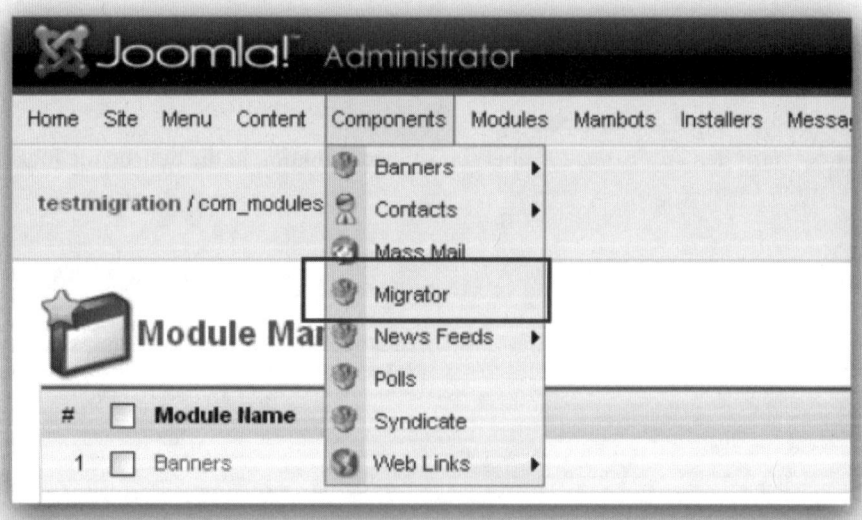

Bild 2.36: Starten der Migrator-Komponente

Im nächsten Schritt sehen Sie das Modul »Joomla 1.0 to 1.5 Migrator«. Unten rechts hat sich der Button mit der Bezeichnung Create Migration SQL File versteckt. Starten Sie die Erzeugung des Skripts durch einen Mausklick.

Bild 2.37: Create Migration SQL File

Bild 2.38: Der Button Create Migration SQL File

Als Nächstes erhalten Sie eine Übersicht der Datensätze angezeigt, die migriert werden können. Entfernen Sie die Häkchen nicht – sie markieren nämlich die zu migrierenden Daten.

Home	Site	Menu	Content	Components	Modules	Mambots	Installers	Messages	System	Help

testmigration / com_migrator

Select plugins to enable for migration. By default all plugins should be selected. If you experience err...

	Name	
☑	Backlink Migration ETL Plugin	Transforms table backlink_migration to migration_backlinks
☑	Banner ETL Plugin	Transforms table banner to banner
☑	Banner Client ETL Plugin	Transforms table bannerclient to bannerclient
☑	Categories ETL Plugin	Transforms table categories to categories
☑	Global Configuration ETL Plugin	Transforms table configuration to various tables
☑	Contact Details ETL Plugin	Transforms table contact_details to contact_details
☑	Content ETL Plugin	Transforms table content to content
☑	Frontpage Content ETL Plugin	Transforms table content_frontpage to content_frontpage
☑	Content Rating ETL Plugin	Transforms table content_rating to content_rating
☑	Core ACL ARO ETL Plugin	Transforms table core_acl_aro to core_acl_aro
☑	Core ACL Groups ARO Map ETL Plugin	Transforms table core_acl_groups_aro_map to core_acl_gr...
☑	Menu ETL Plugin	Transforms table menu to menu
☑	Messages ETL Plugin	Transforms table messages to messages
☑	Messages Configuration ETL Plugin	Transforms table messages_cfg to messages_cfg
☑	Modules ETL Plugin	Transforms table modules to modules

Bild 2.39: Übersicht der zu migrierenden Datensätze

Unterhalb und mittig ist der Button `Start Migration` zu sehen. Über diese Schaltfläche wird die Migration per Mausklick angestoßen. Sie lässt sich im übrigen beliebig wiederholen.

Start Migration >>

Back

Bild 2.40: `Start Migration`-Button

Laden Sie nun das durch `Start Migration` erstellte Skript auf Ihren Rechner.

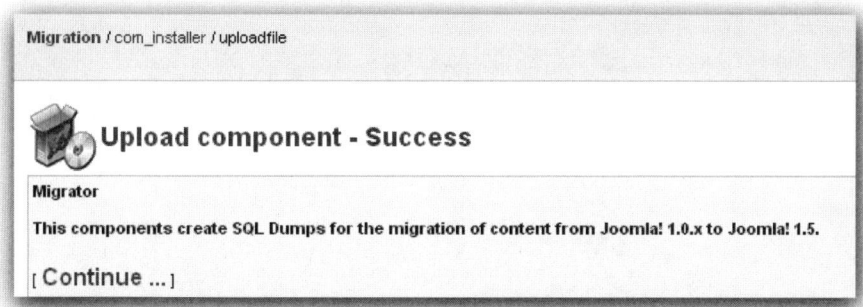

Bild 2.41: Skripterstellung abgeschlossen

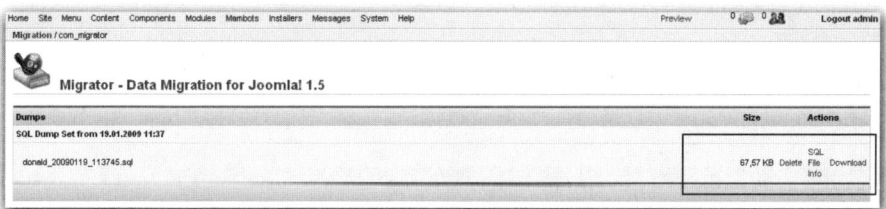

Bild 2.42: Skripterstellung beendet und SQL-Datei zum Download bereit

Wählen Sie dann bei der Installation von Joomla 1.5. x das soeben erstellte Skript aus, laden Sie es hoch und führen Sie es aus.

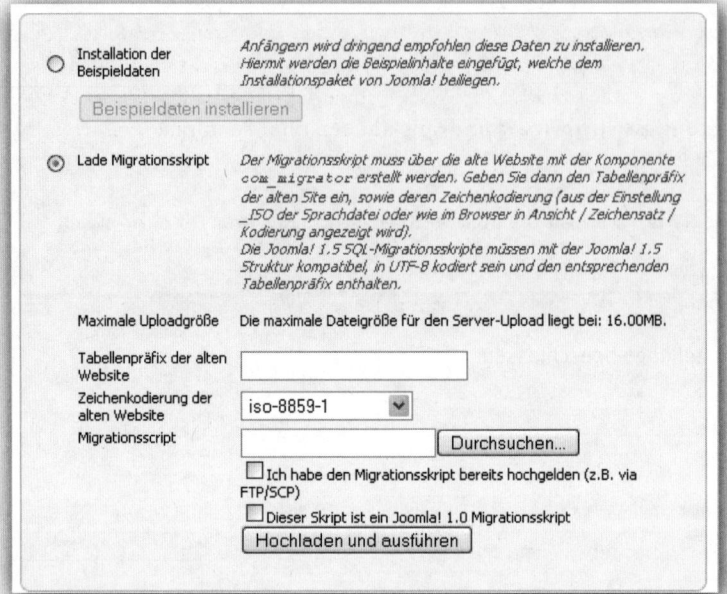

Bild 2.43: Migrationsskript laden

Joomla 1.5.x sollte nun eine geglückte Migration melden.

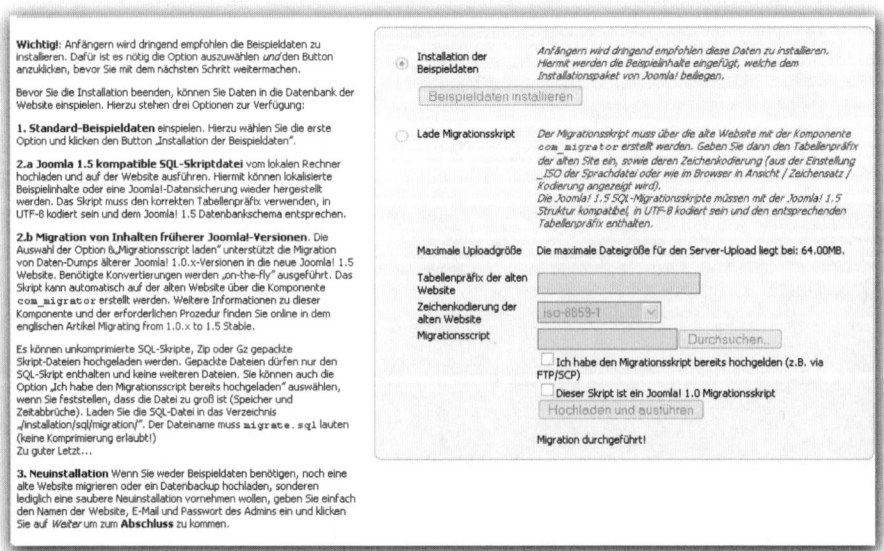

Bild 2.44: Der Import der Altdaten ist geglückt – alle Felder sind ausgegraut.

2.2.2 Löschen von Datensätzen über den phpMyAdmin

Rufen Sie das Werkzeug phpMyAdmin auf. Auf einer lokal eingerichteten Joomla-Installation funktioniert dies über die Adresse http://localhost/phpmyadmin. Ist die Joomla-Installation bei einem Hosting-Provider eingerichtet, erhalten Sie in der Regel über das Kundenadministrationssystem Zugang auf den phpMyAdmin.

Wählen Sie nun die gewünschte Datenbank aus.

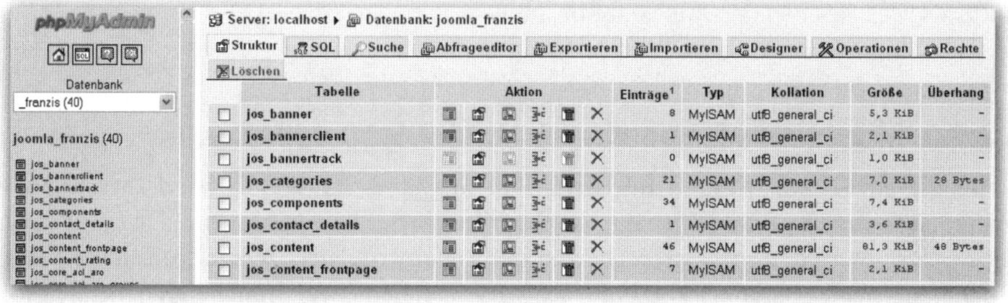

Bild 2.45: Löschen von Datensätzen

Klicken Sie nun auf den Button Alle auswählen und selektieren Sie im Dropdown-Menü die Option Löschen.

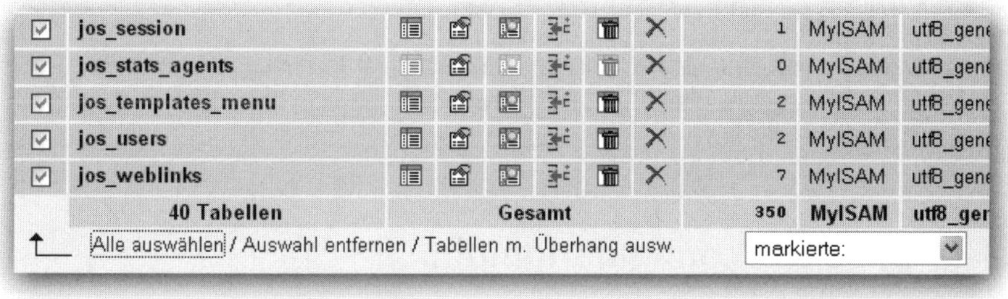

Bild 2.46: Löschen von Datensätzen

Bestätigen Sie nun das Löschen der Daten.

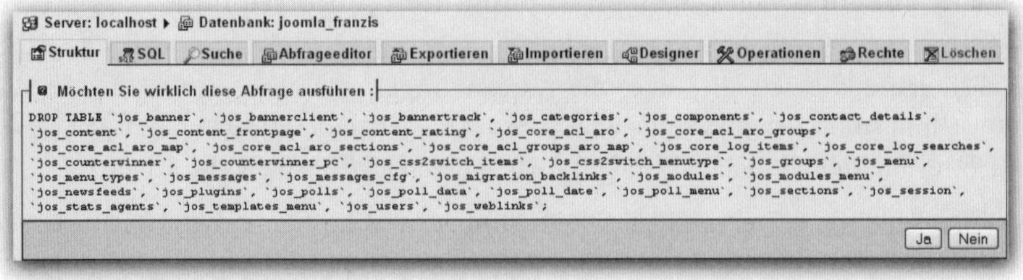

Bild 2.47: Das Löschen der Datensätze bestätigen

2.2.3   Migration von Joomla 1.5.x auf 1.5.10 oder 1.6.0

Wenn Sie ein Joomla-System mit dem Versionsstand 1.5 und höher haben, ist das Update auf eine aktuellere Variante denkbar einfach. Sie müssen lediglich die neuere Version herunterladen und deren Dateien in das namensgleiche Verzeichnis Ihrer bestehenden Joomla-Installation kopieren. Falls die Dateien Ihrer bestehenden Installation schreibgeschützt sind, sollte der Schreibschutz entfernt werden. Bei einer lokalen Installation unter Windows müssen Sie dazu lediglich Ihr Joomla-Verzeichnis mit der rechten Maustaste anklicken und die Option Eigenschaften wählen. Entfernen Sie dann das Häkchen aus dem Schreibgeschützt-Kästchen. Übernehmen Sie diese Einstellung auch für alle Unterverzeichnisse.

Sie brauchen keine Angst zu haben – da Ihre Inhalte in der MySQL-Datenbank gespeichert sind, werden sie nicht gelöscht oder überschrieben.

Es ist auch kein Problem, den Schreibschutz auf einem Webserver zu entfernen. Ändern Sie dafür einfach in einem beliebigen FTP-Programm oder HTML-Editor die Attribute der neuen Verzeichnisse auf chmod 777 oder 755.

2.3   Die Datei configuration.php ...

... ist eine sehr wichtige Datei, da sie praktisch alle Einstellungen für die jeweilige Joomla-Installation enthält. Aus diesem Grund ist sie auch schreibgeschützt und nur für den zugänglich, der die FTP-Zugangsdaten hat. Diese sollte man nicht aus der Hand geben, das könnte schwerwiegende Konsequenzen haben:

a) Versehentliche oder absichtliche Änderungen an der configuration.php durch Dritte können dazu führen, dass der Joomla-Webauftritt nicht mehr funktioniert.

b) Die Datenbank kann auf eine andere umgelenkt werden. Auch das kann dazu führen, dass der Joomla-Webauftritt nicht mehr wie gewohnt arbeitet.

... aber es gibt aber auch Vorteile:

Was die Manipulation der Angaben zu Server und Mailing in der configuration.php angeht, sind deren Vorteile auch deren Nachteile. Es ist ein Segen und ein Fluch, wichtige und persönliche (geheime) Angaben in der configuration.php editieren zu können.

a) Gesetzt den Fall, Sie haben eine Datenbank zerstört und müssen nun mit einem Backup arbeiten. Dann genügt es, die Datenbank-Einträge in der configuration. php zu ändern und Joomla kann mit einer anderen Datenbank weiter arbeiten.

b) Sie wollen Geld sparen und haben ein günstiges Webhosting-Paket. Sie hätten aber gerne mehr als die eine Datenbank zur Verfügung, die Ihnen Ihr Webpaket zugesteht. Es lassen sich mehrere Unter-Datenbanken in einer Datenbank anlegen. Ändern Sie das Präfix von *jos_* auf z. B. *jos1_* ab. Geben Sie dies neue Präfix bei der Variablen

```
var $dbprefix = 'jos1_';
```

der configuration.php ein. Alle Eingaben enden grundsätzlich mit einem Strichpunkt. Wenn der Vorgang nicht funktioniert, legen Sie über das Werkzeug phpMyAdmin eine Kopie der vorhanden Datenbank an und benennen anschließend das Präfix zu jos1_ um.

Dieser Abschnitt verwaltet die Account-Daten:

Im Normalfall ist die configuration.php schreibgeschützt und von außen nicht zu erreichen. Der Pfad www.Ihreseite.de/configuration.php funktioniert demnach also nicht. Das ist auch beabsichtigt – geraten diese Daten in falsche Hände, ist es ein Leichtes, Ihre Datenbank auszulesen.

```
var $dbtype = 'mysql';
var $host = 'localhost';
var $user = 'root';
var $db = 'joomla_franzis';
var $dbprefix = 'jos_';
```

... und dieser hier die Mailing-Einstellungen:

Nicht nur die Zugangsdaten Ihrer Datenbank sind in der configuration.php zu finden. Dort stehen auch, sofern Sie sie angegeben haben, die Accountdaten Ihres Mailservers. Nicht auszudenken, was passieren könnte, wenn ein Unbekannter Ihren Mail-Account missbräuchlich für Spam-Mails verwenden würde.

```
var $mailer = 'mail';
var $mailfrom = 'donald@franzis.de';
var $fromname = 'Franzis Verlag';
var $sendmail = '/usr/sbin/sendmail';
var $smtpauth = '1';
var $smtpuser = 'donald@franzis.de';
var $smtppass = '12345';
var $smtphost = 'smtp.donald.com';
var $MetaAuthor = '1';
var $MetaTitle = '1';
var $lifetime = '1000';
```

```
var $session_handler = 'database';
var $password = '';
var $sitename = 'Franzis Verlag';
var $MetaDesc = 'Neues aus Entenhausen';
var $MetaKeys =
```

Keywords:

Die Variable `$MetaKeys` enthält die Schlüsselwörter der Joomla-Webseite. In unserem Falle wären das die bekannten Comicfiguren aus Entenhausen: `'Donald, Dagobert, Gustav Gans, Daisy, Tick, Trick, Track, Gundel, Panzerknacker'`. Die Syntax für dieses Beispiel lautet:

```
Var$MetaKeys = 'Donald, Dagobert, Gustav Gans, Daisy, Tick, Trick, Track,
Gundel, Panzerknacker';
```

Offline-Meldung:

Hier wird die Meldung eingetragen, die eingespielt wird, wenn sich die Website im Wartungsmodus befindet. Die Syntax lautet:

```
var $offline_message = 'Sehr geehrter Besucher,
die Webseite wird gerade um eine Reihe nützlicher Funktionen ergänzt. Die
Webseite wird am 01.01.2010
in einem neuen Look zur Verfügung stehen.
Ihr Joomla-Team';
```

Der Text der Wartungsmeldung kann natürlich variieren.

Tipp: Probieren Sie es ruhig aus, die Konfigurationsdatei anzupassen. Natürlich zunächst lokal. Ändern Sie zum Beispiel die Präfixe `jos_` zu `donald_` um (es kann natürlich auch ein anderer Name sein) und dann die Angaben der Datenbank in der `configuration.php`.

3   Outside Joomla – das Frontend

3.1   Inhalte

Der erste Eindruck zählt. Das gilt auch für die Gestaltung einer Website. Was der Benutzer beim ersten Besuch der Seite sieht, hinterlässt einen bleibenden Eindruck. Das Layout und eine gute Übersicht der Funktionen bestimmen maßgeblich, ob ein Besucher auf der Seite bleibt oder schnell wieder geht. Der Wert der Informationen, die auf der Site bereitgestellt werden, ist zwar unbestritten. Doch wenn das Design wenig ansprechend ist oder sich der Weg zur gewünschten Information zu verschachtelt darstellt, dann ist ein möglicher Kunde bzw. Besucher auch schon wieder weg. Mit hoher Wahrscheinlichkeit wird er oder sie nicht wiederkommen. Denn meist ist das Angebot an anderen Webseiten mit ähnlichem Inhalt enorm. Entsprechend niedrig notiert dann der Webauftritt auf der Google-Skala.

Wenn es dagegen gelingt, ein ansprechendes Design und sinnvolle Inhalte sowie eine nachvollziehbare Navigation miteinander zu verknüpfen, dann stehen die Aussichten für den Erfolg nicht schlecht – der sich auch im Google-Ranking niederschlagen wird.

Joomla bietet hier viele Möglichkeiten. So sind zahlreiche nützliche Erweiterungen für das Frontend verfügbar, die aus der freien Entwicklerszene stammen. Darüber hinaus gibt es eine Unzahl kostenloser Templates (also Gestaltungsvorlagen), mit denen Sie völlig unterschiedliche Stile für Ihren Webauftritt ausprobieren können.

3.2   Symbole im Frontend

Im Sinne der Barrierefreiheit lässt sich die Schrift der Webseite wahlweise verkleinern oder vergrößern. Diese Option findet sich in vielen Joomla-Vorlagen, so etwa in den Standard-Templates »Beez« und »ja_purity«.

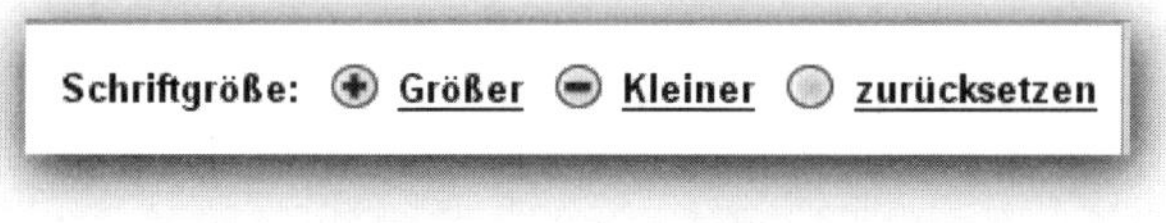

Bild 3.1: Barrierefreiheit

Funktions-Icons

Im Backend von Joomla lässt sich einstellen, ob bei den einzelnen Beiträgen auch die Funktions-Icons für Drucken, PDF-Ausgabe, Mailen und Editieren angezeigt werden. Für jeden Beitrag kann im Backend unter der Option Erweiterte Einstellungen ausgewählt werden, ob die Funktions-Icons erscheinen sollen oder nicht.

 Mit dieser Funktion wird der Inhalt des Artikels in einem neuen Fenster als PDF-Datei ausgegeben.

 Der Inhalt wird zunächst in einem neuen Fenster angezeigt. Erst dort lässt sich der Fensterinhalt ausdrucken.

 Die Artikel lassen sich auch per E-Mail verschicken. Durch Klick auf das Briefsymbol öffnet sich ein Fenster, in das Sie die E-Mail-Adresse eintragen, an die Sie den Artikel versenden wollen. Ist der Versand erfolgreich verlaufen, dann erhalten Sie eine Erfolgsmeldung.

Mit einem Klick auf den Editierstift kann man den Artikel editieren – allerdings können dies nur Benutzer, die die dafür erfolderlichen Rechte haben.

3.3   Die Beiträge auf der Startseite

Standard-Templates enthalten in der Regel vorgegebene Beispieltexte und Bilder. Mit sehr einfachen Mitteln lassen sich die Schriftarten und -farben eines Beitrags verändern. Dies geschieht im Editorfenster für die jeweiligen Inhalte. Wenn Sie mit Administratorrechten ausgestattet sind, finden Sie im Backend über den Menüpfad Inhalt/Startseite die Links zu den einzelnen Beiträgen.

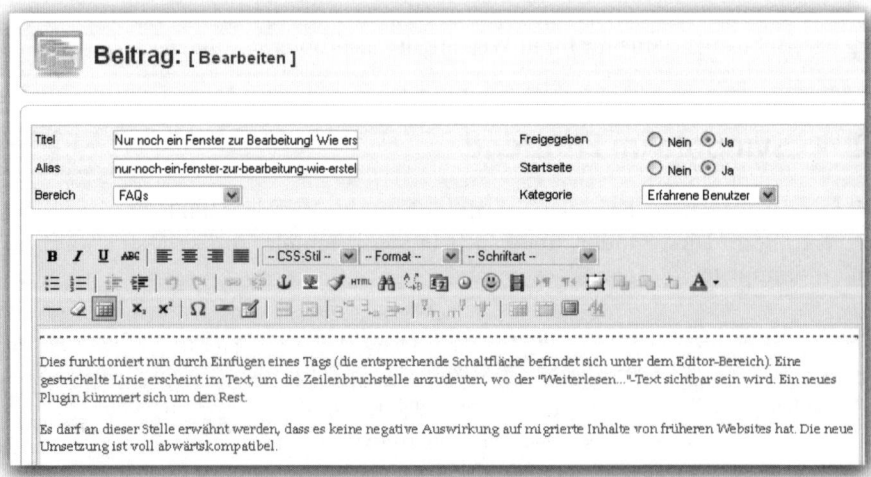

Bild 3.2: Einstellung von Schriftart und -farbe im Backend

Nur noch ein Fenster zur Bearbeitung! Wie erstelle ich den "Weiterlesen..."-Link?

Aktualisiert (Dienstag, 03. Februar 2009 um 19:52 Uhr)
Geschrieben von: Administrator
Freitag, 06. Oktober 2006 um 19:29 Uhr

Dies funktioniert nun durch Einfügen eines Tags (die entsprechende Schaltfläche befindet sich unter dem Editor-Bereich). Eine gestrichelte Linie erscheint im Text, um die Zeilenbruchstelle anzudeuten, wo der "Weiterlesen..."-Text sichtbar sein wird. Ein neues Plugin kümmert sich um den Rest.

Es darf an dieser Stelle erwähnt werden, dass es keine negative Auswirkung auf migrierte Inhalte von früheren Websites hat. Die neue Umsetzung ist voll abwärtskompatibel.

Bild 3.3: Das Ergebnis im Frontend

3.4 Module aus- und einblenden / Modulpositionen verändern

Es gibt gute Gründe, Module zu verbergen oder ihre Positionen zu verändern. So sollen manche Inhalte und Module nicht für jeden Besucher der Webseite zu sehen sein Vielleicht stört auch die Position des Anmelde-Moduls im Frontend. Vor allem bei kleineren Joomla Installationen wirkt ein Login-Feld auf der Startseite eher unpassend, beispielsweise wenn nur ein oder zwei Menschen die Webseite administrieren. Möglicherweise ist auch die Position der Umfrage rechts ungünstig und scheint auf der linken Seite viel vorteilhafter zu sein. Oder die Sprache des Frontends soll Englisch, aber das Backend auf Deutsch gehalten sein.

Joomla ist modular aufgebaut. Jeder Bereich im Frontend wie z. B. »Umfragen« stellt auch ein Modul dar. Das hat viele Vorteile. Denn wenn ein Modul nicht gefällt oder wenn es geändert werden soll, dann ist nur dieses eine Modul zu bearbeiten oder zu löschen. Aufgrund dieses Modulcharakters beeinträchtig eine Löschung oder eine Verschiebung die Webseite letztlich nicht. Es gibt keinen eingebetteten Code, dessen Deaktivierung die ganze Webseite funktionsunfähig macht.

Module lassen sich einfach über das Backend-Menü Erweiterungen / Installieren - Deinstallieren einrichten. Sind die Module einmal installiert, haben Sie im Bereich Erweiterungen/Module Zugriff auf die einzelnen Komponenten: Sie können sie per Mausklick aktivieren und deaktivieren (Spalte Aktiviert). Ein deaktiviertes Modul erscheint nicht mehr auf Ihrer Seite, kann aber jederzeit wieder zum Leben erweckt werden. In der Spalte Reihenfolge können Sie die Abfolge der Module festlegen, und in der Spalte Position bestimmen Sie, ob das Modul links, rechts, oben oder unten seinen Platz findet.

Bild 3.4: Das Umfragen-Modul steht hier noch rechts oben ...

Bild 3.5: ... und jetzt ist es auf die linke Seite gewandert.

3.5 Das Template wechseln

Kennen Sie das Gefühl? Früher oder später ist ein Tapetenwechsel fällig. Das gilt auch für Websites: Irgendwann gefällt das bisherige Template nicht mehr. Möglicherweise haben Sie auch ein negatives Feedback von Benutzern und Kunden erhalten, weil sich seit geraumer Zeit nichts auf der Seite getan hat. Das Template lässt sich sehr leicht wechseln: Über das Menü `Erweiterungen / Templates` können Sie zwischen den vorinstallierten Vorlagen wählen. Markieren Sie einfach den Radio-Button, der Ihrem bevorzugten Template zugeordnet ist und klicken Sie das Sternsymbol an – fertig.

Je nachdem, wie stark Sie die alte Vorlage Ihren Bedürfnissen angepasst haben, sind aber beim neuen Template Nacharbeiten fällig. Darauf wird im Kapitel 6 eingegangen.

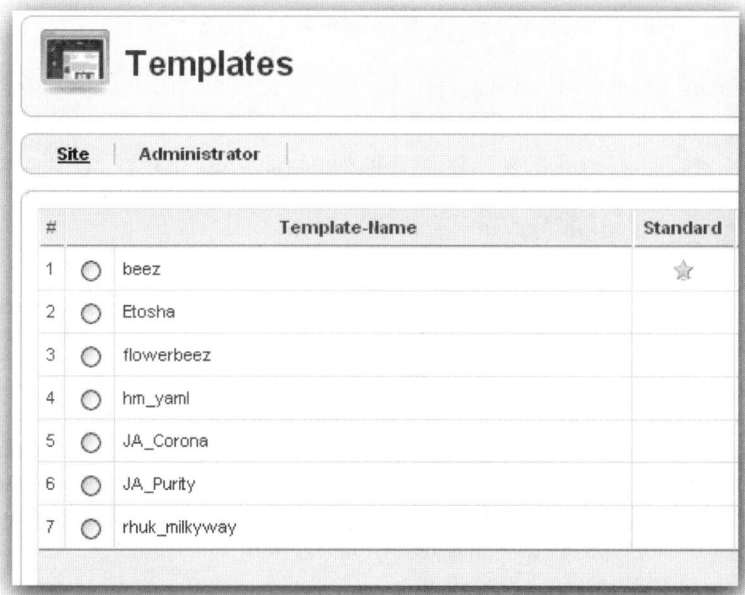

Bild 3.6: Template wechseln

Das Layout einer Joomla-Seite wird mit Hilfe der Beschreibungssprache CSS (Cascading Stylesheets) festgelegt. Die im jeweiligen Template verwendeten Farben, Schiften, Bilder etc. werden als CSS-Code definiert. Ein Template kann aus einem oder mehreren CSS-Dokument(en) bestehen. Das Template »Beez«, das in der Joomla-Grundausstattung mitgeliefert enthalten ist, wird durch diese sieben Stylesheets gesteuert:

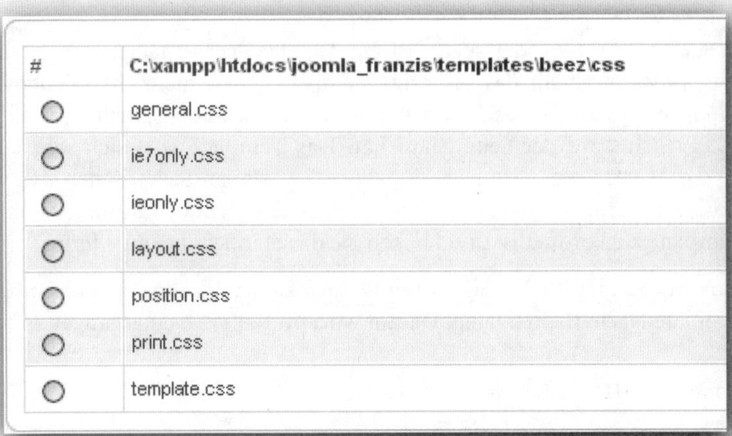

#	C:\xampp\htdocs\joomla_franzis\templates\beez\css
○	general.css
○	ie7only.css
○	ieonly.css
○	layout.css
○	position.css
○	print.css
○	template.css

Bild 3.7: Übersicht der CSS im Template »Beez«

Die Dateinamen `ieonly.css` oder `ie7only.css` deuten darauf hin, dass es sich hier um Gestaltungsvorlagen handelt, die nur für den Microsoft Internet Explorer (`ieonly`) beziehungsweise dessen Version 7 gelten (`ie7only`).

Templates lassen sich im Backend konfigurieren. Über den Menüpfad `Erweiterungen / Templates` erreichen Sie die Auswahl der zur Verfügung stehenden Vorlagen. Vom Start weg sind bereits einige Standard-Templates installiert, Sie können aber eine wahre Fülle von Vorlagen nachträglich installieren. Um ein Template zu modifizieren, markieren Sie es über den Radio-Button im Menü und klicken auf `Bearbeiten`.

Zur Auswahl stehen die Optionen `HTML-Bearbeiten` und `CSS-Bearbeiten`. Grundsätzlich gilt: Wenn Sie Änderungen an Textinhalten oder der Textformatierung Ihrer Webseite vornehmen wollen, benutzen Sie `HTML-Bearbeiten`. Wollen Sie dagegen die Layout-informationen ändern, ist `CSS-Bearbeiten` die richtige Option.

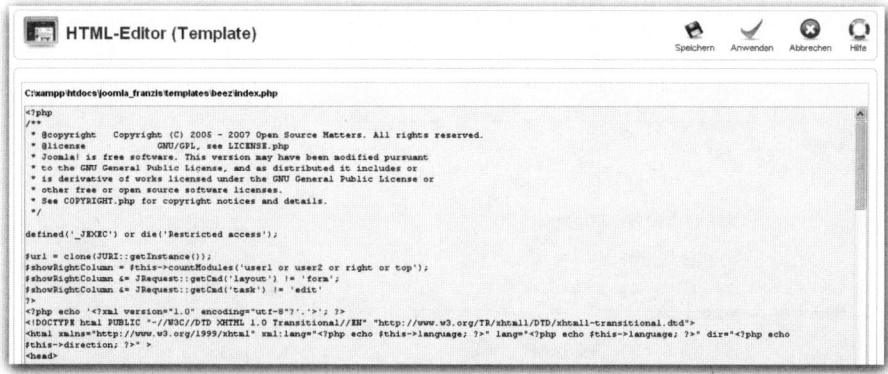

Bild 3.8: Bearbeitung des HTML-Codes

In den Editorfenstern lässt sich der Code für das Layout der Seite ändern. Aber Vorsicht: Alle Änderungen, die hier gemacht werden, wirken sich auf das Design der Webseite aus. Daher empfiehlt es sich, die HTML- und CSS-Dokumente vorher zu sichern, um sie im Fall eines unerwünschten Effekts schnell wieder einspielen zu können.

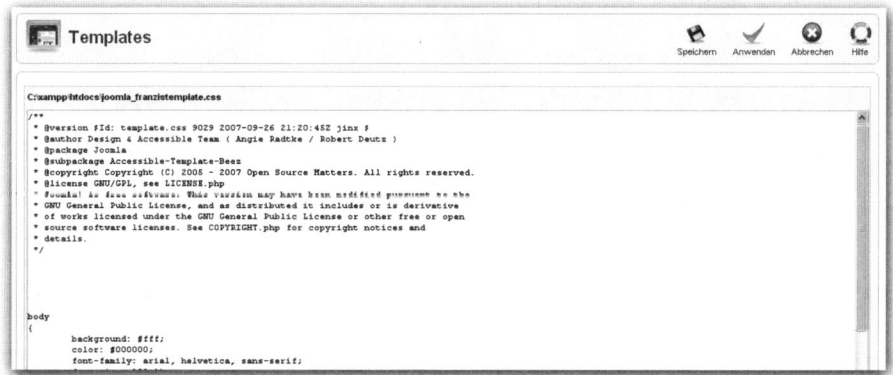

Bild 3.9: CSS-Bearbeiten

Tipp: Laden Sie sich den HTML-Code und den CSS-Code Ihres Templates auf die Festplatte und bearbeiten Sie die Daten in einem externen HTML-Editor wie z. B. Dreamweaver oder Aptana.

Bei einigen Templates wie z. B. Etosha lassen sich in einem eigenen Menü solche Parameter wie die Farbe oder das Bild im Header ändern. Man kann Templates natürlich auch selbst editieren.

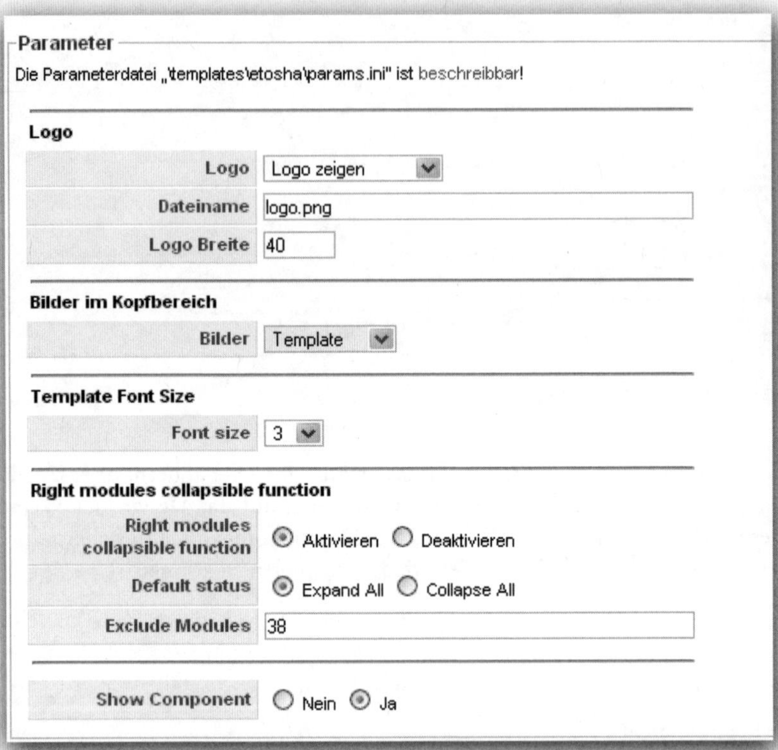

Bild 3.10: Parameter-Menü für das Template »Etosha«

3.6   Erweiterungen für das Frontend

Durch eine Reihe von freien Erweiterungen lässt sich das Frontend von Joomla erweitern. Eine große Auswahl von Add-ons finden Sie zum Beispiel auf der Seite www.joomlaos.de. Das Angebot fängt an beim Newsreader und reicht bis zu einer in Joomla intergrierten Messenger-Software.

Einige Beispiele sollen hier genügen: Das Modul Google Translate bietet Besuchern etwa die Möglichkeit, den Inhalt der Website über Google automatisch in eine andere Sprache übersetzen zu lassen. Für die Übersetzung stehen bis zu 42 Sprachen zur Verfügung.

Bild 3.11: Sprachauswahl in Google Translate

Interessant ist auch das Modul Analog AClock. Es stellt eine auf Flash basierende analoge Uhr zur Verfügung, die in die Website integriert werden kann. Zur Wahl stehen fünf Varianten. Die Uhren sowie ihre Größe und Farbe lassen sich über ein Parametermenü einstellen.

Bild 3.12: Die Analoguhr für Joomla

Eine Reihe weiterer praktischer Tools und Erweiterungen für das Frontend wird im Kapitel 8 beschrieben.

3.7   Sprachen im Front- und Backend

Joomla ermöglicht seinen Anwendern, eine indivduelle Spracheinstellung einzustellen. Das gilt sowohl für das Backend als auch für das Frontend. Das bedeutet: Menschen unterschiedlicher Nationalität, zum Beispiel ein Chilene und ein Chinese, ein Brasilianer und ein Neuseeländer, können in ein und demselben Projekt gemeinsam arbeiten.

Die Einstellungen können über den Menüpfad Site / Benutzer vorgenommen werden. Dort befindet sich eine Liste aller Anwender, die berechtigt sind, mit dem System zu arbeiten. Das Anklicken eines Benutzernamens führt zu einem Menü mit den Optionen, die diesem Benutzer zugeordnet sind. Im Menüfeld Parameter können dann sowohl die Systemsprache (im unten stehenden Bild als Adminsprache bezeichnet) als auch die Sprache der Webseite verändert werden.

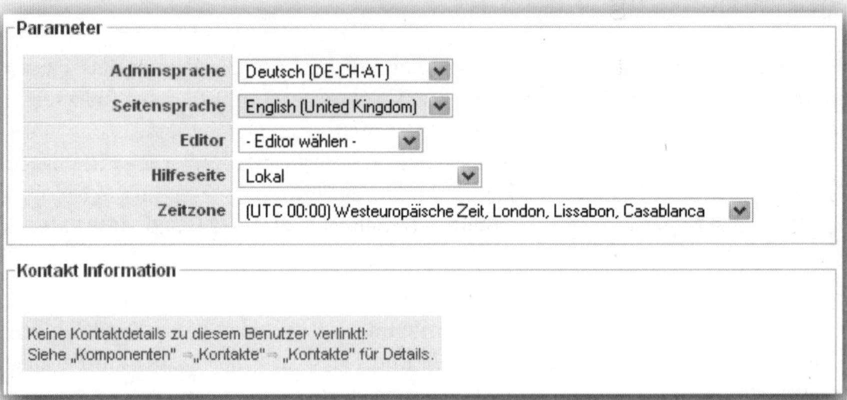

Bild 3.13: Sprache festlegen

4 Inside Joomla – das Backend

4.1 Einführung

Nun, da alle nötigen Installationsschritte getan wurden, ist der Weg in das Herz von Joomla nicht mehr weit. Nach Eingabe von /joomla/administrator im Browser sollte ein Anmeldefenster zum Backend-Bereich zu sehen sein. Der Benutzername und das Passwort wurden bereits während der Installation von Joomla festgelegt. Bitte beachten Sie, dass die Pfade und der Benutzername sowie das Passwort hier nur Beispiele sind und in der Praxis natürlich anders ausfallen können.

Bild 4.1: Anmeldung

Tipp: Oft wird in Live-Systemen die Benutzerkennung »Admin« und als Passwort »admin« verwendet. Fast immer ergeben sich Sicherheitslücken aus leicht zu erratenden Passwörtern und Benutzernamen. Dies lässt sich von Anfang an vermeiden. Daher sollten Sie auf Nummer sicher gehen und von Beginn an für mehr Sicherheit auf Ihrer Seite sorgen. Verwenden Sie zum Beispiel Kombinationen aus Buchstaben und Zahlen für die Passwörter im Admin-Bereich. Es ist sonst ein Leichtes, auch für einen wenig versierten Anwender, Zutritt zu Ihrer Joomla-Site zu erhalten.

4.2   Das Kontrollzentrum

Ist die Anmeldung am Adminstrationsbereich geglückt ist das Kontrollzentrum das Erste, was Sie von Joomla nach der Installation sehen. Die kleinen Symbole beschreiben recht gut, welche Funktionen dahinter liegen. Die Menüleiste oben beherbergt alle Tools und Funktionen, die beim Verwalten der Webseite benötigt werden. Und auf der rechten Seite finden Sie weitere Funktionen, die zum Beispiel Auskünfte über Besucher, Statistiken und weitere Informationen bereitstellen.

Das Kontrollzentrum (früher als Control Panel bezeichnet) ist nur für den Administrator und für die Anwender, denen dies explizit erlaubt ist, sichtbar (siehe auch den Abschnitt 4.19 »Benutzer und Rechte«).

Bild 4.2: Das Kontrollzentrum

Viele Backend-Optionen erklären sich von selbst, andere können in ein paar Sätzen beschrieben werden. Hier nun eine Übersicht über die Funktionen:

- Einen neuen Beitrag erstellen
- Übersicht über alle Beiträge und Neuanlage eines Beitrags
- Alle Einträge auf der Startseite verwalten
- Überblick über alle angelegten Bereiche
- Übersicht über alle angelegten Kategorien

- der Medienmanager mit z. B. Uploadfunktion

- Ansicht aller angelegten Menüpunkte und Neuanlage eines Menüs

- Installierte Sprachen verwalten

- die Benutzerverwaltung inkl. Neuanlage und Rechtevergabe

- die Konfiguration führt direkt in das Kontrollzentrum

- Downloads erlauben

- Templates einbinden

- eine Updateprüfung ausführen

- beliebte Seiten analysieren

- Statistiken der Besucher auswerten

- Sicherheit checken

- Überblick aller gerade angemeldeten Bediener

4.3   Die Sprache ändern

Im Backend unter dem Menüpfad `Erweiterung / Sprachen` ist die Sprache für den Administrator und für das Frontend änderbar. Wird Deutsch als Standardsprache für das Backend gewählt, aber Englisch für das Frontend, ist eben das Frontend auf Englisch und das Backend auf Deutsch.

Analog verhält es sich, wenn Englisch für das Backend und auch für das Frontend ausgewählt wird. Das Resultat ist klar: Joomla benutzt sowohl für das Backend als auch für das Frontend die englische Sprache.

Bild 4.3: Spracheinstellungen im Backend für den Administrator

Sie setzen Englisch als Standardsprache für das Backend, indem Sie den Radio-Button, der der Option English(United Kingdom) zugeordnet ist, auswählen und in der Werkzeugleiste das große Sternsymbol mit der Bezeichnung Standard anklicken. Sie sehen, dass das Sternsymbol in der Optionsliste in die Zeile English(United Kingdom) wandert.

Bild 4.4: Spracheinstellungen im Backend

Nach einem Refresh wandelt sich das Menü Sprachen in den Language Manager. Very British.

Bild 4.5: Spracheinstellungen im Backend

Auch das Login-Menü für den Administratorbereich spricht jetzt Englisch.

Bild 4.6: Spracheinstellungen im Backend

Vielleicht haben Sie sich bisher mit der Sprachoption `Standard` am Admin-Menü angemeldet. Diese Option heißt jetzt `Default`. Und da Sie Englisch als Standardsprache festgelegt haben, spricht Ihr Backend nun natürlich Englisch mit Ihnen. Falls Sie das nicht auf Dauer möchten, können Sie es im Sprachmenü (richtig, dem `Language Manager`) jederzeit wieder ändern.

> **Tipp:** Im Installationspaket von Joomla 1.5.10 sind über 20 Sprachen enthalten. Um Ihre Seite multikulturell zu gestalten, installieren Sie doch einfach verschiedene Sprachen. Die Besucher werden sich vielleicht darüber freuen.

4.4   Konfiguration/Systemfunktionen

Grundätzlich muss Joomla nicht extra konfiguriert werden, da die meisten Anwender mit der Basiskonfiguration keine Probleme haben. Die Standardkonfiguration ist über das Icon `Konfiguration` in der Symbolleiste oder über den Menüpunkt `Site/Konfiguration` zu errreichen.

Das Konfigurationsmenü ist in drei unabhängige Sparten aufgeteilt:

* Site
* System
* Server

Über Site lassen sich grundlegende Funktionen der Seite editieren. Darunter fallen zum Beispiel Titel der Webseite und einiges mehr. Man könnte auch sagen: die Eigenschaften der Site sind für die Fassade der Website verantwortlich. Dazu zählen:

- Site-Einstellungen
- Meta-Daten der Website
- Suchmaschinen-Optimierung (SEO)

Das Menü System ist für den Kern von Joomla verantwortlich. Funktionen wie das Debuggen oder auch die Benutzerverwaltung können dort eingestellt werden. Die Konfigurationen, die möglich sind, betreffen hauptsächlich das »Innere« der Webseite:

- System
- Benutzer
- Medien
- Debug
- Session
- Cache-Einstellungen

Unter Server stehen Einstellungen, die für den lokalen Server oder den Server beim Webhoster wichtig sind. Ob Mailing oder die Daten für die externe Datenbank, dies alles sollte hier eingestellt werden:

- Server
- Standort-Einstellungen
- FTP-Einstellungen
- Datenbank
- Mailing

In diesem Abschnitt werden die Einstellungen der einzelnen Module vorgestellt. Was geschehen kann, wenn die Grundkonfiguration modifiziert wird, wird ebenfalls anhand einiger Beispiele dargestellt.

4.5   Das Site-Menü

4.5.1   Übersicht der Funktionen

- Site offline
- Offline-Meldung
- Name der Website
- Vorgabe für WYSIWYG-Editor
- Listenlänge
- Feedlänge
- Meta-Daten der Website
- Globale Beschreibung der Site
- Globale Schlüsselwörter der Site
- Zeige Meta-Tag »title«

- Zeige Meta-Tag »author«
- Suchmaschinen-Optimierung (SEO)
- Suchmaschinenfreundliche URLs
- `mod_rewrite` nutzen
- Dateiendung an URL fügen

Site-Einstellungen

Bild 4.7: Site-Einstellungen

Site offline

Bei Wartungsarbeiten kann die Webseite als »offline« angezeigt werden. Die Texte für die Offline-Meldung sind natürlich variabel. So könnte man einen festen Zeitpunkt eingeben, ab wann die Webseite wieder zu erreichen ist.

Bild 4.8: Offline-Meldung von Joomla

Offline-Meldung

Hier kann die Meldung festgelegt werden, die im Offline-Modus anstelle der Webseite angezeigt wird. Darin können Sie zum Beispiel die Gründe angeben, warum die Webseite zur Zeit nicht erreichbar ist – und wann sie voraussichtlich wieder online sein wird. Bedenken Sie stets: Eine Seite, die nicht erreichbar ist, verärgert den Besucher respektive Kunden. Erfährt er oder sie einen plausiblen Grund dafür, warum die Webseite offline ist und wann sie wieder erreichbar sein wird, dann können Sie den Ärger in Grenzen halten.

Name der Webseite:

Dieses Feld enthält – wie schon die Bezeichnung sagt – den Namen der Webseite.

Vorgabe für WYSIWYG:

Dabei geht es darum, welcher Editor in Joomla verwendet werden soll. Das Kürzel WYSIWYG steht für »What You See Is What You Get« und wird für Texteditoren benutzt, die den Text bereits bei der Erstellung so darstellen, wie er sich später auch im Druck präsentiert. In der Regel ist hier der Editor TinyMCE eingetragen, der zur Standardausstattung von Joomla gehört.

Meta-Daten der Website

Das Feld enthält einige Schlüsseldaten der Site, die dafür sorgen, dass die Seite von Suchmaschinen auch gefunden wird. Im Feld `Globale Beschreibung der Site` wird die Meta-Beschreibung hinterlegt. Es bietet sich hier an, in wenigen Worten das Thema einzugeben, mit dem sich die Seite beschäftigt.

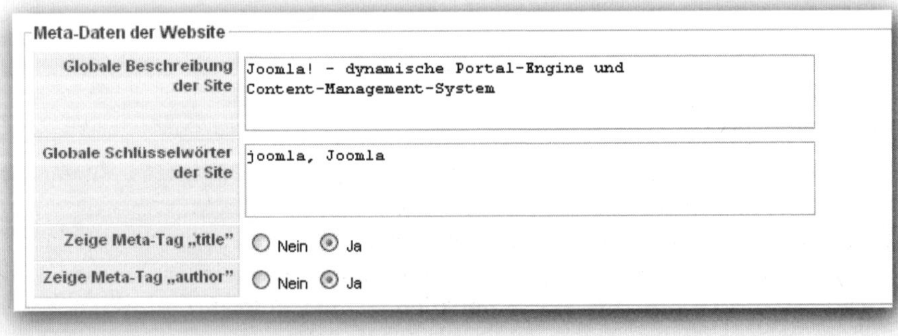

Bild 4.9: Meta-Daten der Webseite

Globale Schlüsselwörter der Site:

Hier werden die Schlüsselwörter für die Webseite hinterlegt, die von Suchmaschinen-Robotern (sogenannten Spidern) ausgelesen werden sollen, z. B. Joomla, Franzis, Donald, Dagobert und, wenn Sie wollen, viele andere mehr.

Zeige Meta-Tag title

Hier geht es um die Anzeige der Meta-Informationen der einzelnen Artikel. Jeder Artikel kann über eigene Metadaten-Informationen (Metadaten, die bei der Erstellung oder Bearbeitung eines Artikels im Informations-Fenster eingegeben wurden) verfügen. Das hat zur Folge, dass einzelne Artikel leichter von Suchmaschinen gefinden werden können.

Zeige Meta-Tag author

Die Meta-Informationen eines Autors können von Spidern gelesen werden.

Suchmaschinen-Optimierung (SEO)

Wer eine Website betreibt, will auch, dass sie gelesen und von Suchmaschinen zuverlässig gefunden wird. Das gilt nicht nur für die Website an sich, sondern auch für die einzelnen Artikel, die darauf veröffentlicht werden.

Es gibt eine Reihe von Möglichkeiten, die Suchmaschinentauglichkeit einer Webseite zu verbessern: beispielsweise suchmaschinenfreundliche URLs (URL = Uniform Resource Locator, im Allgemeinen auch schlicht Webadresse genannt). Die URLs, die von einem CMS generiert werden, enthalten häufig Sonderzeichen, die von Suchmaschinen entweder gar nicht oder nur schwer interpretiert werden können. Wird die Option `Suchmaschinenfreundliche URLs` gewählt, dann werden alle URLs so umgewandelt, dass sie für Suchmaschinen lesbar sind.

Ein Beispiel:

`Joomla.franzis.de/administrator/index.php?option=com_config`

würde bei der Aktivierung so interpretiert werden:

`Joomla.franzis.de/`

Die Standardeinstellung dieser Funktion ist allerdings »Nein«.

mod_rewrite nutzen:

Dabei handelt es sich um eine spezielle Funktion eines Apache-Webservers. Kurz gesagt sorgt sie dafür, dass die vom System dynamisch erzeugten URLs eines Artikels so umgeschrieben werden, dass sie für Menschen (aber auch für Suchmaschinenroboter!) leichter benutzbar sind. Wird die Option auf »Ja« gesetzt, verwendet der Webserver die so umgeschriebenen URLs. Auch diese Funktion ist standardmäßig abgeschaltet und muss eigens aktiviert werden.

Dateiendung an URL fügen:

Wenn diese Option auf »Ja« gestellt ist, wird an die Endung der Webseite noch ein »html« angehängt. Das erleichtert es Suchmaschinen angeblich, eine Website auszuwerten. Die Standardeinstellung ist allerdings auch hier »Nein«.

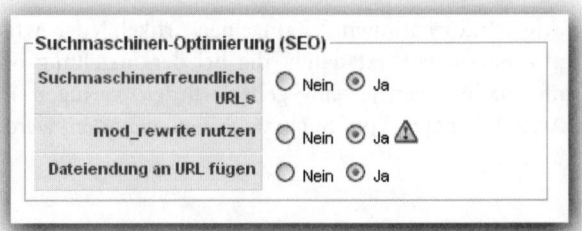

Bild 4.10: Das Menüfeld zur Suchmaschinen-Optimierung

4.6 Das System-Menü

4.6.1 Übersicht der Funktionen

* Geheimes Wort
* Pfad zum Log-Verzeichnis
* Web-Services aktivieren
* Hilfeserver
* Benutzer
* Benutzerregistrierung erlauben
* Gruppe für neu registrierte Benutzer
* Aktivierung neuer Konten
* Einstellungen im Frontend
* Medien
* Erlaubte Erweiterungen
* Maximale Upload-Größe
* Pfad zum Medienverzeichnis
* Prüfe MIME-Type
* Gültige Grafikdateiendungen (Dateitypen)
* Ignorierte Dateiendungen
* Gültige MIME-Typen
* Ungültige MIME-Typen
* Flash-Uploader aktivieren
* System debuggen
* Sprache debuggen
* Cache-Einstellungen
* Speicherroutine
* Session

- Gültigkeit
- Pfad zum Bilderverzeichnis
- Hochladen beschränken

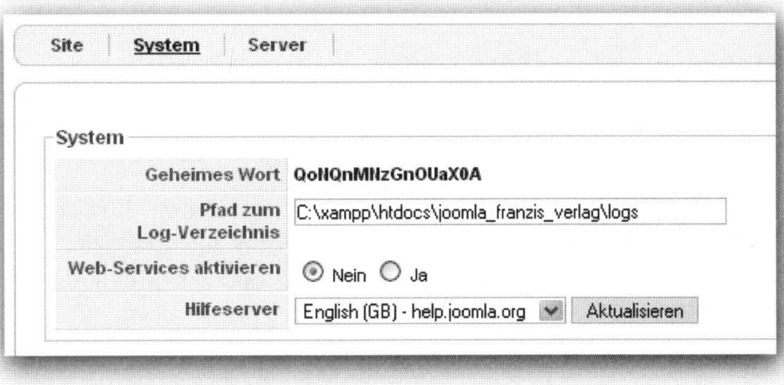

Bild 4.11: Das Systemmenü

Geheimes Wort: z. B. kmwlsYMwdkLjiXja

Das »secret word« ist dem Vernehmen nach ein Überbleibsel aus der Zeit von Mambo – jenem Content-Management-System, aus dem Joomla hervorging. Das geheime Wort diente dazu, jede Mambo-Installation eindeutig identifizieren zu können. Das hatte damit zu tun, dass die australische Firma Miro, die das Mambo-Projekt initiiert hatte, auch eine kommerzielle Version des Systems geplant hatte. Als sich Joomla aus Mambo entwickelte, blieb diese Funktion einfach im System. Für heutige Joomla-Betreiber hat das geheime Wort keinerlei Bedeutung.

Pfad zum Log-Verzeichnis

In diesem Feld wird festgelegt, in welchem Verzeichnis die Log-Dateien von Joomla gespeichert werden. In unserem Beispiel ist es \joomla_franzis\logs.

Web-Services aktivieren

Diese Funktion ermöglicht es, in Joomla RPC (Remote Procedure Calls, entfernte Funktionsaufrufe) über HTTP als Transportmittel- und XML-Codierung zu verwenden. Diese Funktion sollte auf »ja« stehen, um sicherzustellen, dass Third-Party-Tools auch weiterhin funktionieren.

Hilfeserver

In einer frisch installierten Joomla-Version sind die Hilfedateien anfangs auf Englisch. Die integrierte Hilfe lässt sich im Kontrollzentrum im Bereich Konfiguration / System zwar auf Deutsch umstellen. Der Link, der auf den deutschen Hilfeserver zeigt, lässt sich im Kontrollzentrum allerdings nicht von Hand einstellen. Es gibt einige deutschsprachige Hilfeserver, deren URLs oft in der Literatur genannt werden. Einige von ihnen werfen allerdings einen 404-Error aus, sobald sie aufgerufen werden.

Der einzige deutschsprachige Hilfeserver, der derzeit als funktionierend gelten kann, ist: http://hilfe.jgerman.de/.

Diese Adresse kann aber nicht ohne Weiteres eingefügt werden. Dennoch gibt es eine Lösung für das Problem.

Schritt 1:

Im Menüpfad Kontrollzentrum / Konfiguration / System steht standardmäßig ein englischer Server (help.joomla.org).

Klicken Sie im Konfigurationsmenü bei Hilfeserver auf den Button Zurücksetzen. Was zuvor nicht möglich war, klappt jetzt. Durch den Button Zurücksetzen werden diverse Hilfeseiten-URLs geladen. Wählen Sie nun im Dropdown-Menü der Zeile Hilfeserver die Option German - hilfe.jgerman.de aus.

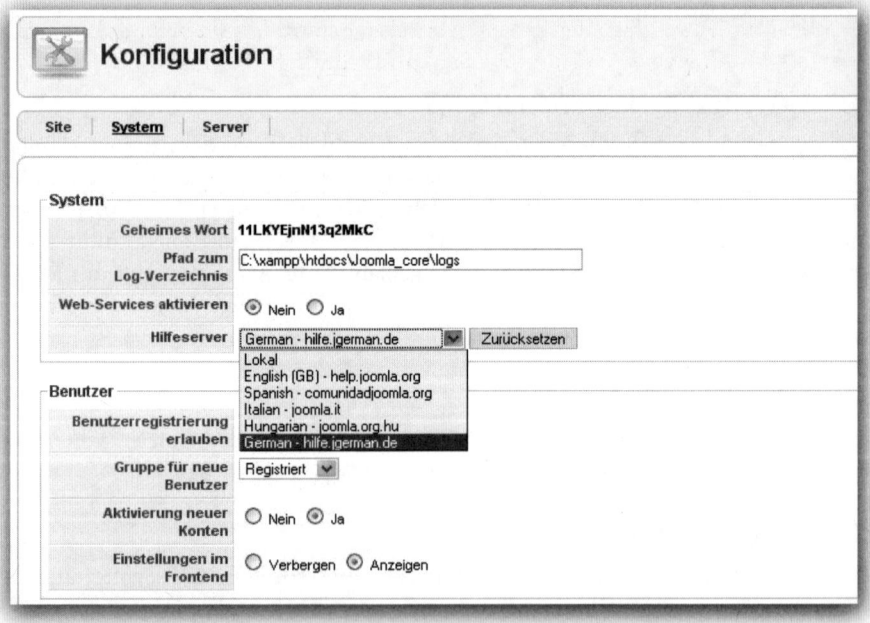

Bild 4.12: Adresse des Hilfeservers auswählen

Schritt 2:

Nun steht im Dropdown-Menü die richtige URL. Testen Sie das, indem Sie im selben Fenster auf der rechten oberen Seite auf Hilfe klicken.

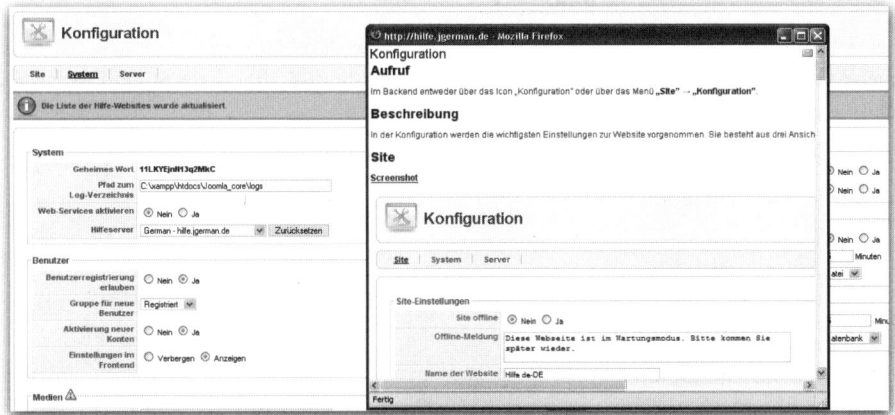

Bild 4.13: Erfolg – der deutschsprachige Hilfeserver steht zur Verfügung

Benutzer

Hier geht es um Funktionen der Benutzerverwaltung. Eine detaillierte Einführung in die Benutzerverwaltung von Joomla finden Sie im Abschnitt 4.19. Einige Grundfunktionen erläutere ich jedoch schon hier.

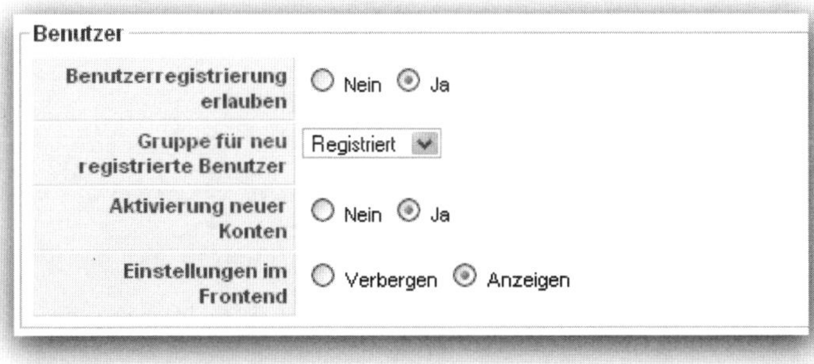

Bild 4.14: Benutzerverwaltung

Benutzerregistrierung erlauben

Diese Funktion sagt ganz klar: Neue Benutzer dürfen sich registrieren. Diese Option kann auch auf »Nein« gestellt werden. Gerade in geschlossenen Netzen ist das durchaus üblich, wenn die maximale Anzahl der Anwender erreicht ist.

Gruppe für neu registrierte Benutzer

Hier können Sie den Status festlegen, den neu registrierte Benutzer erhalten. In dem abgebildeten Fall bekommt ein neues Mitglied den Status »Registriert«. Zur Auswahl stehen vier Optionen:

- Registriert
- Autor
- Editor
- Publisher

Aktivierung neuer Konten

Hier wird festgelegt, ob ein neuer User seine Anmeldung aktivieren muss. Falls ja, erhält er eine E-Mail mit einem Aktivierungslink. Erst wenn er auf diesen Link klickt, ist die Anmeldung bestätigt.

Einstellungen im Frontend

Angemeldete Frontend-Anwender können selbst auswählen, welche Sprache verwendet werden soll, welcher Artikel-Editor ihnen lieber ist etc. Die Standardeinstellung ist »Anzeigen«

4.6.2 Das Menü Medien

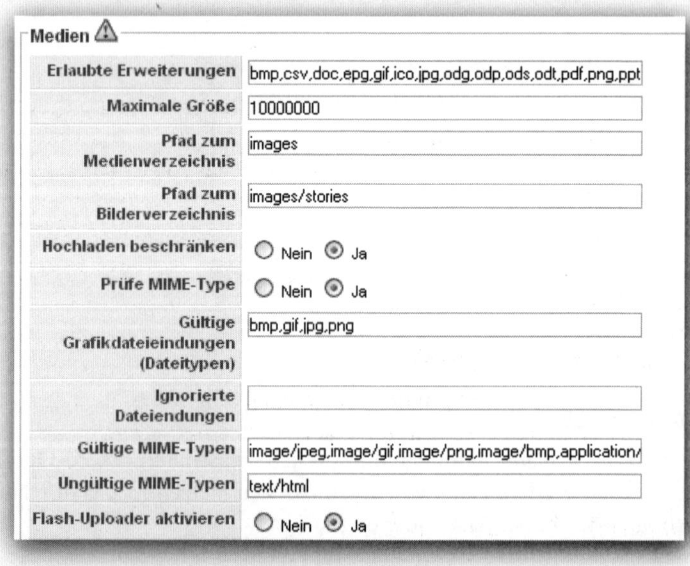

Bild 4.15: Einstelloptionen für Mediendateien

Erlaubte Erweiterungen

Hier können Sie festlegen, welche Medien erlaubt sind. Die Erlaubnis bezieht sich auf die Endungen der Dateinamen. Genauer gesagt bestimmen Sie also mit dieser Option, welche Dateitypen für den Upload berechtigt sind. Wollen Sie zum Beispiel einen Dateityp mit der Endung .xyz nicht erlauben, so muss sie in der Liste der erlaubten Erweiterungen gelöscht werden – natürlich nur, wenn sie zuvor vorhanden war.

Maximale Größe

Dieses Feld bestimt die maximale Größe von Dateien, die hochgeladen werden dürfen. Der Standard liegt bei 10000000 Byte oder ca. 10 Megabyte (MB).

Pfad zum Medienverzeichnis

Diese Pfadangabe bestimmt, in welchem Ordner Mediendateien gespeichert werden. Die Standardoption lautet \images.

Pfad zum Bilderverzeichnis

Hier legen Sie den Pfad zum Verzeichnis fest, in dem Bilder gespeichert werden. In unserem Beispiel ist es \images\stories. Diese Pfadangabe kann natürlich geändert werden.

Hochladen beschränken

Diese Funktion limitiert die Größe der Dateien, die pro Benutzer hochgeladen werden dürfen.

Prüfe MIME-Type

Das Kürzel MIME steht für »Multipurpose Internet Mail Extensions«. Kurz gesagt definiert MIME unter anderem Mechanismen und Regeln für den Versand und Empfang verschiedener Content-Typen im Netz. Wird die Prüfoption auf »Ja« gestellt, dann überprüft Joomla die MIME-Einstellungen einer Datei, die über einen Upload in Joomla installiert werden soll, auf schädlichen Code. Hin und wieder kann es aber auch bei geprüften Files vorkommen, dass ein Hochladen nicht möglich ist. In diesem Fall sollte die Option »Nein« eingeschaltet sein.

Gültige Grafikdateiendungen (Dateitypen)

Beim Upload von Bildern überprüft diese Funktion, ob Dateien dieses Typs hochgeladen werden dürfen. Die Einstellung lässt sich editieren. Standardwerte sind .bmp., .gif, .jpg und .png-Dateien.

Ignorierte Dateiendungen

Hier lässt sich festlegen, welche Erweiterungen für MIME-Typ ignoriert werden. Standardmäßig werden keine Dateiendungen ignoriert.

Gültige MIME-Typen

Die Liste bestimmt erlaubte MIME-Typen für Uploads. Im einzelnen sind dies `image/jpeg`, `image/gif`, `image/png`, `image/bmp`, `application/x-shockwave-flash`, `application/msword`, `application/excel`, `application/pdf`, `application/powerpoint`, `text/plain`, `application/x-zip`.

Ungültige MIME-Typen

Hier können Sie eine Liste unerlaubter MIME-Typen eingeben. In unserem Beispiel gilt `text/html` als ungültiger MIME-Typ.

Debugging-Menü

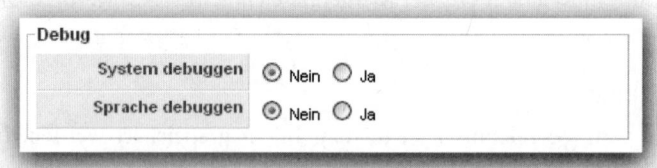

Bild 4.16:
Debugging-Menü

Hier handelt es sich um Joomlas integriertes Debugsystem. Wenn es eingeschaltet ist werden Diagnoseinformationen gesammelt (SQL-Meldungen oder Übersetzungsfehler etc.) und am Ende einer jeden Webseite angezeigt.

```
·Profil zum Laufzeitverhalten·

Application afterLoad: 0.004 seconds, 0.37 MB
Application afterInitialise: 0.111 seconds, 2.89 MB
Application afterRoute: 0.111 seconds, 2.89 MB
Application afterDispatch: 0.354 seconds, 7.36 MB
Application afterRender: 0.453 seconds, 8.01 MB

·Speichernutzung·

8447680

·17 Abfragen protokolliert·

    1. SELECT *
         FROM jos_session
         WHERE session_id = 'c3fd162a27341fcfe2e1be9c21f6aa82'
    2. DELETE
         FROM jos_session
         WHERE ( time < '1232533054' )
    3. SELECT *
         FROM jos_session
         WHERE session_id = 'c3fd162a27341fcfe2e1be9c21f6aa82'
```

Bild 4.17: Beispiel: Backend mit eingeschaltetem Debugger

4.6.3 Cache-Einstellungen

Cache

Wenn diese Einstellung aktiviert ist, wird eine lokale Kopie der Webseite auf dem Server zwischengespeichert. Das verbessert zwar die Performance beim Abruf der Seite – weil die Dateien ja auf dem Server hinterlegt sind –, aber es belastet auch die Datenbank. Wird üblicherweise auf »Nein« gesetzt.

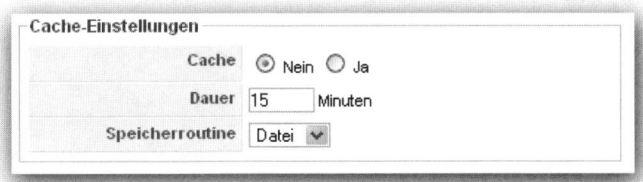

Bild 4.18: Caching-Einstellungen

Dauer

Diese Option legt die Dauer in Minuten fest, wie lange die Datei im Cache gespeichert werden soll, bevor sie durch eine aktuellere Datei überschrieben wird.

Speicherroutine

Diese Option legt fest, wie das Caching arbeiten soll. Derzeit kann aber nur die Methode »Datei« eingestellt werden.

Session

Die Session hat eine Gültigkeit von 15 Minuten, sofern nichts anderes eingestellt ist. Das bedeutet: Ein Anwender, der für 15 Minuten nicht aktiv war, muss sich nach 15 Minuten erneut am Front- oder Backend anmelden.

Bild 4.19: Eingabefeld für die Session-Länge

4.7   Das Server-Menü

Wie bereits erwähnt, finden sich unter »Server« jene Einstellungen, die für den lokalen Server oder den Server beim Webhoster wichtig sind. Hier ein Überblick über die Funktionen:

- Pfad zum `temp`-Verzeichnis
- GZIP-Komprimierung
- Fehler berichten
- SSL erzwingen
- Standort-Einstellungen
- Zeitzone
- FTP-Einstellungen
- FTP aktivieren
- Servername
- Port
- Benutzername
- Passwort
- Stammverzeichnis
- Datenbank
- Datenbanktyp
- Hostname
- Benutzername
- Datenbank-Präfix
- Mailing
- Mailer
- Absender (Adresse)
- Absendername
- Sendmail-Pfad
- SMTP-Authentifizierung
- SMTP-Benutzer
- SMTP-Passwort
- SMTP-Host

Server

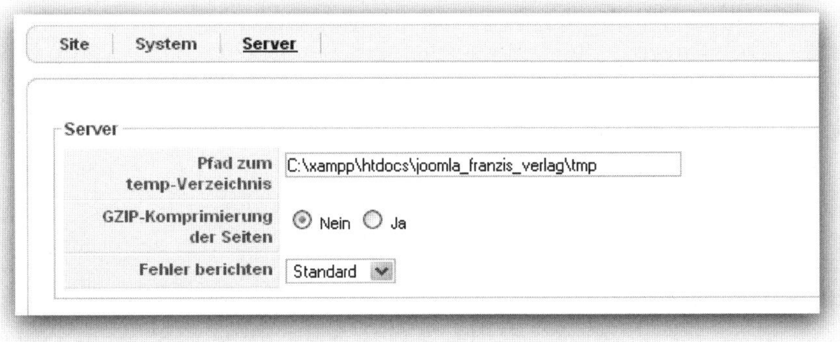

Bild 4.20: Das Server-Menü

Pfad zum temp-Verzeichnis

Hier wird der Verzeichnispfad zum Ordner für temporäre Dateien definiert. In unserem Beispiel, bei dem es sich um eine lokale Installation auf einem Windows-Rechner handelt, kann das temporäre Verzeichnis über den Pfad

```
C:\xampp\htdocs\joomla_franzis_verlag\tmp
```

erreicht werden. Die Standardeinstellung, die vor allem bei Webhostern typisch ist, lautet \tmp.

GZIP-Komprimierung

Hiermit wird die GZIP-Kompression der Seiten aktiviert. Dies reduziert die Datenmenge, die übers Netz übermittelt wird. Unter der Voraussetzung, dass der Browser des Besuchers und der Webserver, auf dem Joomla installiert ist, den GZIP-Algorithmus unterstützen, ergeben sich schnellere Ladezeiten. Standardmäßig ist die Komprimierung ausgeschaltet.

4.7.1   Standort-Einstellungen

Zeitzone

Diese Option erklärt sich praktisch von selbst. Der User legt fest, in welcher Zeitzone sich das Joomla-System befindet. Zeitabhängige Funktionen – wie zum Beispiel die zu einem bestimmten Zeitpunkt festgelegte Freigabe eines Artikels – richten sich nach der hier eingerichteten Systemzeit.

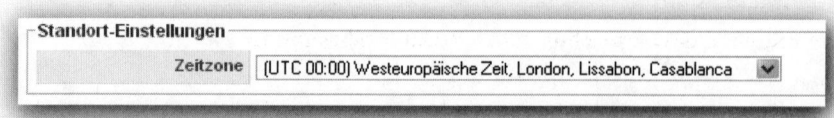

Bild 4.21: Standort-Einstellungen

4.7.2   FTP-Einstellungen

FTP aktivieren

Diese Funktion ermöglicht es, Joomla via FTP (File Transport Protocol) zu bearbeiten. So lassen sich zum Beispiel Bilder und andere Inhalte per FTP zu Joomla übertragen.

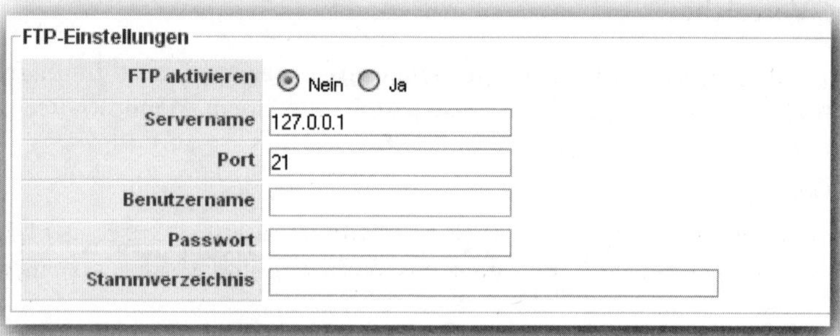

```
┌─FTP-Einstellungen──────────────────────────────────────┐
│        FTP aktivieren   ⦿ Nein  ○ Ja                    │
│           Servername   [127.0.0.1          ]            │
│                 Port   [21                  ]            │
│         Benutzername   [                    ]            │
│             Passwort   [                    ]            │
│      Stammverzeichnis  [                         ]       │
└────────────────────────────────────────────────────────┘
```

Bild 4.22: FTP-Einstellungen

Servername

In dieses Feld wird der FTP-Host eingetragen. Dieser ist meist mit dem Namen der Domain identisch.

Port

Port 21 muss offen sein.

Benutzername

Hier wird der FTP-Benutzername eingegeben. Falls Sie Ihre Joomla-Seite bei einem Webhoster betreiben, erhalten Sie von ihm den jeweiligen FTP-Benutzernamen und das dazu gehörige Passwort.

Passwort

Hier findet sich das FTP-Passwort.

Stammverzeichnis

In diesem Feld wird das Verzeichnis für FTP-Dateien bestimmt.

4.7.3 Datenbank-Einstellungen

Datenbanktyp

In den allermeisten Fällen dient die MySQL-Datenbank als Grundlage für eine Joomla-Installation. In diesem Fall lautet der Eintrag `mysql`.

Hostname

URL zur Datenbank, z. B. `datenbank1.franzis.de`

Benutzername

Hier wird der Benutzername für die Datenbank eingetragen.

Datenbank

Dieses Feld nimmt den Datenbanknamen auf. In unserem Beispiel lautet er `franzis_verlag`.

Datenbank-Präfix

Wichtig! Meist steht den Datensätzen das Präfix `jos_` voran. Backup-Datensätze beginnen mit dem Präfix `bak_`. Präfixe können über das Werkzeug PHPMyadmin geändert werden.

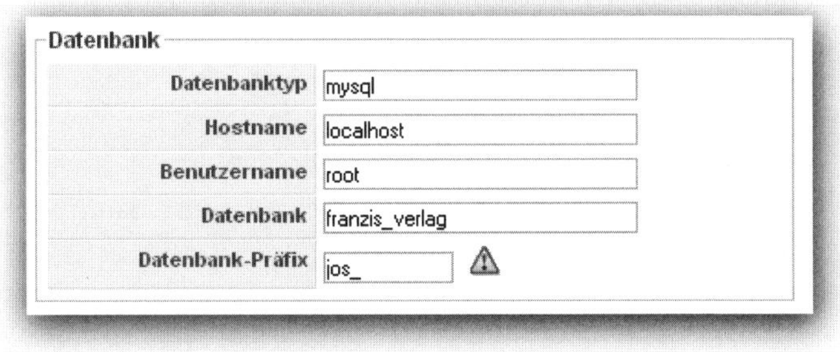

Bild 4.23: Einstellungen für die Datenbank

4.7.4 Mailing

Um über die Webseite eine Kontaktaufnahme per E-Mail zu ermöglichen, muss diese Funktion erst konfiguriert werden. Dafür gibt es einige nützliche Erweiterungen wie DFContact.

Die Mailer-Einstellungen lassen sich ändern. Davon werden Sie spätestens dann Gebrauch machen, wenn Sie feststellen, dass die Mailfunktion lokal nicht funktioniert.

Das Problem ist nicht der lokale Webserver, sondern der Mailhandler, den Sie lokal wahrscheinlich nicht eingerichtet haben.

Verwenden Sie als Mailer den SMTP-Server, wenn die Seite online ist. Die Zugangsdaten hierfür sind auch die Daten Ihres E-Mail-Programms.

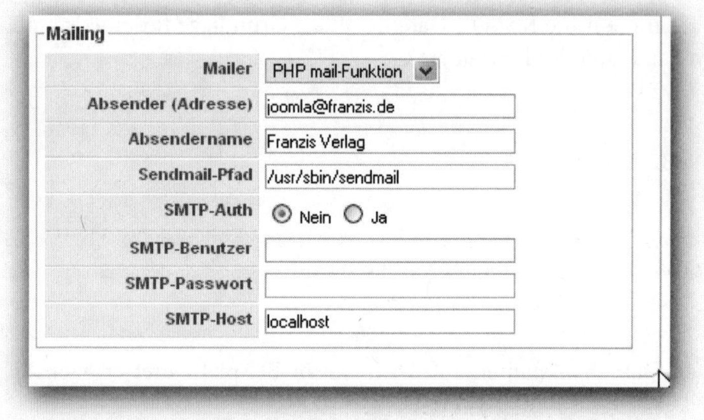

Bild 4.24: Optionen für den E-Mail-Versand

Mailer

Hier wird festgelegt welche Mail-Funktion benutzt wird (PHP Mail Function, Sendmail und SMTP-Server stehen zur Auswahl).

PHP Mail Function

Hier wird die interne PHP-Funktion zum Senden von Mails benutzt.

Sendmail

Hier wird das Sendmail-Programm von Linux verwendet, beispielsweise dann, wenn Joomla lokal auf einem Linux-PC installiert ist.

Absender(Adresse)

z. B. donald@franzis.de

Absendername

z. B. Donald

Sendmail-Pfad

z. B. /usr/sbin/sendmail

SMTP-Auth(entifizierung)

muss angegeben werden, wenn der Webhoster die Funktion »Server erfordert Authentifizierung« verlangt

SMTP-Benutzer

Benutzername des Mail-Accounts, z. B. `donald@franzis.de`

SMTP-Passwort

Passwort für Mail-Account

SMTP-Host

Mail-Server, z. B. `smtp.franzis.de`

In den meisten Fällen werden die Einstellungen des Webhosters verwendet. Die Konfiguration entspricht der Account-Konfiguration in einem Mail-Programm wie z. B. Outlook von Microsoft oder dem Mozilla Thunderbird.

4.8 QuickInfo/Schnellstartleiste

4.8.1 Begrüßungstext

Beim Einloggen ins Backend begrüßt das System einen neuen Anwender herzlich und lädt ihn zu aktiver Teilnahme und Mitarbeit in der Community ein. Falls dabei Fragen aufkommen sollten, wird auf ein Forum verwiesen. Ein gutes deutschsprachiges Forum ist:

`http://www.joomlaportal.de/index.php`

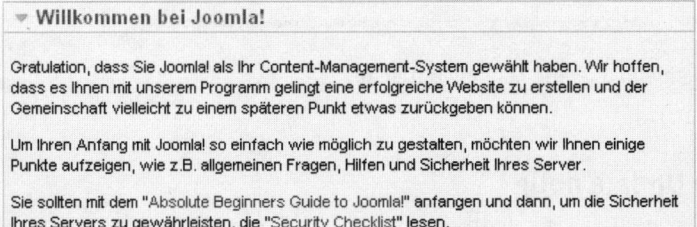

Bild 4.25: Willkommen bei Joomla

Die Begrüßung lässt sich auch ausschalten. Löschen sollte man das Modul aber nicht. Es genügt die Deaktivierung des Moduls unter dem Menüpfad Erweiterungen / Module / Administrator / Willkommen bei Joomla.

Bild 4.26:
»Willkommen bei Joomla« deaktivieren

Tipp: Alle Elemente der Schnellstartleiste lassen sich editieren und deaktivieren.

Ein Überblick über die Schnellstartleiste (Quckinfo):

▷ **Willkommen bei Joomla!**
▷ **Update nötig?**
▷ **Angemeldete Benutzer**
▷ **Beliebt**
▷ **Neue Beiträge**
▷ **Statistiken**

Bild 4.27: Überblicksmenü über die Schnellstartleiste

4.8.2   Ist ein Update nötig?

Eine sehr praktische Funktion ist die Prüfung, ob ein Update vorliegt. In der Version 1.5.10 muss nach der Prüfung das Update noch auf einer Joomla -Webseite gesucht und installiert werden. Um herauszufinden, ob Sie Joomla tatsächlich aktualisieren sollten, können Sie dies im Kontrollzentrum prüfen.

In der kommenden Version 1.6 und höher, so versprechen uns die Entwickler, soll die Update-Prüfung ohne manuelles Anschubsen funktionieren. Das bedeutet, dass Joomla beim Start prüft, ob ein Update verfügbar ist. Die händische Updateprüfung fiele damit weg.

Auf der rechten unteren Seite befindet sich der Button »Update nötig?« Falls ein Update vorhanden und auch nötig ist, wird unten stehende Meldung angezeigt.

Die Überpüfung liefert die Rückmeldung »veraltet«. Es liegt also ein Update vor, welches installiert werden sollte. Oft werden Sicherheitslücken durch Updates geschlossen.

Neuer Beitrag
Beiträge
Startseitenbeiträge
Bereiche
Kategorien
Medien
Menüs
Sprachen
Benutzer
Konfiguration
Willkommen bei Joomla!
Update nötig?
Die installierte deutsche Übersetzung für das
Frontend ist:
Backend ist:
veraltet!
veraltet!
Joomla! 1.5 selbst ist:
veraltet!
Um diese Anzeige zu entfernen, löschen Sie einfach das „Update nötig?"-Modul unter „Erweiterungen" -> „Module" -> „Administrator".

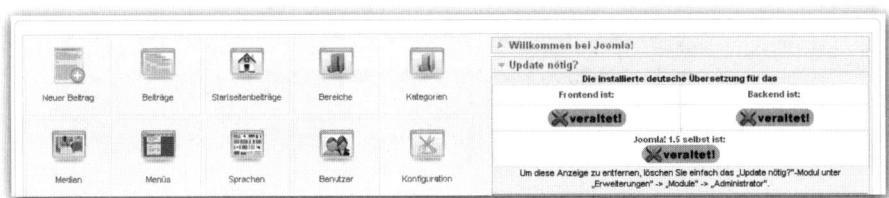

Bild 4.28: Wenn Sie diese Meldung erhalten, ist ein Update verfügbar.

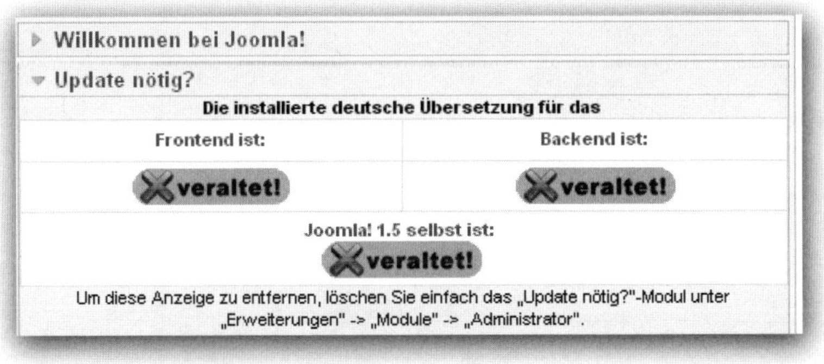

Willkommen bei Joomla!
Update nötig?
Die installierte deutsche Übersetzung für das
Frontend ist:
Backend ist:
veraltet!
veraltet!
Joomla! 1.5 selbst ist:
veraltet!
Um diese Anzeige zu entfernen, löschen Sie einfach das „Update nötig?"-Modul unter
„Erweiterungen" -> „Module" -> „Administrator".

Bild 4.29: Die Rückmeldung: »veraltet«

Tipp: Quellen für Updates gibt es viele zahlreiche. Unter anderem hier:
`http://www.joomlaos.de/ (deutschsprachig)`
`http://www.joomla.org/download.html (englischsprachig)`

Falls Joomla auf dem neuesten Stand ist, fällt das Resultat der Update-Prüfung folgendermaßen aus:

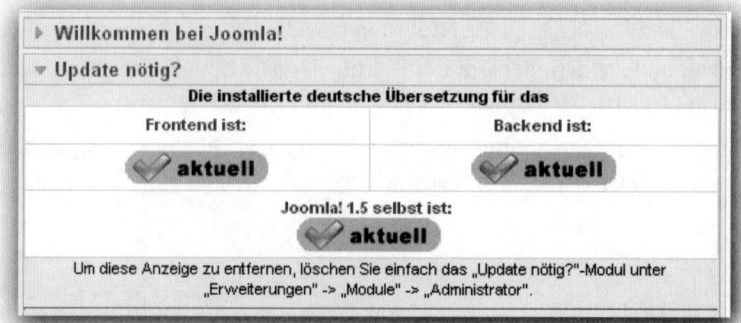

Bild 4.30: nach dem Update sollte die Updateprüfung so aussehen.

Angemeldete Benutzer

Wer ist gerade in Joomla tätig und schreibt vielleicht einen neuen Artikel? Einen Überblick aller angemeldeten Benutzer erhält man über »Angemeldete Benutzer«.

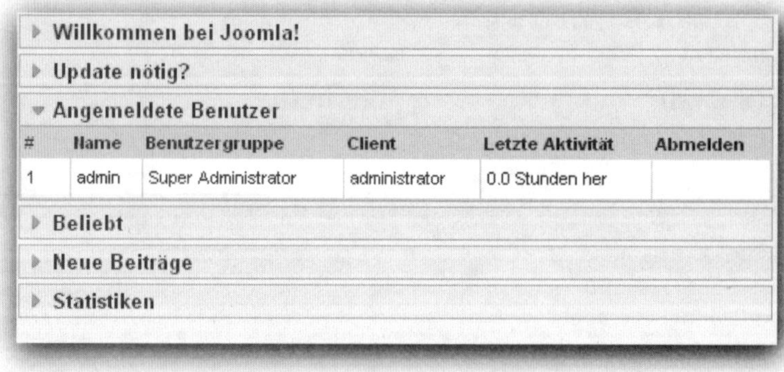

#	Name	Benutzergruppe	Client	Letzte Aktivität	Abmelden
1	admin	Super Administrator	administrator	0.0 Stunden her	

Bild 4.31: Angemeldete Benutzer

Beliebt

Dieser Menüpunkt zeigt, welche Seiten am häufgsten von Besuchern aufgerufen werden und welche Beiträge besonders beliebt sind.

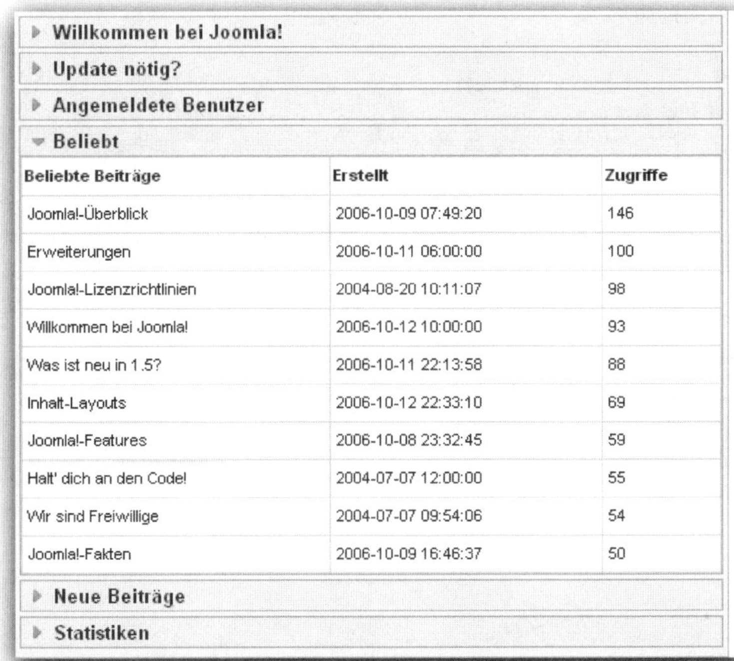

Willkommen bei Joomla!		
Update nötig?		
Angemeldete Benutzer		
▾ Beliebt		
Beliebte Beiträge	**Erstellt**	**Zugriffe**
Joomla!-Überblick	2006-10-09 07:49:20	146
Erweiterungen	2006-10-11 06:00:00	100
Joomla!-Lizenzrichtlinien	2004-08-20 10:11:07	98
Willkommen bei Joomla!	2006-10-12 10:00:00	93
Was ist neu in 1.5?	2006-10-11 22:13:58	88
Inhalt-Layouts	2006-10-12 22:33:10	69
Joomla!-Features	2006-10-08 23:32:45	59
Halt' dich an den Code!	2004-07-07 12:00:00	55
Wir sind Freiwillige	2004-07-07 09:54:06	54
Joomla!-Fakten	2006-10-09 16:46:37	50
Neue Beiträge		
Statistiken		

Bild 4.32: Die beliebtesten Beiträge

Neue Beiträge

Einen Überblick über alle neuen Beiträge inklusive ihrer Verfasser zeigt die Menüoption »Neue Beiträge« an.

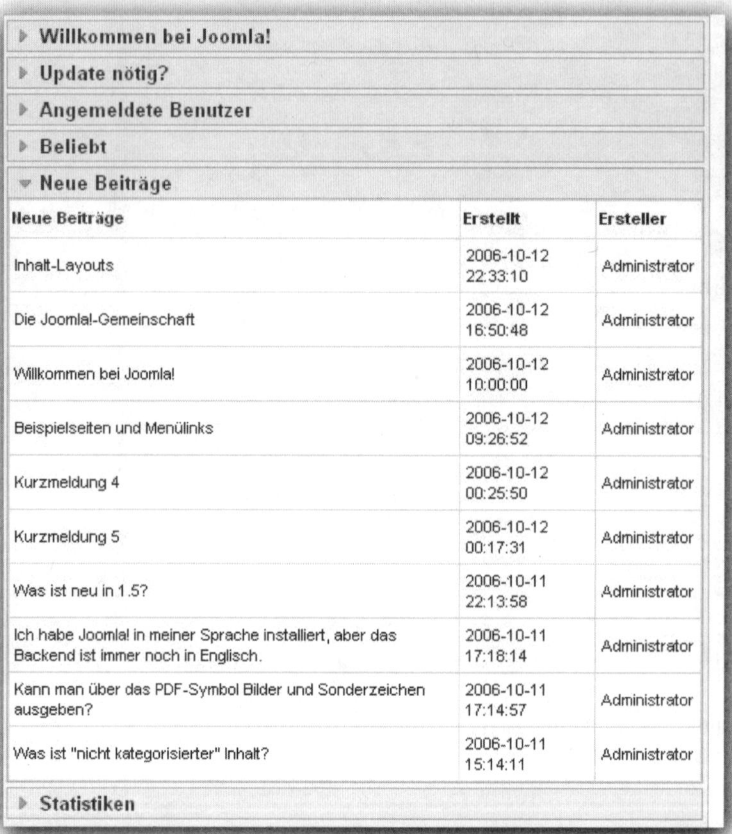

Neue Beiträge	Erstellt	Ersteller
▶ Willkommen bei Joomla!		
▶ Update nötig?		
▶ Angemeldete Benutzer		
▶ Beliebt		
▼ Neue Beiträge		
Inhalt-Layouts	2006-10-12 22:33:10	Administrator
Die Joomla!-Gemeinschaft	2006-10-12 16:50:48	Administrator
Willkommen bei Joomla!	2006-10-12 10:00:00	Administrator
Beispielseiten und Menülinks	2006-10-12 09:26:52	Administrator
Kurzmeldung 4	2006-10-12 00:25:50	Administrator
Kurzmeldung 5	2006-10-12 00:17:31	Administrator
Was ist neu in 1.5?	2006-10-11 22:13:58	Administrator
Ich habe Joomla! in meiner Sprache installiert, aber das Backend ist immer noch in Englisch.	2006-10-11 17:18:14	Administrator
Kann man über das PDF-Symbol Bilder und Sonderzeichen ausgeben?	2006-10-11 17:14:57	Administrator
Was ist "nicht kategorisierter" Inhalt?	2006-10-11 15:14:11	Administrator
▶ Statistiken		

Bild 4.33: Neue Beiträge

Statistiken

Diese Option liefert eine Statistik über die Anzahl der Einträge mit Suchfunktion.

Bild 4.34: Statistiken

Joomla Security Newsfeed

Unter dieser Option erhalten Sie aktuelle Sicherheitshinweise und Warnungen sowie Hinweise darauf, wie das jeweilige Problem behoben werden kann. Diese Funktion wurde mit Joomla 1.5.9 eingeführt.

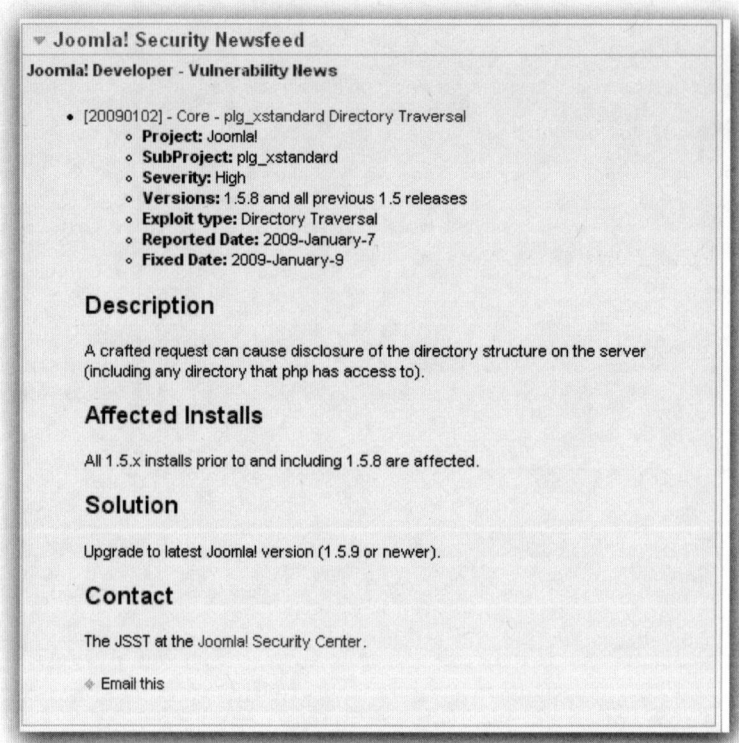

Bild 4.35: Der Joomla Security Newsfeed

4.9 Die Symbolleiste

4.9.1 Die Symbolleiste – nur keine Umwege

Die Symbolleiste ist häufig die schnellste Art, um in oft verwendete Module zu kommen. Zwar sind alle Funktionen auch über die Menüleiste erreichbar, es bedarf aber einiger Klicks mehr.

Bild 4.36: Übersicht über die Symbolleiste

4.10 Die Werkzeugleiste

Dies ist eine Übersicht aller Werkzeuge, mit denen Sie in den Joomla-Untermenüs konfrontiert werden. Die Bezeichnungen sind in der Regel selbsterklärend.

Verschieben	Vorschau	Einstellungen
Speichern	Wiederherstellen	Bearbeiten
Senden	Archivieren	Aus Archiv entfernen
Standard	Löschen	Papierkorb
Menüs	Neu	Kopieren
Anwenden	Freigeben	Sperren
Hilfe		

Tabelle 4.1: Die Icons der Werkzeugleiste

4.10.1 Das Site-Menü

Der Menüpunkt »Site« steht für Systemkonfigurationen. Alles, was mit der Verwaltung des Systems, der Anwender und der Medien zu tun hat, kann über dieses Menü konfiguriert werden.

Bild 4.37: Das Site-Menü im Überblick

Menüoption	Bedeutung
Kontrollzentrum	zurück zur Gesamtansicht
Benutzer	Benutzerverwaltung, Zugriffsrechte
Medien	Verwaltung von Medien (Sound, Bilder etc.)
Konfiguration	Systemkonfiguration, Suchmaschinenoptimierung, Metadaten, Mailing etc
Abmelden	Logout

Tabelle 4.2: Die Funktionen des Site-Menüs

4.10.2 Das Menüs-Menü

Im Menü »Menüs« werden Artikel und Beiträge angelegt, die später verlinkt werden können. Menüs lassen sich ausblenden und einblenden.

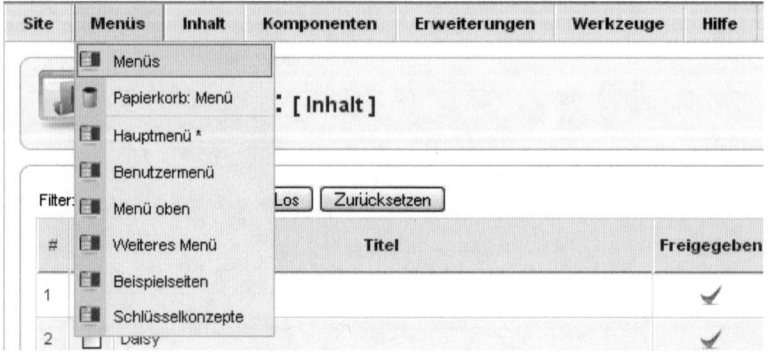

Bild 4.38: Das »Menüs«-Menü im Überblick

Menüoption	Bedeutung
Menüs	Übersicht über alle Menüs
Papierkorb-Menü	Papierkorb
Hauptmenü	Sprung zum Hauptmenü
Benutzermenü	Sprung zum Benutzermenü
Menü oben	Zur Menüleiste oben
Weiteres Menü	ein weiteres Menü
Beispielseiten	Beispielseiten im Frontend
Schlüsselkonzepte	Schlüsselkonzepte im Frontend

Tabelle 4.3: Die Funktionen des Menüs »Menüs«

4.10.3 Das Inhalt-Menü

In Joomla wird oft von Inhalten gesprochen. Damit sind aber keine statischen Seiten gemeint. Würden wir ausschließlich mit HTML arbeiten, entspräche jeder Beitrag einer eigenen HTML-Seite. Daher sind Inhalte in Joomla vergleichbar mit einzelnen HTML-Seiten.

Bild 4.39: Das »Inhalt«-Menü

Menüoption	Bedeutung
Beiträge	Übersicht und neue Beiträge
Papierkorb: Beiträge	Papierkorb
Bereiche	Übersicht und Neuanlage Bereiche
Kategorien	Übersicht und Anlage neuer Kategorien
Startseitenbeiträge	einige, aber nicht alle Beiträge auf der Startseite

Tabelle 4.4: Die Funktionen des Menüs »Inhalt«

4.10.4 Das Komponenten-Menü

Komponenten sind kleine eigenständige Programme. Zum Editieren der Komponenten finden Sie hier die maßgeblichen Optionen.

Bild 4.40: Das »Komponenten«-Menü

Menüoption	Bedeutung
Banner	Mit Bannern auf der Webseite werben
Kontakte	Verwaltung der Kontakte
Newsfeeds	Aktuelle Feeds am Frontende anzeigen lassen
Suchen	Suchen und Finden
Umfragen	Polls – neue Umfragen erstellen und im Frontend veröffentlichen
Weblinks	Links in die Weite des Web

Tabelle 4.5: Die Funktionen des Menüs »Komponenten«

4.10.5 Das Erweiterungen-Menü

Für einen zeitgemäßen Webauftritt sind Erweiterungen mitunter Pünktchen auf dem I. Module und Plugins müssen aufeinander abgestimmt sein, damit beim Besucher nicht der Eindruck entsteht, es handele sich bei Webmaster dieser Webseite um einen Laien und um keinen Fachmann.

Bild 4.41: Das »Erweiterungen«-Menü

Menüoption	Bedeutung
Installieren/Deinstallieren	Upload-Modul für Erweiterungen
Module	Übersicht und Editierung aller Module
Plugins	Übersicht und Editierung aller Plugins
Templates	Übersicht aller Templates mit Editierung
Sprachen	Übersicht aller installierten Sprachen für das Front- und das Backend

Tabelle 4.6: Die Funktionen des Menüs »Erweiterungen«

4.10.6 Das Werkzeuge-Menü

Hier finden sich die Tools für Administratoren.

Bild 4.42: Das »Werkzeuge«-Menü

Menüoption	Bedeutung
Nachrichten lesen	Nachrichten lesen
Nachrichten schreiben	Nachrichten schreiben
Massenmail	Mail an alle
Globales Einchecken	Gesperrte Seiten wieder entsperren
Cache leeren	Leert den Zwischenspeicher. Manche Fehler haben ihre Ursache in einem vollen Zwischenspeicher
Abgelaufenen Cache leeren	Cache nach Session löschen

Tabelle 4.7: Die Funktionen des Menüs »Werkzeuge«

4.10.7 Das Hilfe-Menü

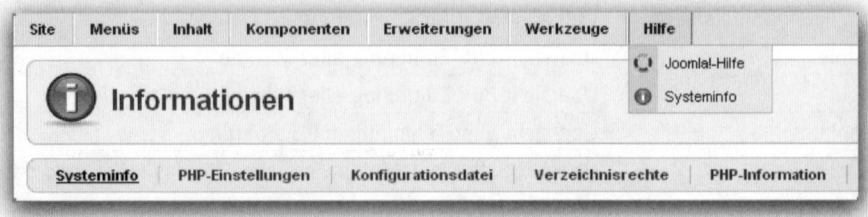

Bild 4.43: Das »Hilfe«-Menü

Menüoption	Bedeutung
Joomla-Hilfe	Joomla-Hilfe auf Englisch
Systeminfo	Informationen zum System. Unter anderem lässt sich die verwendete PHP-Version ermitteln.

Tabelle 4.8: Die Funktionen des Hilfe-Menüs

4.11 Der Editor

Editoren – Der TinyMCE-Editor ...

Der TinyMCE-Editor ist der integrierte HTML-Editor in Joomla. Jeder Benutzer, der die Berechtigung zum Erstellen und Bearbeiten von Beiträgen hat, wird mit ihm konfrontiert. Da seine Bedienung und die Werkzeugsymbole den meisten schon aus Office-Anwendungen oder HTML-Editoren bekannt sind, ist der Umgang mit ihm kein großes Problem.

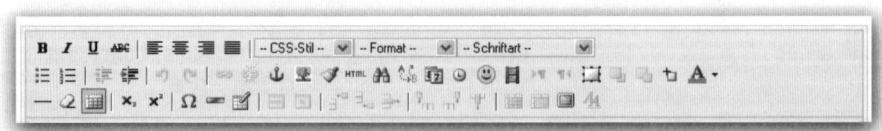

Bild 4.44: Joomlas integrierter Editor

Sie können im Backend wählen, welcher Editor verwendet werden soll. TinyMCE ist stets der Standard. Wie die Auswahl des Editors geändert werden kann, ist auf der Abbildung unten zu sehen. Das ist natürlich nur möglich, wenn andere Editoren installiert sind. Eine Auswahl diverser Editoren findet sich auf der Seite www.joomlaos.de.

Site	System	Server

Site-Einstellungen

Site offline	⦿ Nein ○ Ja
Offline-Meldung	Diese Website ist zurzeit im Wartungsmodus. Bitte kommen Sie später wieder.
Name der Website	Franzis Verlag
Vorgabe für WYSIWYG-Editor	Editor - TinyMCE 2.0 ▾
Listenlänge	20 ▾
Feedlänge	10 ▾

Bild 4.45: Editor-Auswahl im Backend

Der TinyMCE-Editor ist der Standard-Editor für das Front- und das Backend. Im Grunde genommen ist der kleine Editor eine Mischung aus bekannten Office-Funktionen und HTML-Werkzeugen. TinyMCE ist ein WYSIWYG (what you see is what you get)-Editor, der auf Anhieb vertraut wirkt, weil er Büroanwendungen wie Microsoft Word oder Open Office so ähnelt.

Die meisten Funktionen dürften selbsterklärend sein. Im Einzelnen bietet der Editor folgende Optionen:

- Textformatierung fett, kursiv
- Textformatierung unterstrichen
- durchgestrichen
- Ausrücken (bewegen links) und
- Einrücken (Gedankenstrich rechts)
- Rückgängig (Strg + Z) und Redo (Strg + Y).
- Datum, Uhrzeit oder Emoticons einbinden
- Bilder einfügen
- Einfügen von neuen Ebenen
- Textfarbe auswählen
- horizontale Linie einfügen
- Formatierung entfernen
- unsichtbare Elemente
- tiefgestellt, hochgestellt

- CSS Style – wenn Text mit dem Cursor markiert wird, lässt sich auch der CSS-Editor verwenden. Sie können mit dem CSS-Editor festlegen, welche Farbe, welche Größe etc. für die Schrift verwendet werden soll.

Bild 4.46: Der CSS-Editor im Editiermodus

CSS-Stile (Cascading Style Sheets) haben gegenüber reinem HTML viele Vorteile. In CSS ist es beispielsweise möglich, einem Element, zum Beispiel einem Input-Feld, ein Format zuzuweisen, welches für alle Input-Felder gilt.

Um noch etwas genauer zu werden: Eine Tabelle wird in HTML so dargestellt:

```
<table style="width: 105px; height: 77px;" width="56" border="1"
cellspacing="2" cellpadding="0" height="41">
<tr>
<td></td>
</tr>
</table>
```

Nun wollen Sie aber, dass alle Tabellen die gleiche Hintergrundfarbe haben, z. B. Blau.

In diesem Fall wäre es günstig, eine CSS-Vorlage zu verwenden, welche dann so aussieht:

```
<table style="width: 105px; height: 77px;" width="56" border="1"
cellspacing="2" cellpadding="0" height="41">
<tr>
<td></td>
</tr>
</table>

<style type="text/css">
```

```
<!--
body { }
p { }
td { background-color: blue; }
-->
</style>
```

Diese Anweisung gilt von nun an für jede Tabelle auf der Seite.

4.11.1 Inhalte und Beiträge editieren

Wird ein neuer Beitrag geschrieben und will man ihn veröffentlichen, gibt es eine große Anzahl von Parametern, die man konfigurieren kann. Das ist auch nachträglich möglich.

So sieht ein Beitrag in dem mit Joomla mitgelieferten Template »Beez« aus, bevor er editiert wurde.

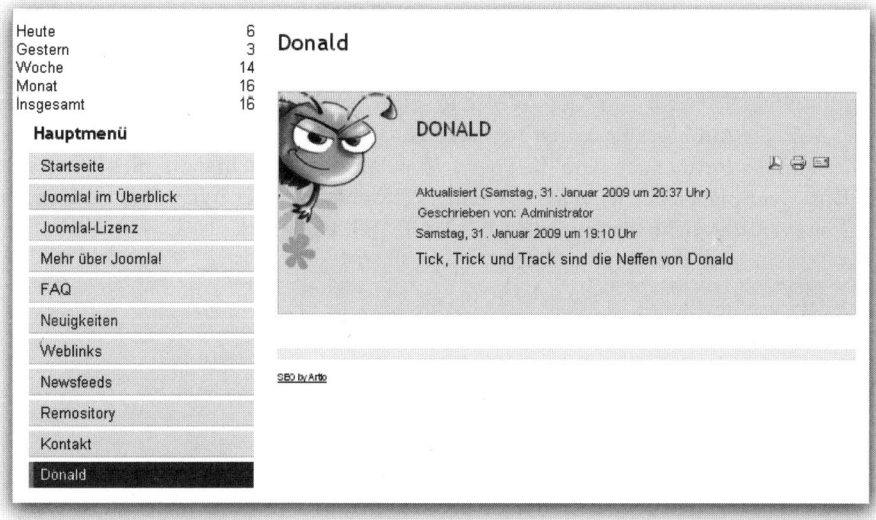

Bild 4.47: Inhalte editieren

Wir wünschen uns, dass die kleinen Icons PDF-Ausgabe, Drucken und Mail nicht mehr zu sehen sind. Die Angaben, wann und von wem der Beitrag geschrieben wurde und welche Benutzerrolle der Autor hatte (hier: Administrator), sollten ausgeblendet werden.

Der eigentliche Inhalt »Tick, Trick und Track sind die Neffen von Donald« soll natürlich stehen bleiben. Um diesen Inhalt geht es ja schließlich.

Diese Angaben sollen also entfallen:

```
Aktualisiert (Samstag, 31. Januar 2009 um 20:37 Uhr)
Geschrieben von: Administrator
Samstag, 31. Januar 2009 um 19:10 Uhr
```

Was ist also zu tun?

- Die Standard-Parameter für Beiträge müssen geändert werden.
- Wir wechseln ins Menü »Beitrag«.
- Klicken Sie die gewünschten Beiträge an und wählen Sie »Bearbeiten« aus.

Bild 4.48: Ein Beitrag im Menü »Beitrag«

Im Menü »Beiträge« finden Sie alle Beitragsparameter in der Übersicht. Sie können eine Vielzahl von Parametern konfigurieren – so ist es möglich, einen Beitrag zu schreiben und das Datum sowie den Zeitpunkt seiner Veröffentlichung festzulegen. Das ist zum Beispiel nützlich, wenn auf der Webseite eine Nachrichtenmeldung veröffentlicht werden soll, die mit einer Sperrfrist versehen ist. Ein Web-Redakteur kann dem Beitrag den Zeitpunkt zuordnen, an dem die Sperrfrist abläuft. Er braucht dann nichts weiter zu tun: Die Meldung erscheint exakt zu dem Zeitpunkt auf der Webseite, zu dem sie frühestens veröffentlicht werden darf.

Bild 4.49:
Ein Überblick über die
Beitragsparameter

Das folgende Bild zeigt die Standardeinstellungen für Beiträge. Diese sind bei jedem Beitrag anfänglich gleich, können aber bei Bedarf angepasst werden.

Bild 4.50: Die erweiterten Parameter eines Beitrags

Wie man im nächsten Bild sieht, wurde die Option `Titel anzeigen` für den Titel des Beitrags auf `Nein` gesetzt. Das `Erstellungsdatum` wurde auf `Verbergen` eingestellt. Der Administrator als Autor ist ebenfalls verborgen und die Icons für PDF, Drucken und Mail wurden abgeschaltet. Sie können die Parameter für jeden einzelnen Beitrag konfigurieren. Wenn Sie also wollen, dass nur ein Beitrag auf der Seite gedruckt und per Mail versandt werden kann, die PDF-Darstellung aber immer möglich sein soll, können Sie das über diese Einstellungen erreichen. Das Gleiche gilt auch für Bereiche, Kategorien und Menüs. Aber dazu später mehr.

Bild 4.51: Die veränderten Parameter

Der editierte Beitrag sieht nun so aus, wie wir ihn uns gewünscht haben. Die Begleitinformationen sowie die kleinen Icons sind weg, es bleibt nur der nackte Text übrig.

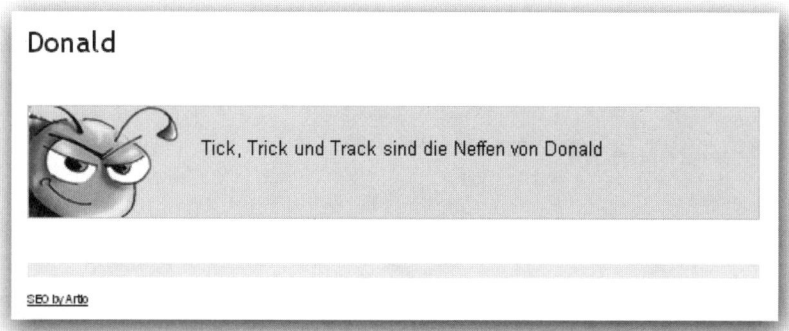

Bild 4.52: Veränderter Inhalt nach neuer Parametereinstellung

4.12   Ein Template importieren

Gerade zu Anfang ist diese Option hilfreich. Wenn jemand zum ersten Mal eine Web-seite mit Joomla gestaltet, ist es sehr praktisch, auf ein Template zurückzugreifen, das es schon gibt und von dem man guten Gewissens etwas abschauen kann. Zahlreiche kostenlose und frei editierbare Templates können zum Beispiel von der Webseite www.Joomlaos.de heruntergeladen und installiert werden. Es gibt aber noch viele andere Anlaufstellen im Web, auf denen Templates zu finden sind – sowohl frei verfügbare als auch kostenpflichtige.

Ich habe mich für das Template etosha_101.zip entschieden. Es steht selbstverständlich jedem frei, ein anderes Template zu importieren, da die Vorgehensweise letztlich immer dieselbe ist.

Joomla unterscheidet beim Import nicht, ob ein Template oder einer Komponente installiert wird. Alle Erweiterungen, ob Modul, Template oder Sprachen, werden über die Menüfolge Erweiterungen / Installieren/Deinstallieren eingerichtet.

Die Punkte

- Komponenten

- Module

- Plugins

- Sprachen

- Templates

geben eine Übersicht über alle installierten Komponenten, Module, Plugins, Sprachen und Templates, die in diesem Bereich nicht nur installiert, sondern auch deinstalliert werden können.

Rufen Sie zuerst über den Menüpunkt Erweiterungen / Installieren-Deinstallieren das Upload-Modul auf.

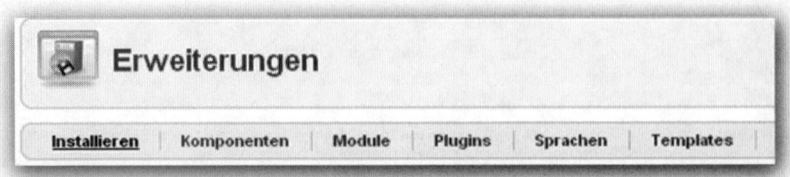

Bild 4.53: Das Upload-Modul auswählen

Identifizieren Sie das bereits heruntergeladene Template auf der Festplatte, wählen Sie es aus und laden Sie die Datei mit »Datei hochladen & Installieren« auf den Server.

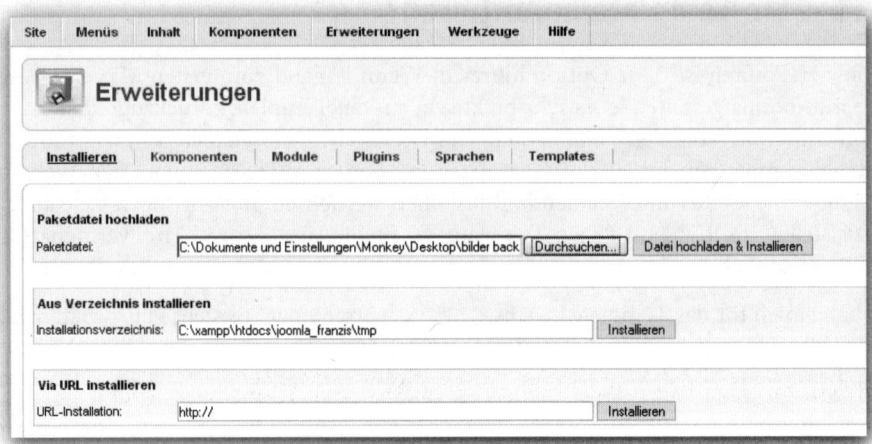

Bild 4.54: Das Template wird ins Joomla-System geladen

Bei erfolgreichem Upload erhalten Sie die folgende Meldung. Sollte beim Upload etwas nicht funktionieren, prüfen Sie bitte zuerst, ob Sie ausreichende Schreibrechte für Ihr System haben.

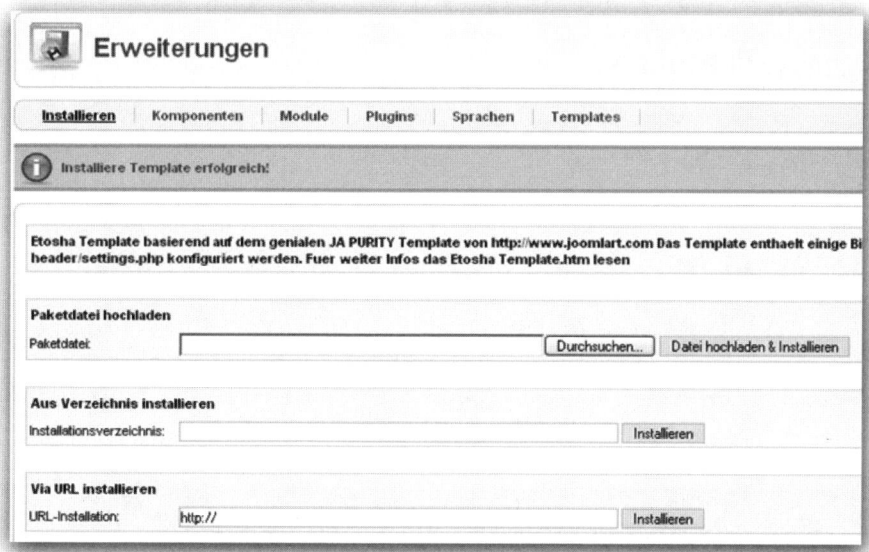

Bild 4.55: Upload / Installation erfolgreich

Wenn Sie die Menüfolge `Erweiterungen / Templates` wählen, dann dürfte das neue Template zu sehen sein. Durch die Auswahl mit den Radio-Buttons können Sie es als Standard-Template festlegen.

Bild 4.56: Der Weg zum Templates-Menü

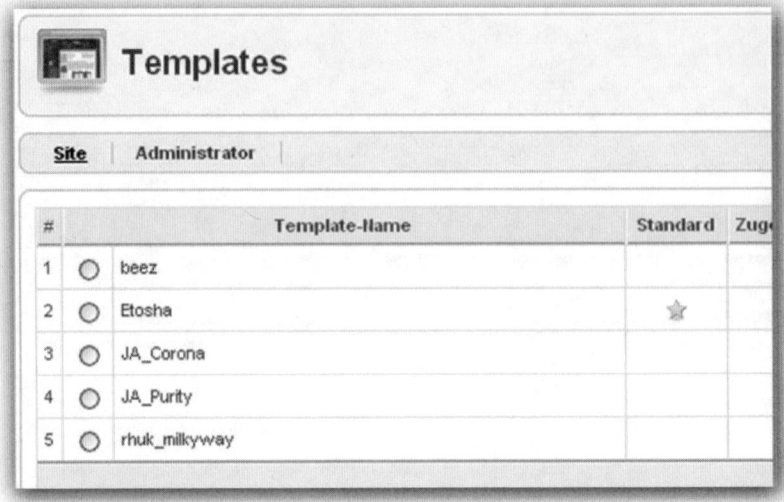

Bild 4.57: Das Etosha-Template erscheint in der Template-Verwaltung.

Bild 4.58: So sieht die Website nach Import des neuen Templates aus.

4.13 Einen Bereich erstellen

Der Bereich ist die Grundlage für alle Inhalte in Joomla. Man muss sich erst daran gewöhnen, wie in Joomla Inhalte bzw. Seiten angelegt und verwaltet werden. Das ist etwas anders gelöst als bei vergleichbaren Programmen, aber definitiv nicht schwerer. Eine einfache Regel hilft beim Erstellen neuer Inhalte: Zuerst muss ein *Bereich* erstellt werden. Auf Grundlage dessen kann eine *Kategorie* erstellt werden. Anschließend sollte für diese Kategorie im Hauptmenü (es kann natürlich auch ein anderes Menü sein) das Layout mit dem Namen Bereichs-Blog zugeordnet werden, das die Basis für einen

Beitrag legt. Am Ende dieses Kapitels wird die Vorgehensweise an einem praktischen Beispiel verdeutlicht.

Bild 4.59: Der Weg zum Menü »Bereiche«

Im Menü Inhalt/Bereiche treffen Sie auf folgende Werkzeuge:

Bild 4.60: Hier können Sie einen neuen Bereich anlegen

Innerhalb der Details-Box muss ein Titel für den Bereich eingegeben werden. Der Alias wäre für die Suchmaschinenoptimierung wichtig. Wenn der Bereich zunächst nicht sichtbar sein soll, kann er deaktivert beziehungsweise nicht freigegeben werden. Das kann sinnvoll sein, wenn Sie die Beiträge eines neuen Themenbereichs erst intern zusammenstellen und zu einem späteren Zeitpunkt veröffentlichen wollen.

Die Zugriffsebene legt fest, wer diesen Bereich sehen und editieren soll. Ist die Zugriffsebene Öffentlich ausgewählt, ist er für alle Besucher sichtbar.

Bild 4.61: Bereich »Details«

Bild 4.62: Speichern oder Anwenden

Per Klick auf Speichern können Sie die Daten in die Datenbank übernehmen und auf die nächsthöhere Menüebene wechseln. Mit Anwenden werden die Änderungen ebenfalls gesichert, Sie befinden sich aber weiterhin im Bearbeitungsmodus. Durch Abbrechen wechseln Sie auf die nächsthöhere Ebene, ohne zu speichern.

> **Tipp:** Die goldene Regel für das Erstellen neuer Inhalte lautet:
> Bereich / Kategorie / Beitrag / Menü / Freigeben

4.14 Eine Kategorie anlegen

Eine Kategorie ist ebenso leicht anzulegen wie ein Bereich. Allerdings kann eine Kategorie verschiedenen Bereichen zugewiesen werden. Alle Bereiche, die während der Installation implementiert wurden, stehen im Dropdown-Menü zur Auswahl. Wenn Sie das Menü aufklappen, stehen alle ursprünglichen Bereiche darin, aber eben auch unser Bereich »Donald«. Den benutzen wir, um eine neue Seite zu erstellen.

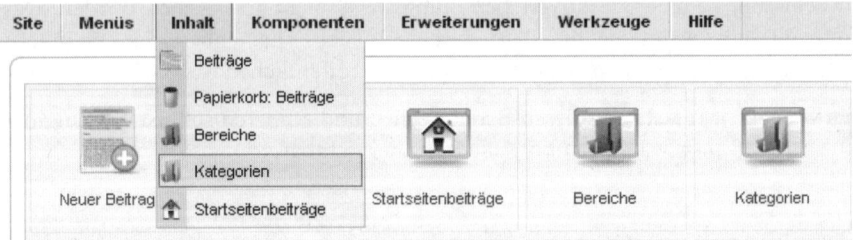

Bild 4.63: Zu den Kategorien

Das »Kategorien«-Menü ist praktisch identisch aufgebaut wie das Menü »Bereiche«:

Bild 4.64: Eine neue Kategorie anlegen

Auch die Detailansicht der Kategorien hat dieselben Funktionen wie das Details-Menü der Bereiche. Um weiter an unserer neuen Seite basteln zu können, muss hier der Bereich »Donald« gewählt werden.

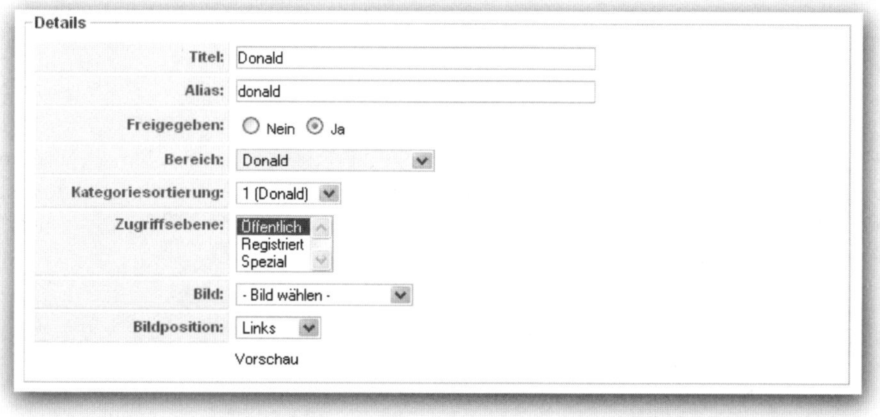

Details

Titel:	Donald
Alias:	donald
Freigegeben:	○ Nein ⦿ Ja
Bereich:	Donald ▾
Kategoriesortierung:	1 (Donald) ▾
Zugriffsebene:	Öffentlich / Registriert / Spezial
Bild:	- Bild wählen - ▾
Bildposition:	Links ▾
	Vorschau

Bild 4.65: »Details«-Kategorie

Speichern   Anwenden   Abbrechen   **Bild 4.66:** Speichern oder Anwenden

Per Klick auf `Speichern` können Sie nun die Daten in die Datenbank übernehmen und auf die nächsthöhere Menüebene wechseln. Mit `Anwenden` werden die Änderungen ebenfalls gesichert, Sie befinden sich aber im Bearbeitungsmodus. Durch `Abbrechen` wechseln Sie auf die nächsthöhere Ebene, ohne zu speichern.

4.15   Ein Menü erstellen

Nachdem ein Bereich und eine Kategorie erstellt wurden, müssen wir noch dafür sorgen, dass die Inhalte über einen Menüpunkt zu erreichen sind. Da es in Joomla mehrere Positionen für Menüs (Menü oben, Beispielseiten etc.) gibt, hängt es allein vom Inhalt und der Gunst des Admins ab, mit welchem Menüpunkt der Inhalt verknüpft werden soll. Sehr häufig ist das Hauptmenü der Ort für neue Beiträge.

In Joomla Frontend sind einige Menüs zu sehen. Das obere Menü mit den Menüpunkten

`Über Joomla > Merkmale > News > Die Community`

wird auch »Breadcrumb« genannt.

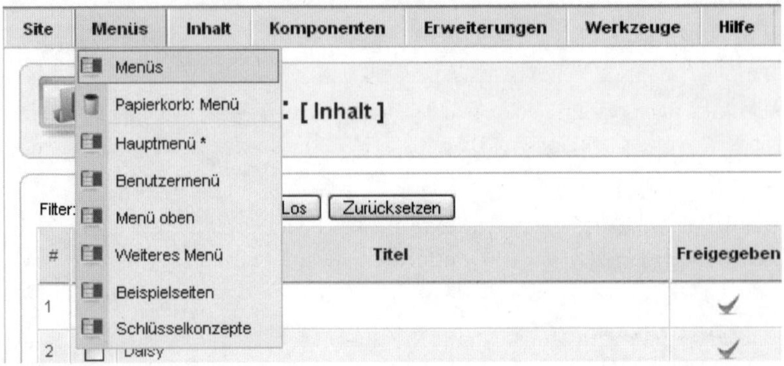

Bild 4.67: Übersicht »Menüs«

Zum Anlegen eines Menüpunkts klicken Sie auf das Bildchen in der Spalte »Menüs«. Logischer wäre es eigentlich, den Radio-Button auszuwählen, der jedem Listeneintrag vorangesetzt ist.

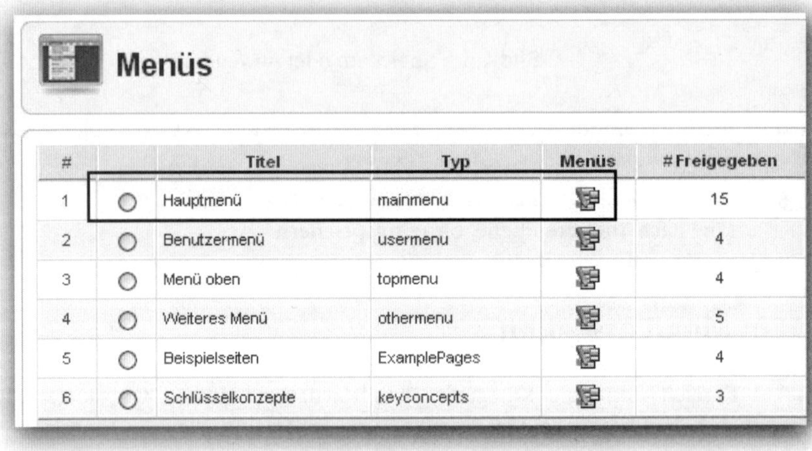

Bild 4.68: Das Hauptmenü auswählen

Die Wahl des richtigen Menütyps hängt von seiner Bestimmung ab.

Es stehen vier verschiedene Menütypen zur Auswahl:

- Interner Link
- Externer Link
- Trenner
- Alias

Am häufigsten werden interne Links angewendet, weil sie im Grunde Verknüpfungen (Links) zu anderen Seiten in Joomla darstellen.

Falls das Ziel eines Links nach außen gehen soll (also eine externe URL wie zum Beispiel `www.beispielseite.de` angesprungen wird), wird als Methode der externe Link verwendet.

Über externe Links lassen sich hervorragend externe Medien verlinken. So lassen sich Videos oder Audioclips einbinden, die auf entfernten Seiten (z. B. `www.youtube.com`) gehostet werden.

Trenner sind Trennzeichen zwischen den Menüpunkten, um innerhalb eines Menüs anzudeuten, dass ab dem Trenner anderer Inhalt verborgen ist. In diesem Fall verwenden wir den Layouttyp `Bereichs-Blog` zum Verlinken unseres Beitrags.

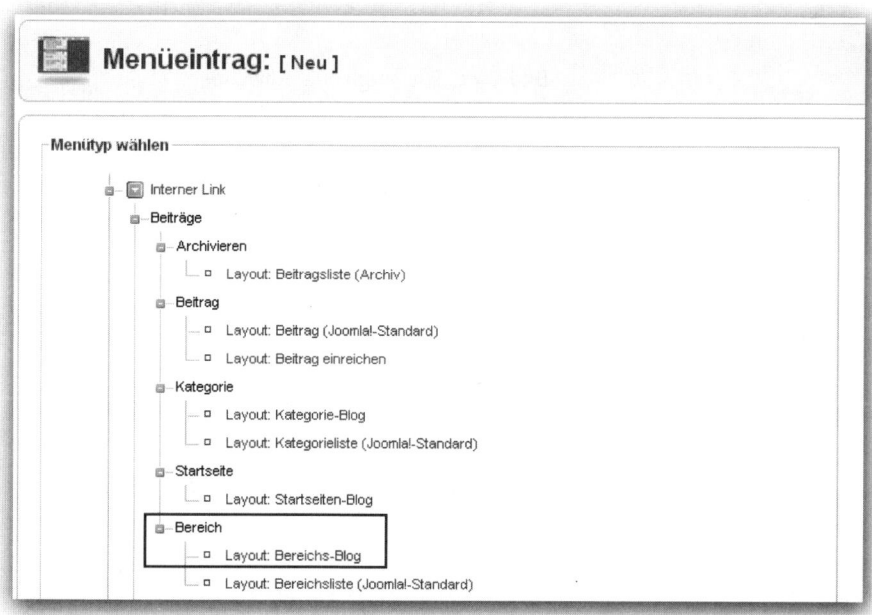

Bild 4.69: Bereich / Layout Bereichs-Blog

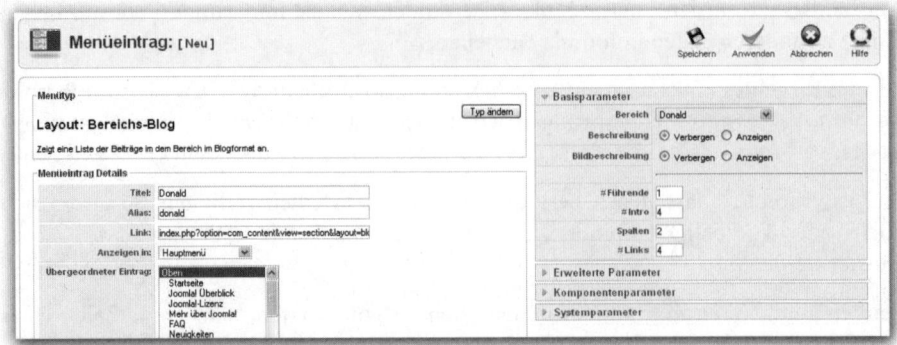

Bild 4.70: Ein neuer Menüpunkt

Bild 4.71: Speichern oder Anwenden

Auch hier gilt: Per Klick auf Speichern übernehmen Sie nun die Daten in die Datenbank und wechseln auf die nächsthöhere Menüebene. Mit Anwenden werden die Änderungen ebenfalls gesichert, Sie befinden sich aber weiterhin im Bearbeitungsmodus. Durch Abbrechen wechseln Sie auf die nächsthöhere Ebene, ohne zu speichern.

4.16   Einen Beitrag erstellen und verlinken

Ein neuer Beitrag wird über den Menüpunkt Inhalt / Beiträge / Neu angelegt.

Bild 4.72: Menüpunkt Beiträge

Der neue Beitrag muss mit einem Bereich verknüpft sein. Mögliche, bereits angelegte Bereiche sind im Dropdown-Menü hinterlegt. Wird ein Bereich ausgewählt, sollte der Beitrag der Vollständigkeit halber auch einer Kategorie zugeordnet werden. Im Anschluss daran ist der Beitrag komplett und kann im ausgewählten Bereich im Frontend gesehen werden. Wird der Bereich nicht kategorisiert gewählt, wird der Inhalt zwar angezeigt, gilt aber als statischer Content. Selbstverständlich lässt sich ein Beitrag auch nach seiner Erstellung einem Bereich zuordnen.

> **Hinweis:** In jedem Fall gilt: Ein Beitrag muss entweder einem Bereich zugeordnet oder als nicht kategorisierter Inhalt angelegt werden. Andernfalls erscheint eine Fehlermeldung.

Nach der Erstellung lassen sich Beiträge wie Office-Dokumente im Editor bearbeiten, mit Bildern und Medien versehen und nach eigenem Gusto formatieren.

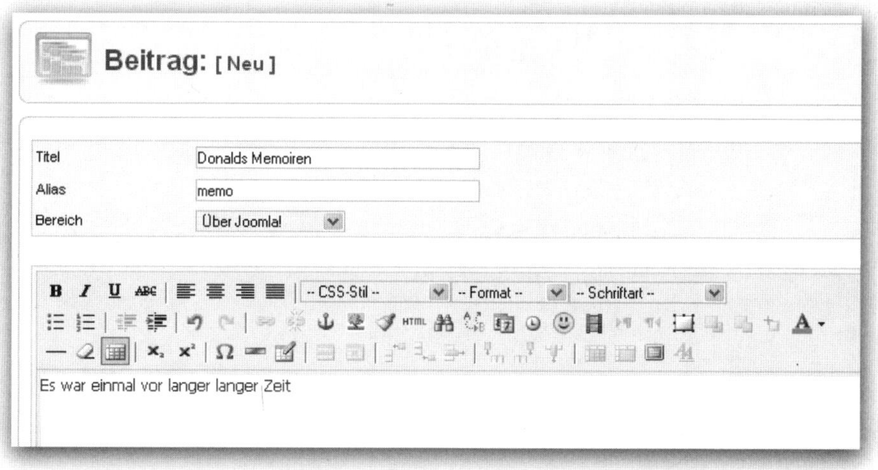

Bild 4.73: Beitrag editieren

Rechts vom Editor lassen sich im Parametermenü diverse Einstellungen für diesen Beitrag vornehmen. Jeder Inhalt in Joomla kann parametrisiert werden. So sind in einem Beitrag auf der Frontseite meistens ein PDF-Icon, ein Druckersymbol, der Zeitpunkt der Erstellung und andere Informationen zu sehen. In dem Optionsmenü `Erweiterte Parameter` lässt sich dies und noch mehr konfigurieren.

Der Beitrag ist nun erstellt und, sofern er einem Bereich und einer Kategorie oder mehreren zugeordnet wurde, automatisch mit einem Bereich auf der Frontseite verlinkt. Inhalte dieses Beitrags werden von nun an dynamisch erzeugt. Das bedeutet, der Beitragsinhalt wird aus der Datenbank ausgelesen.

Statische Inhalte sind gleichbedeutend mit nicht kategorisierten Inhalten. Da statische Inhalte keinem Bereich und keiner Kategorie zugeordnet sind, können sie nicht als dynamische Inhalte verwendet werden. Module, Funktionen und Komponenten, die wegen ihres dynamischen Inhalts eingesetzt werden (z. B. Blogs, Foren, News und Aktuelles, Umfragen etc.), können keine nicht kategorisierten Inhalte darstellen. Entgegen der mitunter kursierenden Behauptung, dass statische Inhalte nicht auf der Startseite angezeigt werden können, sei gesagt, es geht doch.

Bild 4.74:
Parametereinstellungen im Beitragseditor

Wie ein Beitrag mit einer anderen, externen oder internen Seite verlinkt werden kann, lesen Sie im im nächsten Abschnitt.

4.17   Links – Verknüpfungen

Das Internet könnte ohne Links nicht bestehen, denn ohne Knoten gibt es kein Netz. Eigentlich geht es überhaupt nur um Links: Eine Webseite mit Inhalt zeigt per Hyperlink auf die andere Webseite mit einem anderen Inhalt. Und diese ist wiederum mit weiteren Webseiten verknüpft und und und … In Joomla kann man natürlich auch Links anlegen. Dabei wird aber unterschieden zwischen internen und externen Verknüpfungen. Wie und warum man diese anlegt, wird in diesem Kapitel beschrieben.

Externe und interne Links werden über den Editor auf die gleiche Weise angelegt. Der Link muss dazu in dem Feld »Link URL« eingegeben werden. Wie das geht? Kein Problem. Im Editorfenster finden Sie alles, was Sie dazu brauchen.

Bild 4.75: Link-Werkzeug im Editor

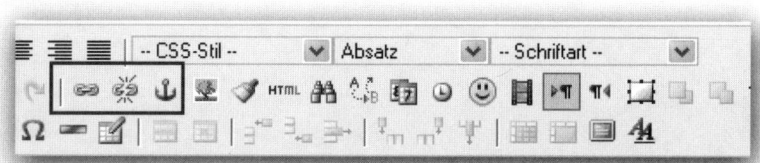

Bild 4.76: Werkzeuge für Links

Um einen externen Link anzulegen, muss der Text, der verlinkt werden soll, mit dem Cursor markiert werden. Anschließend klicken Sie auf das Link-Symbol. Sie erkennen es daran, dass es wie eine Kette mit drei Gliedern aussieht. Nun öffnet sich ein neues Fenster. In das Kästchen »Link-URL« wird das Link-Ziel eingetragen. In diesem Fall ist es die Webseite der Tagesschau (`www.tagesschau.de`).

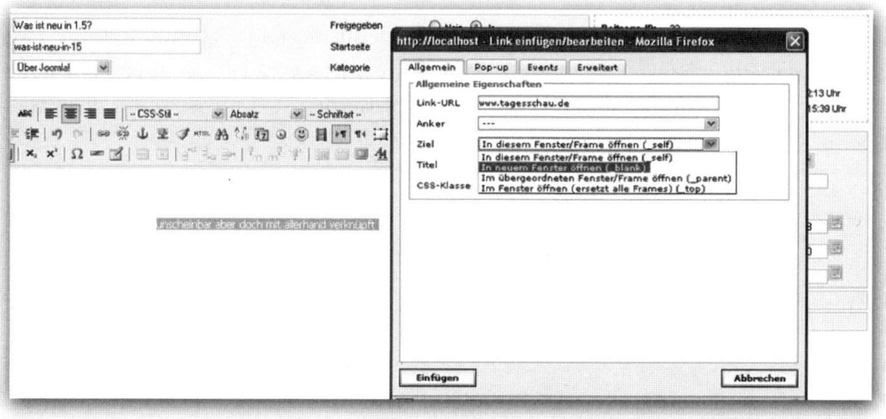

Bild 4.77: Externer Link

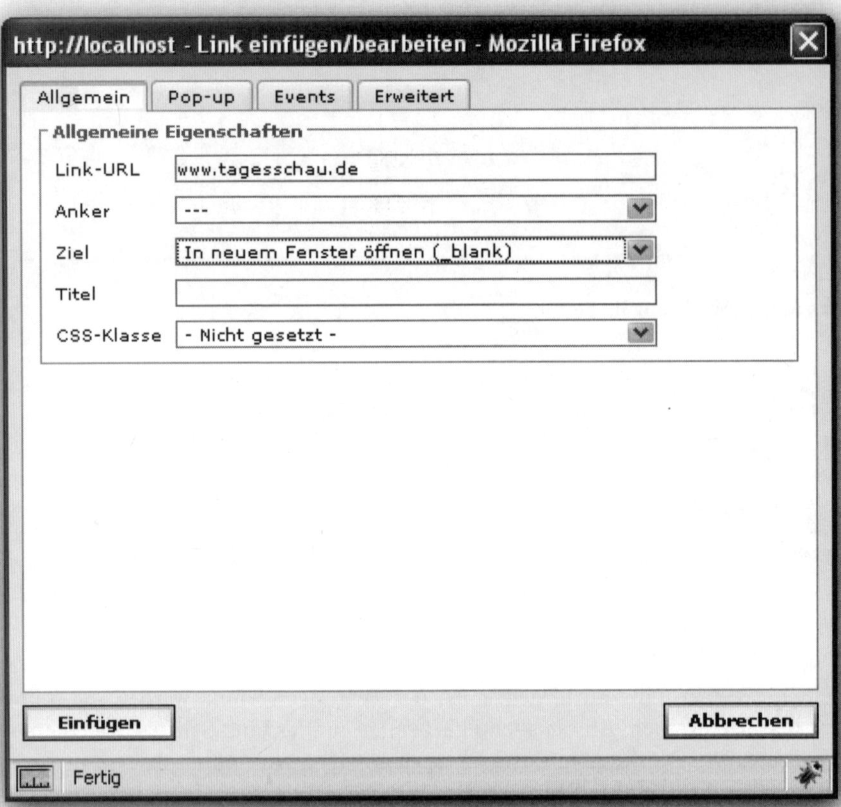

Bild 4.78: Vergrößertes Fenster für Links

Es gibt auch immer die Möglickeit, das Ziel des Links festzulegen. Soll sich die Linkadresse im gleichen Fenster wie Joomla öffnen, so wird als Ziel _top ausgesucht. Wenn das Ziel in einem neuen externen Fenster geöffnet werden soll, muss _blank ausgewählt werden.

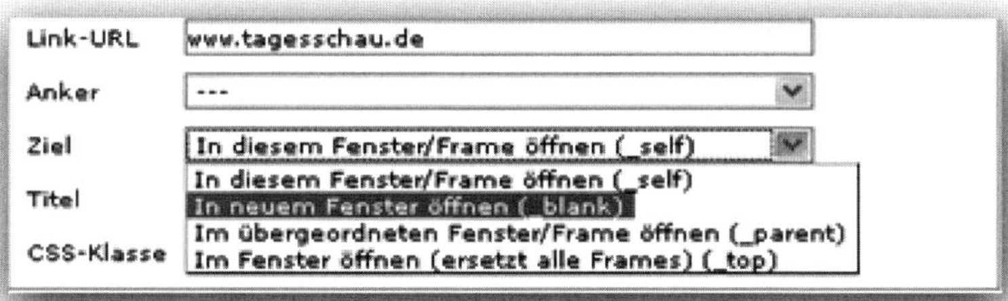

Bild 4.79: Link-Ziele

Als Beispiel für einen externen und einen internen Link verwende ich einen Beitrag, der bereits angelegt wurde. Der Beitrag »lorem ipsum« (hier an Platz 1 der Liste) dient als Vorlage für die Links.

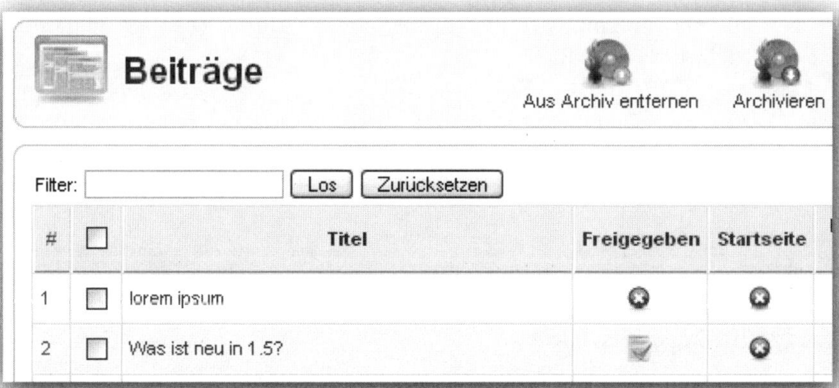

Bild 4.80: Beitrag auswählen

In diesem Beispiel wird der Beitrag »lorem Ipsum« durch Klick geöffnet; damit öffnet sich auch das Editorenfenster. Die ersten drei Zeilen sind Blindtext, mit etwas Abstand folgen dann die Zeilen »Ich bin ein Link in die weite Welt« für eine externe Verknüpfung sowie »Ich bin ein Link, der hier bleiben muss« für einen internen Link.

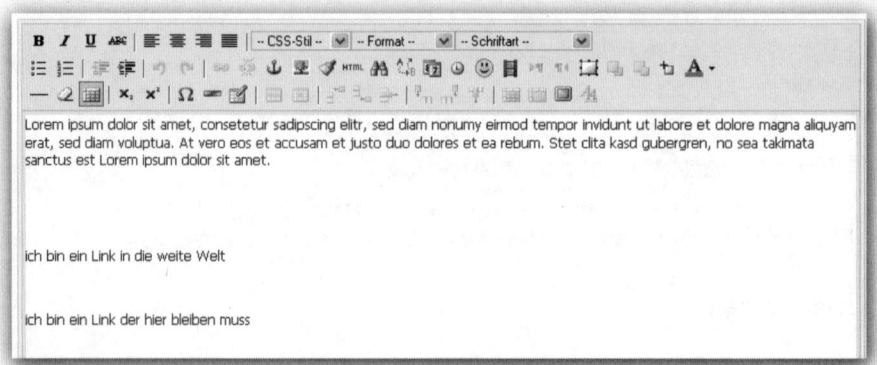

Bild 4.81: Verknüpfungen im Editor

Der Text »Ich bin ein Link in die weite Welt« wurde mit dem Cursor markiert und mit der externen URL www.tagesschau.de verknüpft.

Der Text »Ich bin ein Link, der hier bleiben muss« wurde ebenfalls markiert. Als internes Linkziel wurde die URL

```
index.php?option=com_content&view=section&layout=blog&id=4
```

ausgewählt.

<table>
<tr><td colspan="2">Menütyp</td></tr>
<tr><td colspan="2">Layout: Bereichs-Blog

Zeigt eine Liste der Beiträge im dem Bereich im Blogformat an.</td></tr>
<tr><td colspan="2">Menüeintrag Details</td></tr>
<tr><td>ID:</td><td>56</td></tr>
<tr><td>Titel:</td><td>Ich bin für die Links verantwortlich</td></tr>
<tr><td>Alias:</td><td>ich-bin-fuer-die-links-verantwortlich</td></tr>
<tr><td>Link:</td><td>index.php?option=com_content&view=section&layout=bl</td></tr>
</table>

Bild 4.82: Interner Link

Speichern Sie den Beitrag und geben Sie ihn frei (über den Menüpfad Inhalt/ Beiträge). Klicken Sie oben rechts auf Vorschau. Der Beitrag sollte nun so aussehen und ...

Bild 4.83: Test für interne und externe Links

... so funktionieren.

Externer Link

Bild 4.84: Externes Ziel erfolgreich angesteuert

Interner Link

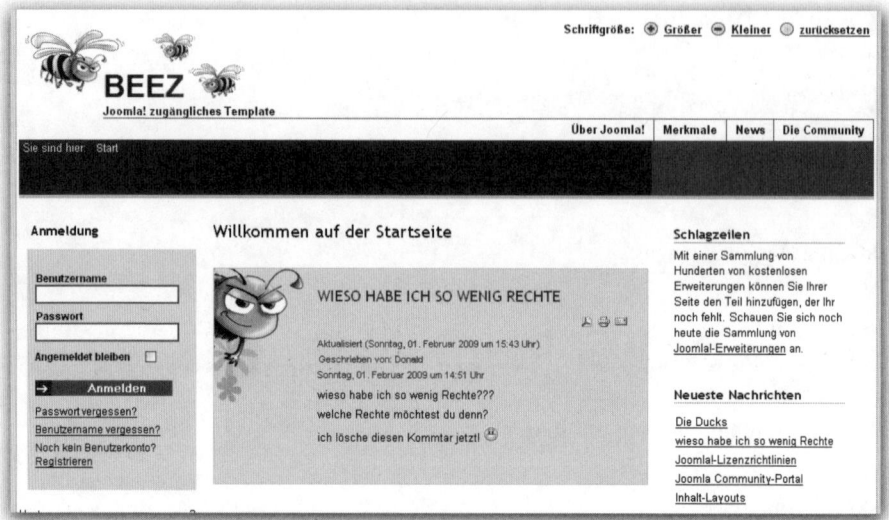

Bild 4.85: Interner Link erfolgreich

> **Tipp:** Probieren Sie einfach einmal alles aus. Es dauert ein bisschen, bis verstanden wird, wie in Joomla Links verwendet werden. Bei externen Links genügt es, im Link-fenster die entsprechende WWW-Adresse als Ziel-URL einzugeben. Bei internen Links ist es ein wenig komplizierter, da der Link für interne Ziele vom System angelegt wird.

4.18 Medien

Mit Hilfe des Medien-Managers, zu erreichen über `Site / Medien`, können alle Arten von Medien auf den Server kopiert werden, die erlaubt sind. Als Standardvorgabe sind Dateien mit den Endungen

```
bmp,csv,doc,epg,gif,ico,jpg,odg,odp,ods,odt,pdf,png,ppt,swf,txt,xcf,xls,BMP,
CSV,DOC,EPG,GIF,ICO,JPG,ODG,ODP,ODS,ODT,PDF,PNG,PPT,SWF,TXT,XCF,XL
```

erlaubt. Wird eine Datei mit einer unbekannten Endung auf den Server kopiert, wird ein Fehler erzeugt.

Bild 4.86: Medienmanager

Im Konfigurationsmenü lässt sich auch die Größe einer eingebetteten Datei festlegen. Im Beispiel sind 30000000, also 30 MB, erlaubt. Sie können diese Größe bei Bedarf natürlich verändern.

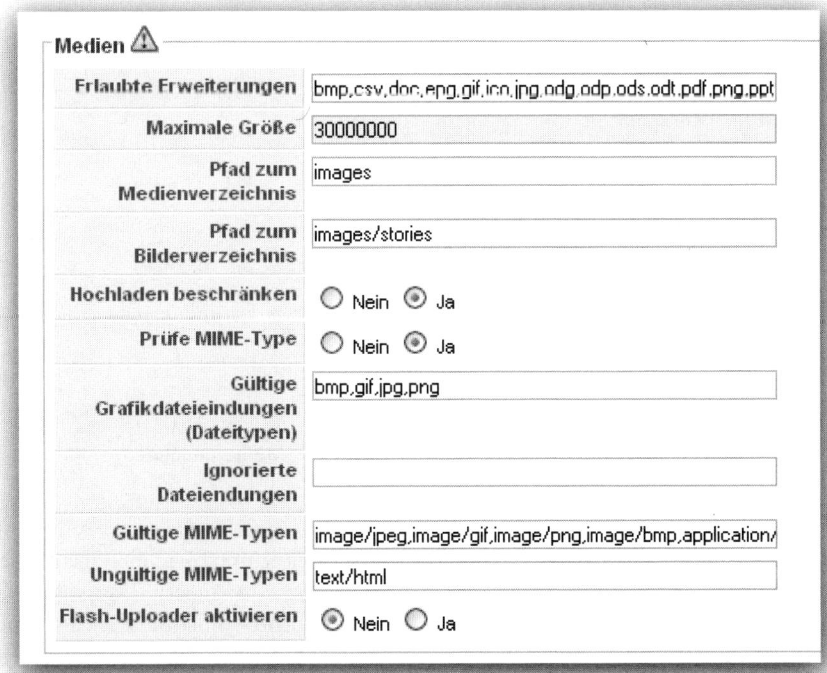

Medien ⚠	
Erlaubte Erweiterungen	bmp,csv,doc,epg,gif,ico,jpg,odg,odp,ods,odt,pdf,png,ppt
Maximale Größe	30000000
Pfad zum Medienverzeichnis	images
Pfad zum Bilderverzeichnis	images/stories
Hochladen beschränken	○ Nein ⦿ Ja
Prüfe MIME-Type	○ Nein ⦿ Ja
Gültige Grafikdateieindungen (Dateitypen)	bmp,gif,jpg,png
Ignorierte Dateiendungen	
Gültige MIME-Typen	image/jpeg,image/gif,image/png,image/bmp,application/
Ungültige MIME-Typen	text/html
Flash-Uploader aktivieren	⦿ Nein ○ Ja

Bild 4.87: Medien Konfiguration im Menü Site / Medien

Diese Beschränkung sehen Sie auch, wenn Sie eine Datei hochladen wollen. Der Maximalwert ist über dem entsprechenden Eingabefeld zu finden:

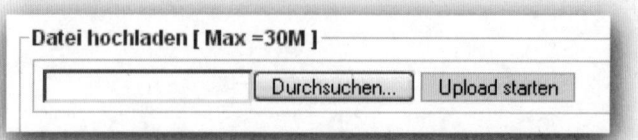

Bild 4.88:
Begrenzung der
Dateigröße auf
30 MB

Als Verzeichnis für die Speicherung von Medien – womit in erster Linie Bilder und Grafiken, aber auch Audio- und Videodateien gemeint sein können – sind der Ordner Media und seine Unterordner vorgesehen. Der Ordner Media ist im htdocs-Verzeichnis Ihrer Joomla-Installation zu finden. Für die Verwaltung der Mediendateien gibt es das Menü »Medien«, für das im Kontrollzentrum ein eigener Button eingerichtet ist. Sie finden das Menü aber auch über den Menüpfad Site/Medien.

Bild 4.89: Medienmanager

Innerhalb des Menüs zur Verwaltung von Medien ist es ganz praktisch, ein eigenes Verzeichnis anzulegen und den Pfad für die hochgeladenen Datei zu ändern. Das ist sinnvoll für die Verwaltung von Bildern und Ähnlichem. Falls zum Beispiel mehrere Personen das Recht haben, Beiträge zu erstellen, ist es sinnvoll, wenn jeder Benutzer seinen eigenen Bilder- und Medienordner anlegt.

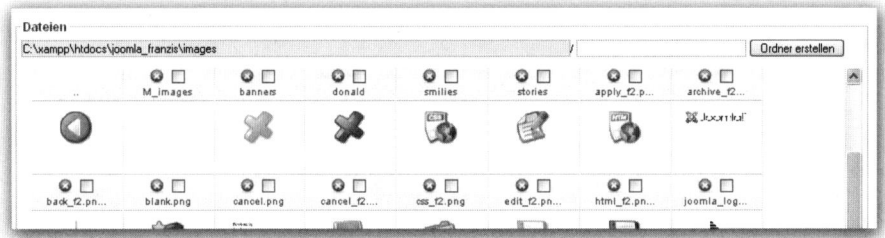

Bild 4.90: Übersicht die Medien-Verwaltung

Sehr interessant ist das Einbetten von Flash-Elementen oder Videodateien auf der Webseite. Dafür wird ein Beitrag geöffnet und der Editor öffnet sich.

Bild 4.91: Editoransicht

Klicken Sie jetzt auf das Filmstreifen-Symbol, das für das Einbetten von Medien zuständig ist.

Bild 4.92: Auswahl des Medienwerkzeugs

Im Fenster `Eingebettete Medien einfügen` haben Sie nun die Möglichkeit, den Medientyp auszuwählen. In diesem Fall ist es ein Flash-Film.

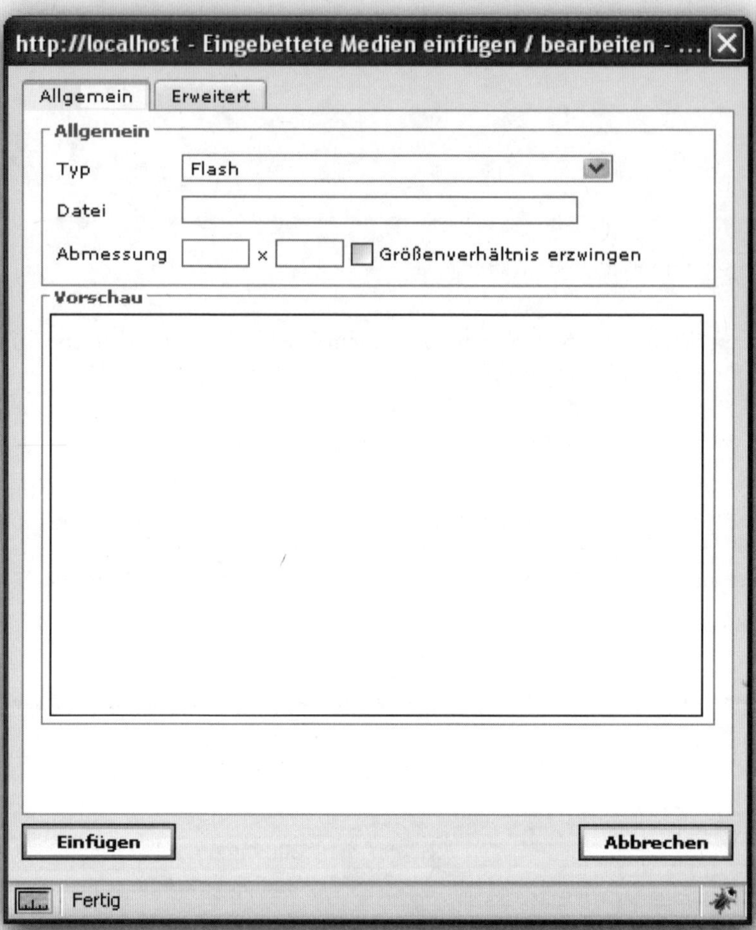

Bild 4.93: Auswahlmenü möglicher Medien-Dateien

Abschließend muss der Pfad zum Verzeichnis eingetragen werden werden. Falls sich die Ordnerstruktur im Medienmanager nicht geändert hat, lautet der Pfad zum Flash-Film folgendermaßen:

```
M_images \ datei.swf
```

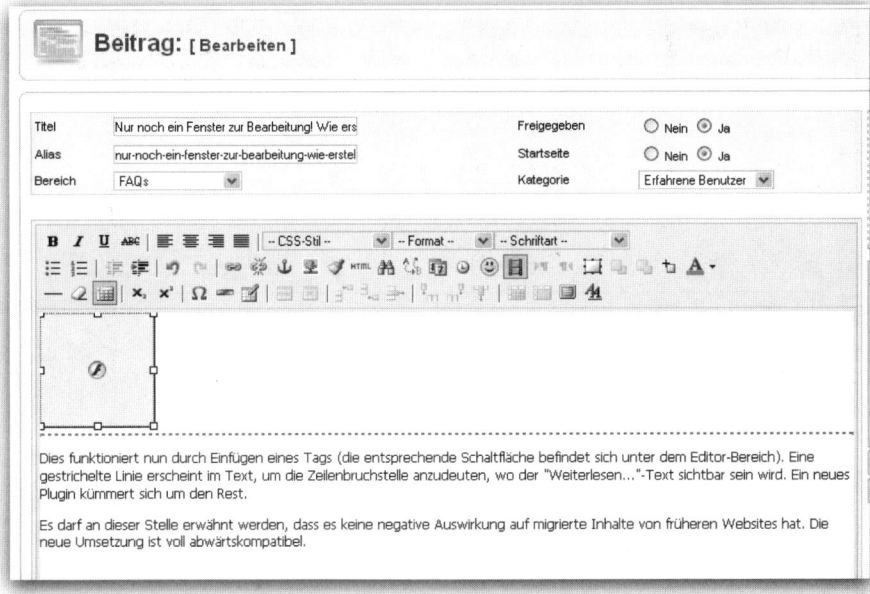

Bild 4.94: Flash-Medien einbinden

Falls Sie Bilder einfügen wollen, klicken Sie im Editor auf das Bildsymbol. Daraufhin öffnet sich das Fenster `Bild einfügen/bearbeiten`. Tragen Sie hier unter `Bild-URL` den Pfad ein, unter dem sich die gewünschte Bilddatei befindet. In diesem Beispiel ist es

`M_images\Donald\donald.jpg`

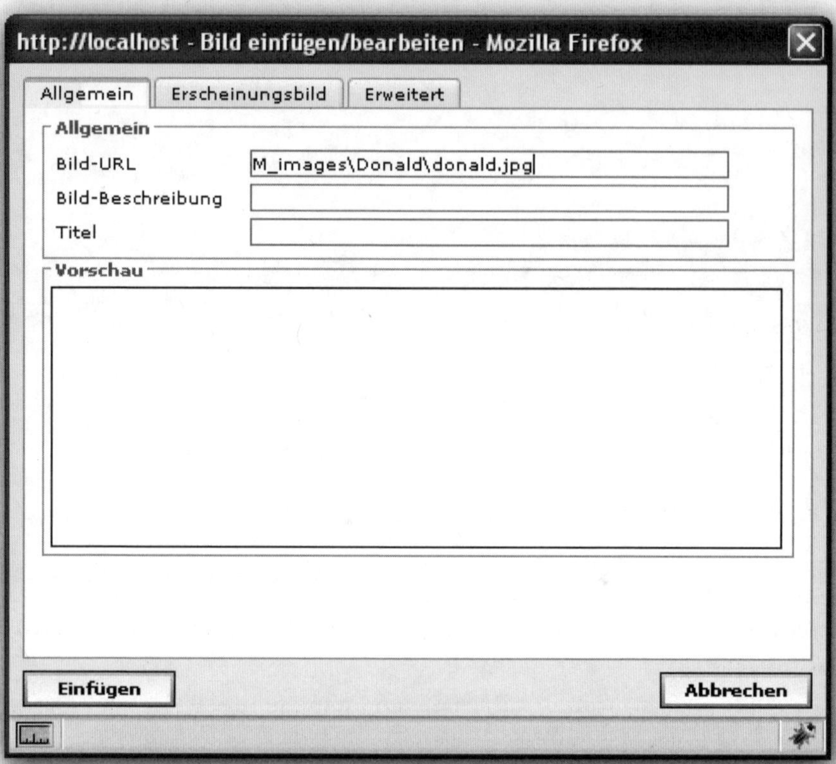

```
http://localhost - Bild einfügen/bearbeiten - Mozilla Firefox      ☒

  Allgemein    Erscheinungsbild    Erweitert

 ┌ Allgemein ──────────────────────────────────────────────
   Bild-URL              [M_images\Donald\donald.jpg        ]
   Bild-Beschreibung     [                                  ]
   Titel                 [                                  ]
 └─────────────────────────────────────────────────────────

 ┌ Vorschau ───────────────────────────────────────────────
   │                                                       │
   │                                                       │
   │                                                       │
   │                                                       │
   │                                                       │
 └─────────────────────────────────────────────────────────

   [  Einfügen  ]                              [  Abbrechen  ]
```

Bild 4.95: Bilder einfügen

Bei Audio-Dateien verfahren Sie genauso, als handele es sich um einen Videoclip. Klicken Sie hier auf »Medien einbetten« – das Symbol mit dem Filmstreifen. Das mag ein wenig unlogisch wirken – aber Joomla behandelt in diesem Fall eingebettete Audioclips genauso wie Videos.

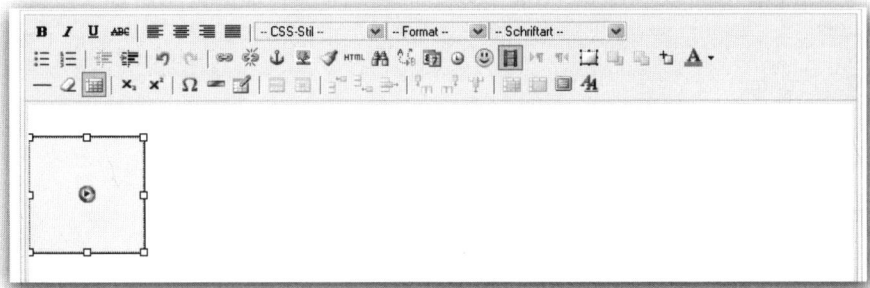

Bild 4.96: Sound einbetten

Mehr zum Thema Medien finden Sie im Kapitel 6.

4.19 Benutzer und Rechte

Jeder neue Benutzer bekommt zuerst den Status »Registriert«. Die Einstellungen sind in der Systemkonfiguration hinterlegt und können dort auch geändert werden. Ist die Aktivierung neuer Konten auf »Ja« gesetzt, muss die Registrierung mit der Aktivierung über einen Link erfolgen.

Zudem sind Extensions verfügbar, die eine Registrierung per CAPTCHA ermöglichen. CAPTCHA bedeutet »Completely Automated Public Test to Tell Computers and Humans Apart«. CAPTCHAs sind Ihnen vielleicht vom Einloggen in Ihre Homebanking-Site bekannt. Meist handelt es sich um automatisch generierte Buchstabenfolgen, die optisch verzerrt ausgegeben werden. Der Benutzer muss diese Buchstabenfolgen ins System eingeben, um dort als menschlicher User authentifiziert zu werden. CAPTCHAs sollen den Missbrauch des Internets durch automatisierte Systeme, so genannte Bots, eindämmen oder zumindest erschweren.

Bild 4.97: Benutzerrolle bei Erstanmeldung

Das wichtigste Element ist hier die Zuweisung zu einer Gruppe. Es gibt folgende Gruppen:

Für das Frontend:

- Registriert
- Autor
- Editor
- Publisher

Für das Backend:

- Manager
- Administrator
- Super Administrator

Die Rollen für die Anwender sind folgendermaßen definiert:

Rolle	Bedeutung
Registrierte	Können nur Beiträge lesen
Autoren	Können Beiträge erstellen, aber nicht veröffentlichen
Editoren	Können vorhandene Beiträge editieren und selbst Beiträge erstellen. Allerdings können sie keine neu erstellten Beiträge veröffentlichen.
Publisher / Manager / Administrator / Super-Administrator	Können Beiträge erstellen und veröffentlichen sowie vorhandene Beiträge editieren. Außerdem haben sie Zugang zum Administratorbereich.
Manager	Kann neue Menü-Icons hinzufügen, - Inhalte erstellen, - die Startseite editieren - sowie Bereiche, Kategorien und Medien verwalten
Administrator	Kann dasselbe wie der Manager und darüber hinaus: - Menüs und Benutzer verwalten, - Komponenten, Module und Plugins installieren, deinstallieren und verwalten - und außerdem den Mülleimer leeren und verwenden.
Super-Administrator	Kann dasselbe wie der Administrator und außerdem: -Sprachen und Templates installieren/deinstallieren und verwalten, - die globale Konfiguration bearbeiten, - Passwörter für Administratoren und alle anderen Benutzer verwalten. - kein anderer Benutzer kann das Passwort eines Super Adminstrators zurücksetzen.

Tabelle 4.9: Die Rechte der Joomla-Benutzergruppen

Tipp: Legen Sie zwei Super-Administratoren an. Man kann nie alles im Voraus planen, aber ein zweiter Super-Administrator ist einfach sicherer.

Manager:

kann vieles im Backend nicht. Er kann sich in das Backend einloggen, hat aber im Vergleich etwa zu einem Administrator nur eingeschränkte Möglichkeiten. Er kann keine Erweiterungen installieren, keine Benutzerverwaltung. Darf aber Beiträge freigeben und editieren.

Bild 4.98: Rechte-Manager

Sind einmal einige Benutzer angelegt, könnte die Liste folgendermaßen aussehen:

Administrator   = Superadministrator

Dagobert   = Editor

Daisy   = Publisher

Donald   = Autor

Gundel   = Registriert

Gustav   = Manager

Panzerknacker   = Administrator

Tubalkain   = Superadministrator

Was bedeutet das in der Praxis?

Gundel ist »Registriert« und kann sich am Frontend der Webseite anmelden.

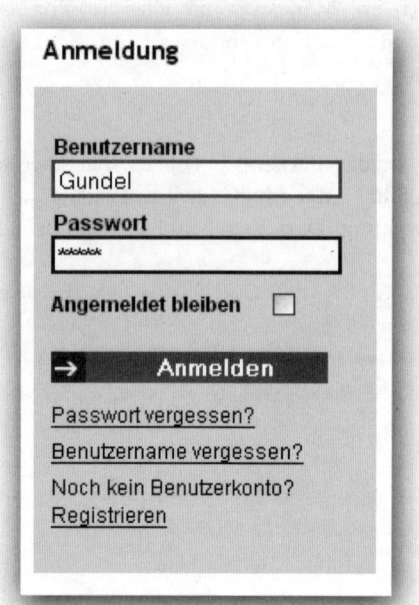

Bild 4.99: Anmeldung für registrierte Benutzer

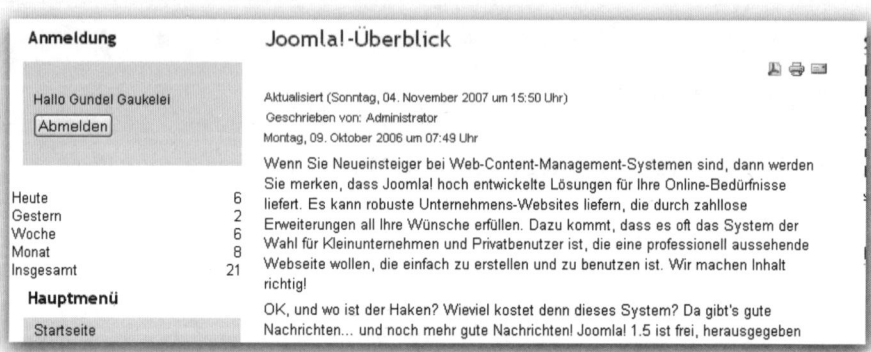

Bild 4.100: Die Benutzerin Gundel nach der Anmeldung

Die registrierte Gundel kann sich also anmelden, aber nur Beiträge lesen. Es ist ihr verwehrt, Beiträge einzureichen, freizuschalten, zu korrigieren et cetera.

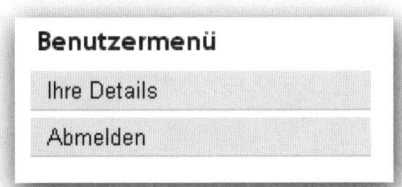

Bild 4.101: Gundels Möglichkeiten

Gustav ist dagegen Manager. Er kann sich sowohl am Frontend als auch am Backend anmelden.

Ergebnis:

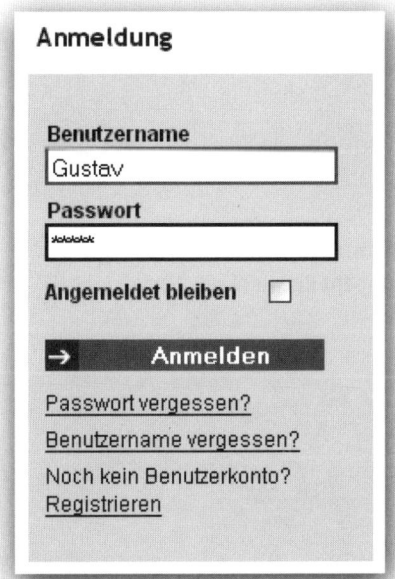

Bild 4.102: Anmeldung Gustav

Wenn sich Gustav am Frontend einloggt, kann er Beiträge neu anlegen, löschen und editieren. An dem kleinen Bleistift-Symbol links neben der Überschrift lässt sich das erkennen.

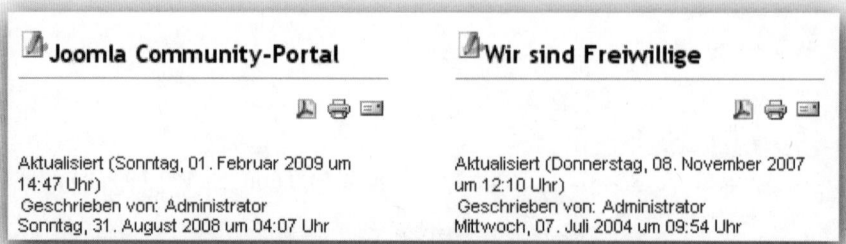

Bild 4.103: Frontend Gustav

So stellt sich das Benutzermenü für den Manager dar:

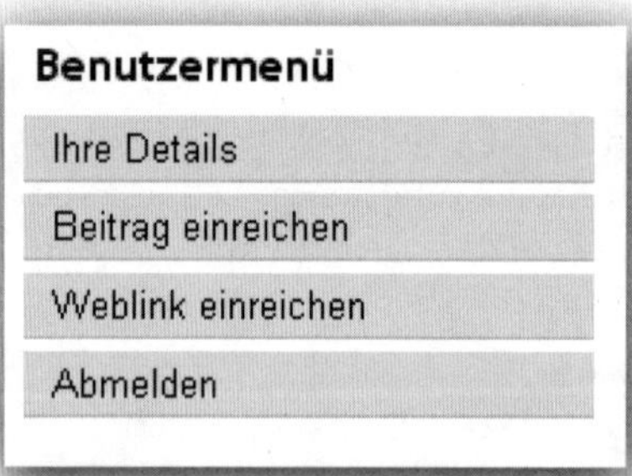

Benutzermenü

Ihre Details

Beitrag einreichen

Weblink einreichen

Abmelden

Bild 4.104: Benutzermenü mit mehr Rechten

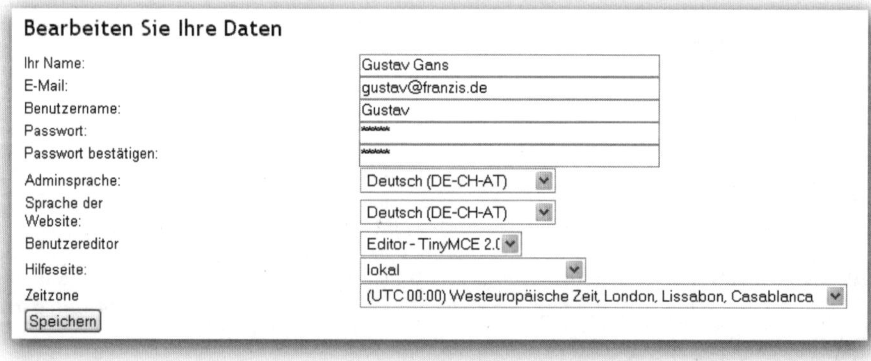

Bearbeiten Sie Ihre Daten

Ihr Name:	Gustav Gans
E-Mail:	gustav@franzis.de
Benutzername:	Gustav
Passwort:	******
Passwort bestätigen:	******
Adminsprache:	Deutsch (DE-CH-AT)
Sprache der Website:	Deutsch (DE-CH-AT)
Benutzereditor	Editor - TinyMCE 2.0
Hilfeseite:	lokal
Zeitzone	(UTC 00:00) Westeuropäische Zeit, London, Lissabon, Casablanca

[Speichern]

Bild 4.105: Mit Managerrechten kann der Benutzer seine eigenen Daten ändern

Manager dürfen nicht nur Artikel schreiben, sondern auch freigeben.

Bild 4.106: Beiträge freigeben und Veröffentlichung festlegen

Die etwas holzschnittartige Rollenverteilung in Joomla ist ein Überbleibsel aus den Mambo-Zeiten. In der Version 1.6 von Joomla soll das Rechtesystem deutlich verbessert werden. Unter anderem wird es möglich sein, eigene Benutzergruppen zu definieren und diesen die entsprechenden Rechte zuzuordnen.

4.20 Zugriffsberechtigung

Im Gegensatz zur Benutzerverwaltung definiert die Berechtigung, wer Zugriff auf bestimmte Beiträge hat.

Es gibt derzeit folgende Varianten:

- Öffentlich: Jeder hat Zugang.

- Registriert: Nur registrierte Benutzer haben Zugang.

- Spezial: Nur Benutzer mit dem Rang eines Autors oder höher haben Zugang.

Die Zugriffsberechtigungen für einzelne Beiträge lassen sich sehr leicht anpassen. Im Menü Beiträge ist jedem Beitrag eine Zugriffsebene zugeordnet. Durch Klick auf Öffentlich (Farbe grün) verwandelt sich die Zugriffsebene auf Registriert (Farbe rot). Ein weiterer Klick legt die Zugriffsberechtigung eine Stufe höher, auf Spezial (Farbe schwarz). Nach einem weiteren Klick gilt dann wieder Öffentlich.

Beispiele für typische Zugriffsberechtigungen

Bild 4.107: Zugriffsberechtigungen im Beitragsbereich

Zugriffsrechte lassen sich nicht nur für einzelne Beiträge festlegen, sondern auch für Bereiche, Kategorien, Module und Plugins. Auf diese Weise ist es zum Beispiel möglich, bestimmte Bereiche nur ausgewählten Benutzergruppen zur Verfügung zu stellen. Die Änderung der Zugriffsebene funktioniert in jedem dieser Fälle genau so wie bei den Beiträgen.

So sieht das im Menü »Bereiche« aus:

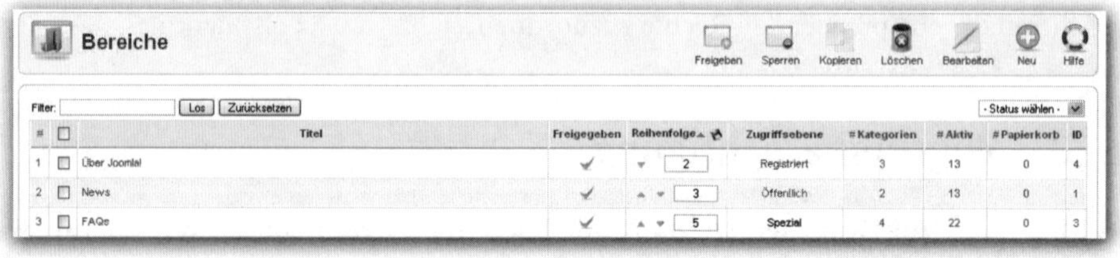

Bild 4.108: Zugriffsberechtigungen im Bereiche-Menü

… und so im Menü »Module«.

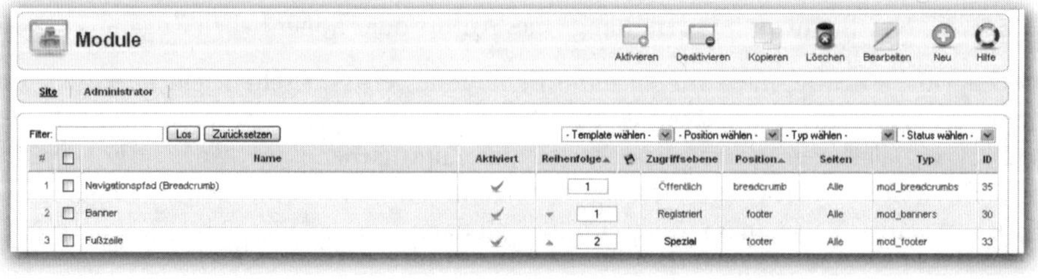

Bild 4.109: Zugriffsberechtigungen im Bereich Module

Im Beispiel ist deutlich zu erkennen: Jeder darf den Navigationspfad sehen, nur Registrierte sehen den Banner und die Fusszeile ist nur für Autoren oder höher sichtbar:

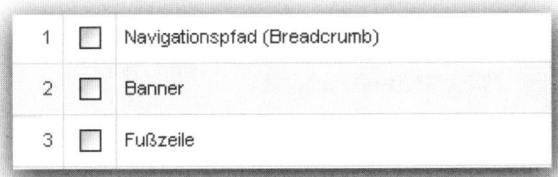

Aktiviert	Reihenfolge▲	🖉	Zugriffsebene	Position▲
✔	1		Öffentlich	breadcrumb
✔	▼ 1		Registriert	footer
✔	▲ 2		Spezial	footer

Bild 4.110: Zugriffsebenen

1	☐	Navigationspfad (Breadcrumb)
2	☐	Banner
3	☐	Fußzeile

Bild 4.111:
Auswahl der Module mit Zugriffsberechtigungen

4.21 Archivieren

Was bedeutet archivieren? Ein Beitrag, der vielleicht nicht mehr aktuell ist, kann archiviert werden und behält seinen Status als Artikel. Das bedeutet, man kann auf den Artikel noch zurückgreifen und ihn, wenn es sich ergibt, wieder als normalen Beitrag bzw. Artikel freischalten. Er geht also nicht verloren.

Beiträge   Aus Archiv entfernen   Archivieren

Bild 4.112: Beiträge archivieren

Um einen Beitrag zu archivieren, markieren Sie mit der Maus einfach in der Liste Beiträge das Kästchen, das dem entsprechenden Artikel zugeordnet ist, und klicken auf das Symbol Archivieren in der Werkzeugleiste. Ein archivierter Beitrag wird in grauer statt in blauer Schrift dargestellt und er erhält in Klammern den Zusatz [Archiviert]. Zudem sind die Symbole für die Freigabe des Beitrags ausgegraut.

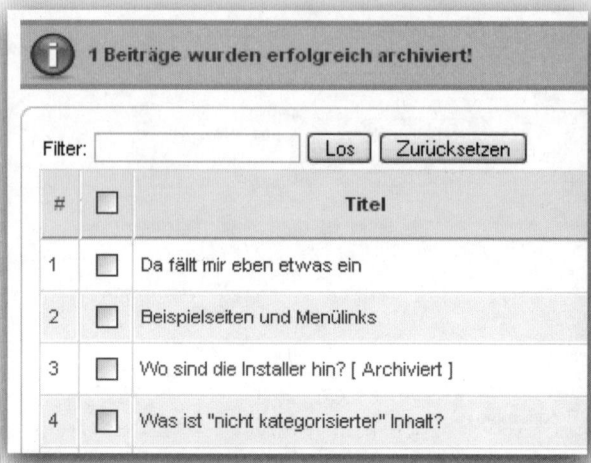

Bild 4.113: Archivieren eines Artikels – archivierte Beiträge sind grau markiert

Wenn Sie einen archivierten Artikel wieder benutzen wollen, markieren Sie einfach wieder in der Beitragsliste das Kästchen, das dem archivierten Beitrag zugeordnet ist, und klicken Sie dann auf Aus Archiv entfernen. Damit steht Ihnen der Beitrag wieder zur Verfügung.

Der Unterschied zwischen einem archivierten Beitrag und einem gelöschten Artikel besteht darin, dass ein gelöschter Artikel weder in der Beitrags-Übersicht steht, noch editierbar ist oder wieder verwendet werden kann. Ein weggeworfener Beitrag geht verloren, der archivierte Beitrag indes nicht.

Tipp: Löschen Sie nicht voreilig Beiträge, die Sie nicht mehr für aktuell halten. Denn weg ist weg. Gehen Sie den charmanteren Weg und archivieren Sie diese Artikel. Speicherplatz ist kein Problem mehr und man kann nie wissen, für welchen Zweck der Beitrag noch gebraucht wird.

4.22 Beiträge terminiert veröffentlichen

Terminen, an denen neue Beiträge veröffentlicht werden sollen, lassen sich im Backend oder im Frontend einstellen. Dies ist allerdings Benutzern vorbehalten, die über Veröffentlichungsrechte verfügen.

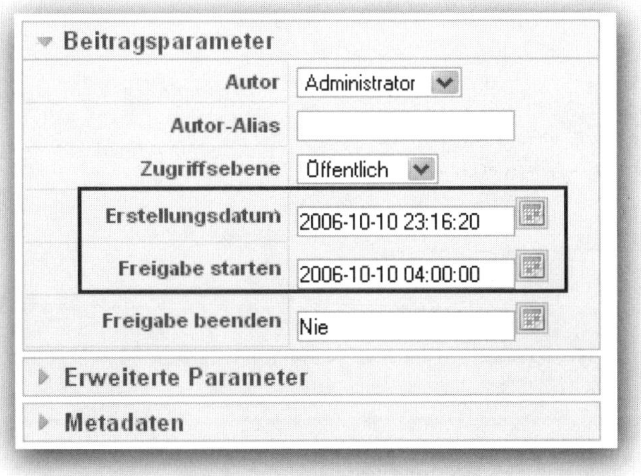

Bild 4.114:
Datum und Uhrzeit für
Veröffentlichung
festlegen

Die entsprechenden Einstellungen lassen sich beim Editieren eines Artikels in dem Menü Beitragsparameter festlegen. Im Eingabefeld Freigabe starten können Sie den Zeitpunkt eintragen, an dem ein Beitrag auf der Webseite erscheinen soll. Sie können entweder direkt in das Eingabefeld hineinschreiben oder auf das rechts daneben stehende Kalendersymbol klicken. Dann klappt ein interaktiver Monatskalender auf, auf dem Sie nur das gewünschte Datum anklicken müssen. Falls Sie zusätzlich noch eine Uhrzeit eingeben wollen, müssen Sie diese im Eingabefeld Freigabe starten neben dem Datum eintragen.

Darunter finden Sie das Feld Freigabe beenden. Der Standardwert für dieses Feld ist Nie. Falls Sie aber tatsächlich die Freigabe eines Beitrags zu einem bestimmten Termin aufheben wollen, können Sie das gewünschte Datum und die Uhrzeit auf die gleiche Weise eintragen wie im Feld Freigabe starten.

Auch für einen eingereichten Beitrag lassen sich Veröffentlichungszeiten angeben.

Freigeben

Bereich:	Über Joomla!
Kategorie:	Das Projekt
Freigegeben:	○ Nein ⊙ Ja
Auf Startseite anzeigen:	○ Nein ⊙ Ja
Autor-Alias:	donald
Veröffentlichung starten:	2010-02-05 09:07:34
Freigabe beenden:	Niemals
Zugriffsebene:	Öffentlich / Registriert / Admins
Reihenfolge:	Neue Beiträge werden standardmäßig ans Ende gesetzt. Die Sortierung kann nach dem Speichern dieses Beitrags geändert werden.

Bild 4.115: Terminierte Veröffentlichung im Frontend-Bereich

4.23 Massenmail

Die Funktion »Massenmail« erlaubt es Benutzern, die Super-Administratoren, sind, an alle registrierten Benutzer oder an eine bestimmte Gruppe daraus eine E-Mail zu senden. Die Bezeichnung »Massenmail« ist wenig schmeichelhaft für die Funktion ist. Alternativ könnte man auch Verteilerliste dazu sagen.

Sie finden die Funktion über den Menüpfad Werkzeuge/Massenmail. Dort können Sie in einem Menü einstellen, welche Benutzergruppe die Nachricht zugesandt bekommen soll. Rechts davon finden Sie ein Editorfenster, in dem Sie die Nachricht und die dazugehörige Betreffzeile eingeben können.

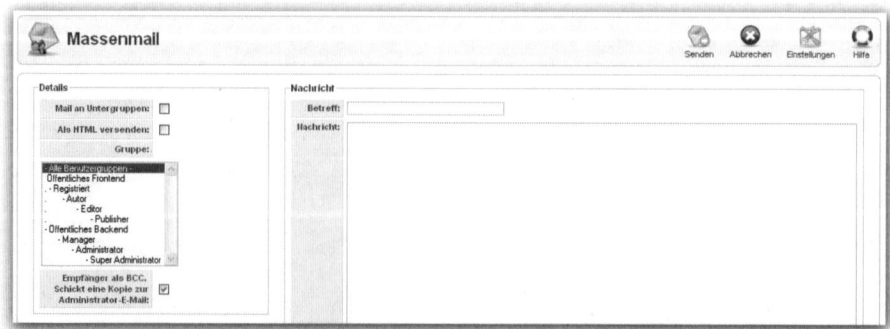

Bild 4.116: Massenmail an alle oder ausgewählte Benutzergruppen

Durch Klick auf das Senden-Symbol wird die Massenmail verschickt.

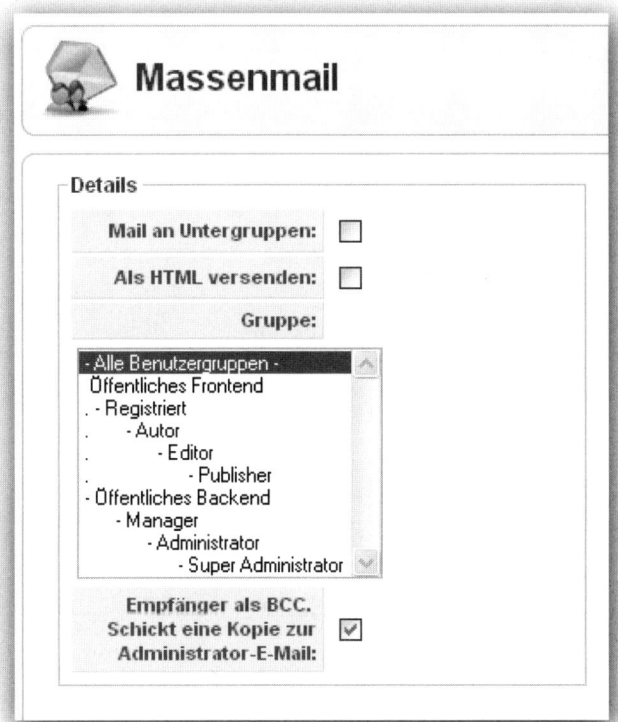

Bild 4.117:
Massenmail

5 SEO – wer sucht, soll auch finden

5.1 Einführung

Haben Sie sich schon einmal überlegt, warum manche Seiten bei Google unter den ersten zehn Treffern stehen und andere nicht? Warum die eine Webseite als erstes angezeigt wird und Ihre eigene nur auf Platz 20? Wie kann es sein, dass bei der Eingabe eines Suchbegriffs, einige Ergebnisseiten ganz weit oben stehen und andere nicht, obwohl der Inhalt der Webseite mehr oder weniger identisch ist?

Für einen Internetauftritt ist die Platzierung bei den großen Suchmaschinen sehr wichtig. Noch wichtiger ist ein Platz in den oberen Rängen, wenn eine mit Joomla gebaute Website auch als Online-Shop dienen soll.

Dieses Kapitel tastet sich vorsichtig an das schwierige Thema heran und soll die Zusammenhänge zwischen einer gut platzierten Webseite und einer kaum gefundenen Seite darstellen. Der Erfolg einer Webseite steht direkt proportional zu ihrem Ranking. Wer gefunden wird, kann auch verkaufen!

Leider gibt es den Knopf »Webseite auf Platz 1 des Suchmaschinen-Rankings bringen« noch nicht. Es bedarf einiger Arbeit und auch Geduld, um messbare Ergebnisse nach einer Optimierung zu erhalten. Denn die Anmeldung an einer Suchmaschine ist nur der erste Schritt für die Optimierung einer Webseite. Einige weitere Schritte müssen für die Optimierung folgen. Unser Ziel soll eine gut gelistete Webseite bei Google sein.

5.2 Warum Google?

Der Name Google wird mittlerweile schon fast synonym für den Begriff »Web-Suchmaschine« gebraucht. In der Umgangssprache wird auch schon nicht mehr im Web gesucht, sondern man googelt. Ein paar Zahlen untermauern, warum Google die wichtigste Suchmaschine ist.

Marktanteile der Suchmaschinen in Deutschland, sortiert nach Suchanfragen und Hits:	
Google	90,2 %
Yahoo	2,8 %
T-Online	2,1 %
MSN	2,0 %
AOL	0,7 %
Andere	2,1 %

Quelle: Webhits.de, Stand: Dezember 2008

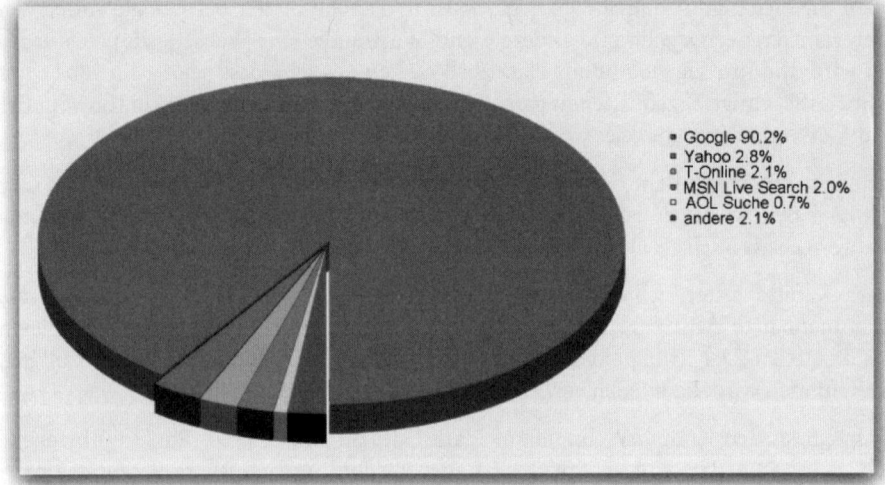

Bild 5.1: Marktanteile der Suchmaschinen (Quelle: Webhits.de)

Die Zahlen belegen eindrucksvoll die Marktmacht von Google. Daher ist ein gutes Ranking bei dieser Suchmaschine besonders wichtig.

5.3   Die Webseite bei Google direkt anmelden

Viele Anwender meinen, man könne eine Anmeldung der Webseite bei den Suchmaschinen nur mittels Software erledigen. Das stimmt nicht! Alle großen Suchmaschinen erklauben es, eine Website direkt anzumelden. Das ist sogar ziemlich einfach. Wenn Sie die vier anderen größeren Suchmaschinen im deutschen Markt einbeziehen, muss die Anmeldung maximal fünfmal durchgeführt werden. Allein zu diesem Zweck – der Anmeldung bei den Suchmaschinen – lohnt sich der Kauf einer SEO-Software nicht. Falls Sie aber Ihre Webseite in indonesischen Suchmaschinen bekannt machen wollen, dann ist der Kauf einer Ranking Software angebracht. Zurück zu Google. Wie geht das bei Google?

Unter dieser URL finden Sie die Anmeldeseite für Ihren Webauftritt:

`http://www.google.de/intl/de/about.html`

Bild 5.2: Google-Anmeldeseite

Die Anmeldung ist selbsterklärend. Warum bietet Google so etwas an? Als weltweit größter Anbieter von Informationen legt Google großen Wert auf alle neuen Daten, die es kriegen kann. Wer sich bei Google anmeldet, hat sich daher quasi auch gleichzeitig dazu entschlossen, Kunde bei Google zu werden.

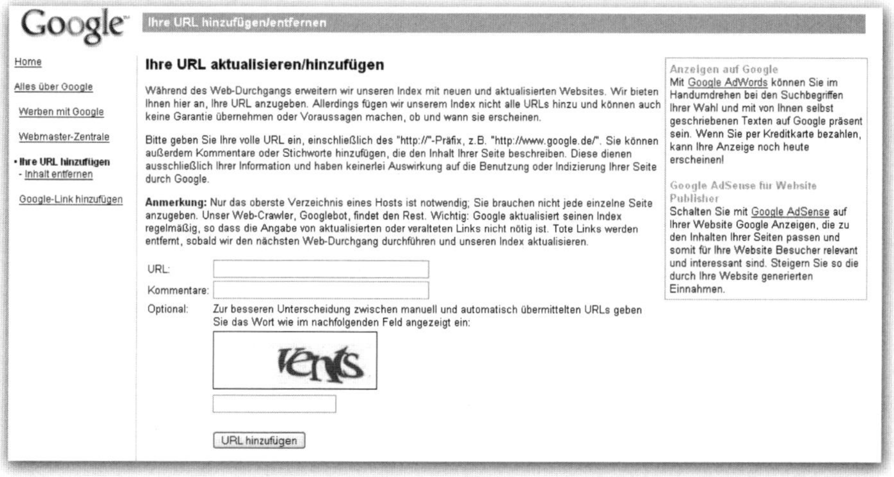

Bild 5.3: Eingabe der Webseiten-URL

5.4   Google Keywords

Google bietet ein interessantes Werkzeug an, das Sie bei der Definition und beim Über-prüfen Ihrer Schlüsselwörter (Keywords) unterstützt. Dieses Tool gibt es auch als Soft-ware zum Download. Wichtig dabei ist ein gewisses Verständnis dafür, dass eigentlich immer zwei Begriffe geprüft werden sollen, noch besser drei oder vier Begriffe, die Ihre Webseite inhaltlich so genau wie möglich beschreiben. Überlegen Sie selbst: Wie suchen Sie in Suchmaschinen? Wer über Google ein Möbelhaus in München sucht, der gibt die Begriffe »Möbel« und »München« ein. Die Bildung von Begriffspaaren ist deshalb so wichtig, weil die meisten Menschen auf diese Weise suchen. Fast immer ist dabei nicht nur das »Was«, sondern auch das »Wo« entscheidend.

Das Google-Tool hilft Ihnen zu identifizieren, bei welchen Schlüsselwörtern die Mitbewerberdichte besonders hoch ist Darüber hinaus gibt es Ihnen an, wie oft während eines Monats im Schnitt nach einem bestimmten Schlüsselwort gesucht wird.

> **Tipp:** Sie finden das Tool im Web unter der Adresse `https://adwords.google.de/select/KeywordToolExternal`.

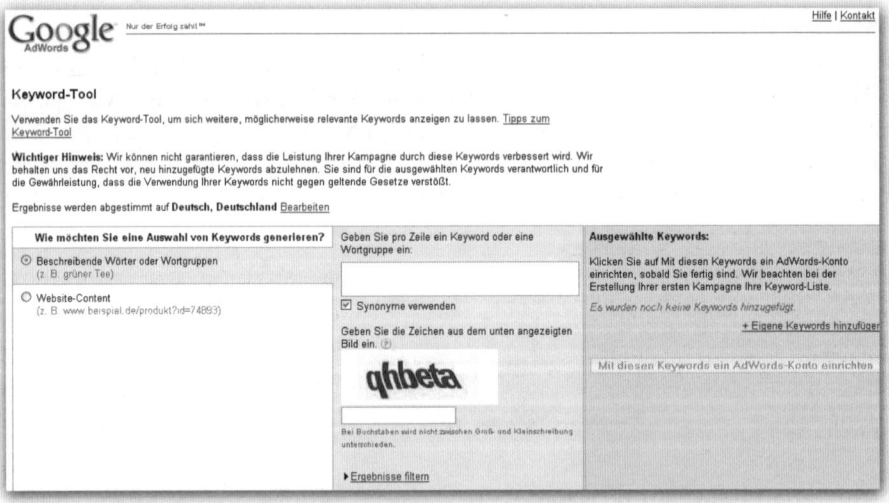

Bild 5.4: Schlüsselwort-Test bei Google

5.5   Google Analytics

Interessant ist in diesem Zusammenhang auch Google Analytics. Dieser kostenlose Service liefert umfangreiche Statistiken über die Besucher einer Website. Dadurch erhalten Sie wichtige Erkenntnisse für die Vermarktungsanalyse wie die folgenden:

- Entwicklung der Besucherzahlen

- welche Quelle auf meine Webseite zeigt (Referrer)

- mit welchen Suchwörtern Besucher zu meiner Seite verwiesen werden (Keywords)

- wie lange die Besucher auf der Seite bleiben und welche Seiten angeschaut werden

Schritt 1:

Legen Sie zunächst bei Google Analytics ein Konto an und registrieren Sie sich. Die Webadresse lautet: `http://www.google.de/analytics/de-DE/`

Schritt 2:

Nach dem Einloggen und dem Anmelden der Website erhalten Sie den Analytics-Code für die eigene Website. Dabei handelt es sich um einen Codeblock, den Sie mit der Browser-Funktion »Kopieren« in die Zwischenablage Ihres Rechners kopieren müssen.

Schritt 3:

Hat man seinen persönlichen Code von Google Analytics bekommen, so baut man ihn in die Datei `/includes/ footer.php` vor der Zeile

```
echo '</body></html>';
```

ein.

Das sollten Sie aber bedenken

Was Google leider macht (und weswegen das Unternehmen auch stark in der Kritik steht), ist die Speicherung der Suchanfragen und – sofern bekannt – auch der Daten der Suchenden. Wie Google mit den Datenmengen umgeht, ist bis dato nicht klar. Letztendlich müssen Sie entscheiden, ob Sie Daten über die Besucher und/oder Kunden Ihrer Website an Google weitergeben wollen.

5.5.1   Google Webmaster Tools

Google bietet noch weitere Services für Webmaster an. Alle Google-Tools sind leicht auf der Google-Homepage zu finden. Wer Erfolg mit seinem Internetauftritt haben will, sollte derlei Möglichkeiten nicht links liegen lassen.

Dazu zählen folgende Werkzeuge und Info-Quellen:

- Assistent für den Website-Status

- ein Blog für Webmaster von Google

- Statistiken, Diagnose und Verwaltung des Crawling und der Indizierung Ihrer Website durch Google einschließlich Einreichen einer Sitemap sowie Reports

Bild 5.5: Google Service

5.6   Wie lässt sich die Webseite optimieren?

Gute Webmaster sollten wissen, wie man Webseiten optimieren kann. Die Anmeldung an vielen Suchmaschinen ist ist ja nur der erste Schritt. Ihr Ziel sollte es sein, dass die Seite unter den ersten zehn Treffern nach einer Suchanfrage erscheint. Nur wenige Surfer nehmen sich die Zeit, auf die zweite Seite der Trefferliste zu schauen. Daraus folgt ganz logisch: Wenn die Webseite nicht optimiert ist, sind gute Platzierungen in den Suchmaschinen nicht zu erwarten.

Es ist daher wichtig, die Seite zu optimieren. In unserem Beispiel (Bild unten) enthält die Seite lediglich zwei Keywords (zu finden in der Zeile `meta name="keywords"`). Auch die Beschreibung (`meta name="description"`) ist dürftig. Sie können das bei Ihrer Webseite selbst überprüfen, wenn Sie den Seitenquelltext betrachten. An dieser Stelle fängt die Optimierung an.

```
<!DOCTYPE html PUBLIC "-//W3C//DTD XHTML 1.0 Transitional//EN" "http://www.w3.org/TR/xhtml1/DTD/xhtml1-transitic

<html xmlns="http://www.w3.org/1999/xhtml" xml:lang="de-de" lang="de-de">

<head>
  <base href="http://localhost/joomla_franzis/" />
  <meta http-equiv="content-type" content="text/html; charset=utf-8" />
  <meta name="robots" content="index, follow" />
  <meta name="keywords" content="joomla, Joomla" />
  <meta name="description" content="Joomla! - dynamische Portal-Engine und Content-Management-System" />
  <meta name="generator" content="Joomla! 1.5 - Open Source Content Management, css2switch by Dominik Gorczyca -
  <title>Willkommen auf der Startseite</title>
  <link href="/joomla_franzis/index.php?format=feed&amp;type=rss" rel="alternate" type="application/rss+xml" tit
  <link href="/joomla_franzis/index.php?format=feed&amp;type=atom" rel="alternate" type="application/atom+xml" t
  <link href="/joomla_franzis/templates/etosha/favicon.ico" rel="shortcut icon" type="image/x-icon" />
  <script type="text/javascript" src="/joomla_franzis/media/system/js/mootools.js"></script>
  <script type="text/javascript" src="/joomla_franzis/media/system/js/caption.js"></script>
```

Bild 5.6: Meta-Begriffe fehlen

Legen Sie Suchbegriffe fest. Überlegen Sie sich gut, welche Keywords Ihre Seite am ehesten beschreiben. In diesem Fall sind es bekannte Comic-Figuren aus Entenhausen. Bei Ihnen wird das natürlich anders aussehen.

```
<!DOCTYPE html PUBLIC "-//W3C//DTD XHTML 1.0 Transitional//EN" "http://www.w3.org/TR/xhtml1/DTD/xhtml1-transitional.

<html xmlns="http://www.w3.org/1999/xhtml" xml:lang="de-de" lang="de-de">

<head>
  <base href="http://localhost/joomla_franzis/" />
  <meta http-equiv="content-type" content="text/html; charset=utf-8" />
  <meta name="robots" content="index, follow" />
  <meta name="keywords" content="Donald, Dagobert, Gustav Gans, Daisy, Tick, Trick, Track, Gundel, Panzerknacker" /
  <meta name="description" content="Neues aus Entenhausen" />
  <meta name="generator" content="Joomla! 1.5 - Open Source Content Management, css2switch by Dominik Gorczyca - www
  <title>Willkommen auf der Startseite</title>
  <link href="/joomla_franzis/index.php?format=feed&amp;type=rss" rel="alternate" type="application/rss+xml" title="
  <link href="/joomla_franzis/index.php?format=feed&amp;type=atom" rel="alternate" type="application/atom+xml" title
  <link href="/joomla_franzis/templates/etosha/favicon.ico" rel="shortcut icon" type="image/x-icon" />
  <script type="text/javascript" src="/joomla_franzis/media/system/js/mootools.js"></script>
  <script type="text/javascript" src="/joomla_franzis/media/system/js/caption.js"></script>
```

Bild 5.7: Meta mit Keywords

Ihre Schlüsselwörter tragen Sie unter Meta-Daten der Webseite im Eingabefeld Globale Schlüsselwörter ein (mehr dazu im Abschnitt 5.11 »Was Joomla mitbringt«). Sie finden dieses Eingabefeld über den Menüpfad Site/Konfiguration. Das Feld darüber heißt Globale Beschreibung der Site. Tragen Sie hier ein, worum es bei Ihrer Webseite geht. Speichern Sie und der erste Schritt zur Optimierung der Seite ist getan.

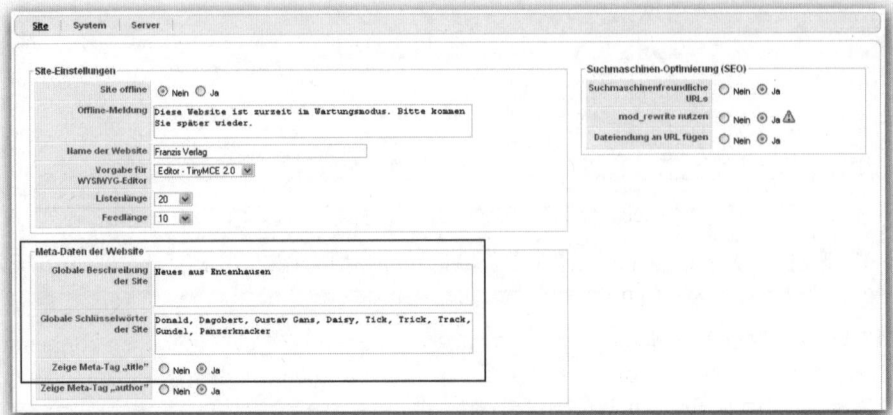

Bild 5.8: Metadaten der Webseite

Im selben Menü finden Sie das Feld Suchmaschinen-Optimierung (SEO). Wählen Sie bei den drei Radio-Buttons jeweils die Option Ja.

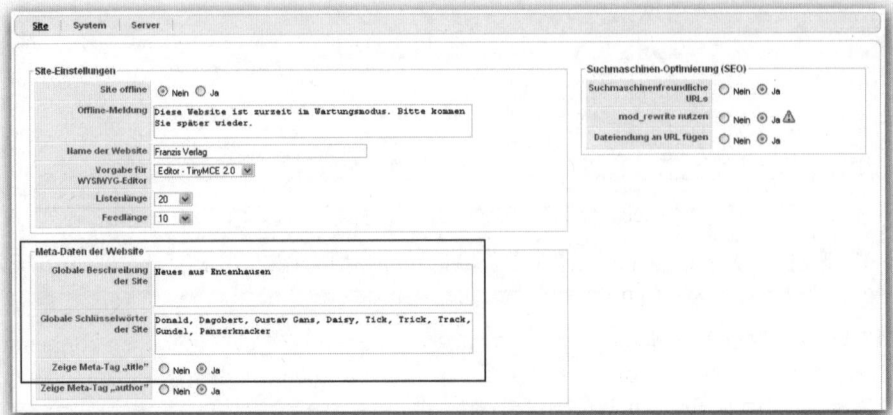

Bild 5.9: Suchmaschinenoptimierung

5.7   Die Webseite / den Quellcode optimieren

Eine einmal angemeldete Webseite sollte nicht gleich wieder fundamental geändert werden. Auch mehrfache Anmeldungen bei ein- und derselben Suchmaschine sind ungünstig. Es besteht grundsätzlich die Gefahr, dass die Webseite oder Teile davon als Spam behandelt werden.

Durch häufiges Anmelden könnte der Suchmaschinen-Suchroboter das so interpretieren. Ist dies einmal geschehen, muss die gesamte Webseite auf Spam-Inhalte überprüft werden.

Spam-Codes werden in den meisten Fällen nicht absichtlich hinterlegt. Vielmehr sind es die Suchmaschinen, die diesen entsprechend interpretieren, was sich gleich von Anfang an vermeiden lässt.

Spam-Inhalte in Joomla können sein:

*   E-Mail Cloaking

*   Weiterleitungen, die kein klares Ziel haben

*   Text, dessen Farbe dem Hintergrund sehr ähnlich ist, Text in sehr kleinen Schriftgrößen, Text, der mit CSS ungünstig festgelegt wurde

*   Doorway-Pages sind Weiterleitungen auf eine andere Webseite. Inhaltlich können in Doorway-Seiten Keywords hinterlegt werden. Da solche Weiterleitungen oft von Warez- und Sex-Seiten verwendet werden, interpretieren manche Suchmaschinen die Seite als Spam.

5.7.1 Was Sie vermeiden sollten

Versteckten Text

Gerade CMS (Content Management Systeme) unterliegen mitunter der Fehlinterpretation der Suchmaschinen-Roboter, weil sie versteckten, farblich dem Hintergrund angepassten Text beinhalten. Vor einer Anmeldung an Suchmaschinen sollte die Webseite dahingehend geprüft werden.

Frames

Dass Suchmaschinen-optimierte Seiten möglichst auf Frames verzichten, liegt auf der Hand. Denn unter Frames versteht man Teilbereiche einer HTML-Seite, in denen wiederum eine andere solche Seite dargestellt werden kann. Wenn nun eine Webseite drei oder fünf Frames hat, stellt sich die Frage, welche davon der Suchmaschinen-Spider auswerten soll. In diesem Fall müssten alle Seiten, die in Frames eingebunden sind, gültige Meta-Begriffe beinhalten, damit dies funktionieren kann. Oder, als bessere Alternative: Sie verwenden in der Startseite keine Frames. Da Joomla generell ohne Frames arbeitet, müssen Joomla-Anwender diesem Punkt keine Beachtung schenken.

Vermeiden Sie Flash- Elemente als Startseiten

Auch heute noch haben Suchmaschinen Probleme damit, Flash-Seiten zu finden. Das gilt vor allem dann, wenn die Startseite eine reine Flash-Seite ist. Dieses Problem lässt sich aber umgehen, wenn die Startseite eine HTML-Seite ist. Diese kann zwar durchaus Flash-Elemente aufweisen. Die Flash-Komponenten werden dabei aber gewissermaßen in ein optimiertes HTML eingebettet. Damit kann die Seite auch indiziert werden.

Willkommensseiten ohne Textinhalt

Das ist im Web oft zu sehen: eine Willkommensseite, die lediglich ein Bild enthält. Klickt man darauf, wird der Benutzer auf die eigentliche Webseite weitergeleitet.

Es gibt zwar die Methode, den folgenden Code einzufügen, der die Suchmaschinen-Roboter weiterleitet:

```
<meta name="robots" content="index, follow" />
```

Allerdings folgen nicht alle Suchmaschinen diesem Link zum eigentlichen Content.

Wichtig sind aktuelle Inhalte – eine gepflegte Seite

Eine Website sollte mindestens sechs gültige (optimierte) Seiten aufweisen. Websites, deren Content nur wenig umfangreich ist – die beispielsweise nur ein oder zwei Seiten umfassen –, werden meistens nicht indiziert. Achten Sie ferner darauf, dass immer aktuelle Inhalte vorhanden sind. Suchmaschinen-Roboter können erkennen, ob der Inhalt neu oder alt ist. Selbstredend sind neue Inhalte immer interessant für Suchroboter.

Suchmaschinen sollten Ihre Seite interpretieren können

Spider lesen Texte aus. Wenn sie keinen Text finden, wird die Seite nicht indiziert. Daher ist es wichtig, zumindest auf die Indexseite viel interessanten Text zu platzieren. Sparen Sie nicht bei den Keywords. Grafiken und Medien können Spider noch nicht auslesen, weil sie keinen Text beinhalten. Wichtig ist viel Text als Inhalt in den Meta-Tags.

Überprüfen Sie den HTML-Code Ihrer Website, vor allem aber in der Startseite

Der Quelltext der Webseite sollte schlank sein. Stellt der Roboter während des Indizierens fest, dass kein Ende in Sicht ist (das muss man sich bildlich vorstellen), bricht er die Indizierung ab, weil der Robot theoretisch ewig beschäftigt wäre. Achten Sie darauf, dass schlanker und sinnvoller Code im Header der Webseite und der Meta-Tags steht, damit Suchmaschinen-Spider ihn auslesen können.

```
<html xmlns="http://www.w3.org/1999/xhtml" xml:lang="de-de" lang="de-de" dir="ltr" id="minwidth" >
<head>
    <meta http-equiv="content-type" content="text/html; charset=utf-8" />
    <meta name="robots" content="index, follow" />
    <meta name="keywords" content="Donald, Dagobert, Gustav Gans, Daisy, Tick, Trick, Track, Gundel, Panzerknacker
    <meta name="description" content="Neues aus Entenhausen" />
    <meta name="generator" content="Joomla! 1.5 - Open Source Content Management" />
    <title>Franzis Verlag - Administration</title>
    <link href="/joomla_franzis/administrator/templates/khepri/favicon.ico" rel="shortcut icon" type="image/x-icon
    <style type="text/css">
    <!--
```

Bild 5.10: Meta-Tags

Weiterleitungen sind problematisch

Es besteht die begründete Gefahr, dass Weiterleitungen von den Spidern zwar interpretiert werden können, aber als Ergebnis die Webseite am Ende der Weiterleitung indiziert wird. Die Webseite, auf die weitergeleitet wird, erfreut sich infolgedessen hoher Besucherzahlen, während Ihre Webseite übergangen wird.

Grundsätzlich sind Weiterleitungen in Ordnung. Sie sollten sie aber nicht in der `index.html`, also der Startseite der Webseite, unterbringen.

Keine Sonderzeichen in der URL

Suchmaschinen haben Schwierigkeiten, eine URL mit Sonderzeichen zu lesen. Das ist vor allem bei dynamisch erzeugten Webseiten in PHP der Fall. In PHP generierte Seiten weisen oft die Endung »?« auf.

Die folgenden Sonderzeichen sind für die Indizierung nicht geeignet:

* Und-Zeichen (&)

* Fragezeichen (?)

* Dollar-Zeichen ($)

* Gleichheitszeichen (–)

* Prozent-Zeichen (%)

Vermeiden Sie Sonderzeichen. Sie können dies vermeiden, wenn Sie in Joomla in der Systemkonfiguration die Einstellung Suchmaschinenfreundliche URLs auf Ja setzen.

Bild 5.11: Suchmaschinenfreundliche URLs

Sauberer HTML-Code

Die Spider der Suchmaschinen befolgen strikt die HTML-Richtlinien. Wenn der Webseiten-Code ungültiges HTML beinhaltet, kann es sein, das der Suchmaschinen-Spider gar nichts mehr findet. Das bedeutet nicht, dass kein Code vorhanden ist, sondern dass der Code sich nicht lesen lässt. HTML-Code, der nicht gültig ist, wird leider oft verwendet. Gerne werden zum Beispiel HMTL-Seiten mit Microsoft Word erzeugt. Das ist auch nachvollziehbar, denn Word bietet diese Funktion an. Die Qualität des Codes ist jedoch problematisch. Versuchen Sie es selbst: Legen Sie ein Word-Dokument an, speichern es als HTML-Datei und öffnen Sie es anschließend im Browser. Wenn Sie den Seitenquelltext im Mozilla-Browser Firefox betrachten, fallen sofort Unmengen an grauem MSO-Code auf (MSO = Microsoft Office). Dieser Code ist für einen Spider unmöglich zu lesen, weil er kein gültiges HTML enthält. Es ist daher enorm wichtig, auf gültigen HTML-Code zu achten.

5.8   Was passiert bei der Suchmaschinen-Anmeldung?

Robots oder Crawler sind Abfrageprogramme, die ständig Webseiten aufsuchen und prüfen, ob sich der Inhalt und die URL der bekannten Seiten noch an ihrem ursprünglichen Ort befinden. Das bedeutet, dass auch frisch angemeldete neue Webseiten zumindest über die direkte Eingabe der URL in der Suchmaschine als Treffer angezeigt werden.

Hier liegt auch ein Problem verborgen. Was nützt es, wenn die eigene Seite (zum Beispiel `www.dagobert.de`) mit Hilfe der URL im Suchen-Fenster gefunden wird? Wenig, denn wer die URL der Seite bereits kennt, wird nicht extra danach suchen. Die meisten potenziellen Benutzer – davon ist auszugehen – kennen die URL aber nicht. Die Suche mit Hilfe von Schlüsselworten führt daher in diesem Fall zu einer anderen Seite.

Warum aber wird in manchen Fällen die eigene Seite gelistet, obwohl sie nicht manuell angemeldet wurde?

Suchmaschinen-Spider grasen die Server in bestimmten Abständen ab. Das erste, was gelesen werden kann, ist die URL der Webseite. Die Spider erkennen die Links und Verweise, die von einer URL zur anderen URL zeigen. Das bedeutet, dass auch Webseiten, die auf die eigene Webseite zeigen, gelistet werden.

Für die optimale Optimierung der Webseite sind viele Dinge zu beachten. Gerade deswegen gelingt es einigen SEO-Firmen, SEO-Tools und Webmastern, Webseiten erfolgreich auf einen Platz in den TopTen zu befördern. Das ist möglich, wenn Knowhow und How-to eine Schnittstelle bilden, aber alleine ist das kaum zu schaffen.

Robots.txt

In einer Datei, die diesen Namen (`robots.txt`) tragen muss, können Betreiber von Webseiten angeben, welche Dateien und Verzeichnisse ein Suchmaschinen-Spider auslesen darf und welche nicht. Die Datei enthält Anweisungen (Allow / Disallow) für Robots von Suchmaschinen.

Die überwiegende Mehrheit der Robots moderner Suchmaschinen berücksichtigt das Vorhandensein einer `robots.txt`, liest diese aus und befolgt die Anweisungen innerhalb der Textdatei.

Die hier aufgeführten Seiten sind tabu für Suchmaschinen-Spider.

```
User-Agent:
Disallow: /admin/
Disallow: /download/
Disallow: /includes/
Disallow: /pub/
Disallow: /media/
...
```

5.9　Backlinks / Hyperlinks

Backlink (Rückverweis) nennt man einen Link, der von anderen Webseiten auf eine bestimmte Webseite führt. Ideal wäre es natürlich, wenn dies beim eigenen Internetauftritt der Fall ist. Suchmaschinen indizieren Webseiten, die viele Backlinks aufweisen, besonders hoch. Einige Werbeagenturen verwenden dieses Prinzip, um die Webseiten ihrer Kunden gut zu platzieren. Das ist mit Hilfe von Webverzeichnissen möglich. Um das Ranking der Seite messen zu können, werden die Referrer analysiert.

Hyperlinks anpassen / auf Gültigkeit überprüfen

Es ist wichtig, dass eine Website keine fehlerhaften Links enthält. Fehlerhafte Links sehen unprofessionell aus und können von Suchmaschinen-Spidern als ungültig indiziert werden. Das gilt auch für CSS (Cascading Stylesheets).

Prüfen Sie Ihre Webseite auf die Fähigkeit, von Suchmaschinen gefunden zu werden, mit dem Tool `http://validator.w3.org/docs/checklink.html` ist das möglich. Das Werkzeug zeigt Ihnen Links, die nicht mehr funktionieren, und weist Sie auch darauf hin, wenn bestimmte Verzweigungen aufgrund einer `robots.txt`-Datei für Suchmaschinen-Roboter versperrt sind. Um das Tool zu benutzen, müssen Sie lediglich die URL Ihrer Website in das Suchfeld des Validators eingeben.

5.10　Onpage / Offpage

Bei der SEO (Suchmaschinenoptimierung) wird in der Regel zwischen Onpage- und Offpage-Optimierungen unterschieden. Dabei steht Onpage für Optimierungen in der Webseite und Offpage für die Optimierung außerhalb der Webseite, wie z. B. durch eingehende Links etc.

Onpage-Optimierungen können sein:

- Verwendung von Keywords im Header

- Benutzung suchmaschinenfreundlicher URLs (Menüpfad `Site/ Konfiguration/ Suchmaschinen-Optimierung (SEO)`)

- Pflege und Aktualisierung der Inhalte, damit die Webseite hin und wieder neu von den Robots indiziert werden kann

Zu den Offpage-Optimierungen zählen:

- Vermeiden häufiger Anmeldungen bei Suchmaschinen

- Verlinkung inhaltlich ähnlicher Seiten mit der eigenen

- Partnerseiten (das kann auch eine Zweitdomäne sein)

- Erstellen von Pseudo-Netzwerken (dabei wird eine Hauptdomäne forciert und andere eigene themengleiche Webseiten werden verlinkt, so dass die Suchmaschinen-Spider dieses Konglomerat als Netzwerk betrachten).

5.11 Was Joomla mitbringt

Standardmäßig unterstützt Joomla die Optimierung durch mehrere Funktionen, die sich in Joomla im Menü Site/Konfiguration befinden.

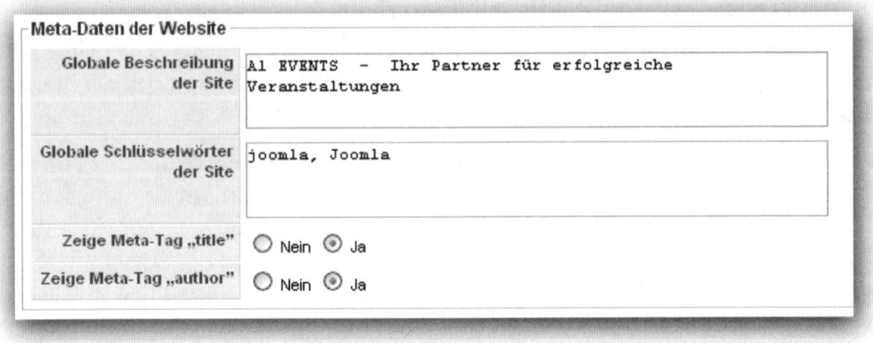

Bild 5.12: Metadaten der Webseite

Global Site Meta Description

Das Feld enthält die Beschreibung der Seite, wie sie an den Suchmaschinen-Spider übergeben wird.

Globale Schlüsselwörter der Seite

Hier gehören gute Keywords hinein, die den Inhalt Ihrer Seite exakt beschreiben sollten. Verwenden Sie auch Keyword-Paare z. B. Donald – Entenhausen, Dagobert – Geld, Trick – Pfadfinder etc.

Zeige Meta-Tag »title«

Die Meta-Informationen über die einzelnen Titel werden angezeigt.

Zeige Meta-Tag »author«

Die Option zeigt die Meta-Informationen über den Autor der Webseite. Unter diesem Namen wird der Autor später auch gefunden.

Search Engine Friendly URLs

Diese Option ist wichtig, wenn man als Betreiber einer Joomla-Site auch gefunden werden will. Es gibt eine Reihe von Möglichkeiten, die Webseiten suchmaschinentauglich zu gestalten. Eine davon sind suchmaschinenfreundliche URLs. Hierbei werden alle URLs so umgewandelt, dass sie für Suchmaschinen geeignet sind, also zum Beispiel keine problematischen Sonderzeichen besitzen.

Verwenden Sie Apache mod_rewrite

Dabei handelt es sich um eine spezielle Funktion des Apache-Webservers. Wenn auf »Ja« gesetzt, verwendet der Webserver suchmaschinenfreundliche URLs.

Add Suffix zu URLs (Dateiendung an URL fügen)

Wenn der Wert auf »Ja« steht, erhalten die Seiten die Endung `.html`. Das ist günstig für die Webseite, da Suchmaschinen-Spider die URL als gültige HTML-Seite lesen können.

Bild 5.13: SEO in Joomla

5.12 Joomla-Erweiterungen für SEO

Joomla wäre nicht Joomla wenn es keine Erweiterungen für SEO geben würde. Alle Erweiterungen sind auf `www.joomlaos.de` oder anderen Joomla-Seiten zu finden. Einige Add-ons möchte ich kurz beschreiben.

SH404SEF für Joomla 1.5

SH404SEF ist eine Komponente zur Generierung suchmaschinenfreundlicher URLs. Eine gelungene und ausführliche Dokumentation findet man im Backend der Komponente.

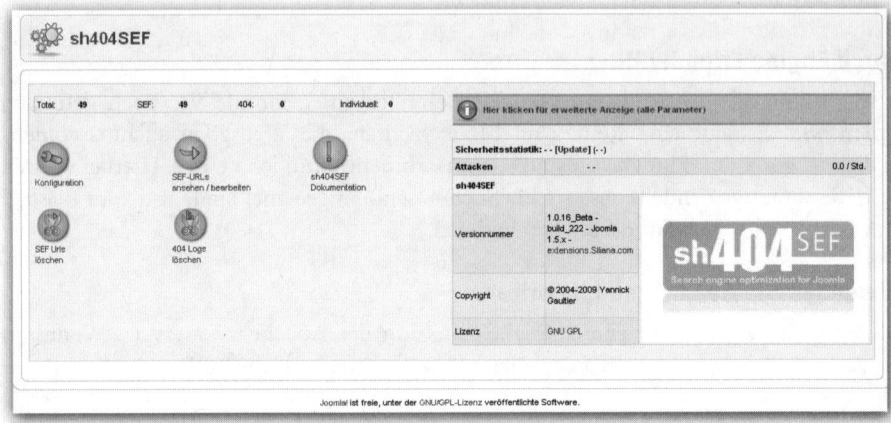

Bild 5.14: Die Komponente SH404SEF

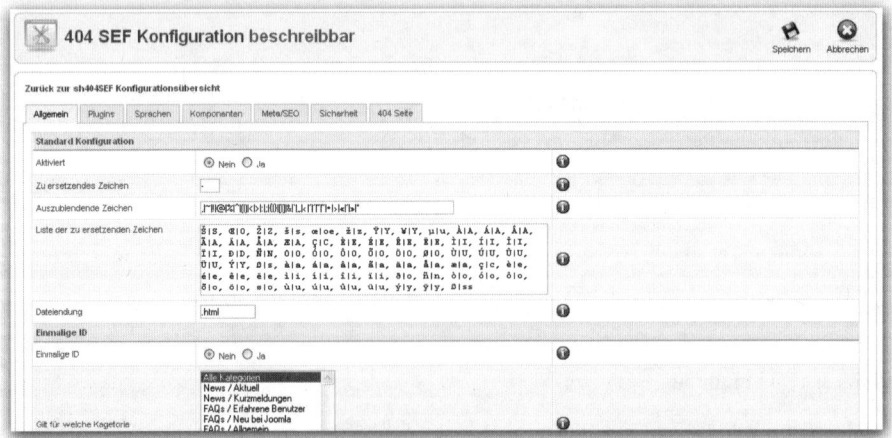

Bild 5.15: Die Komponente in Aktion

Artio JoomSEF für J1.5

Artio JoomSEF ist eine Erweiterung für Joomla 1.5.x zur Generierung suchmaschinenfreundlicher URLs. Eine Anleitung befindet sich im Backend der Komponente.

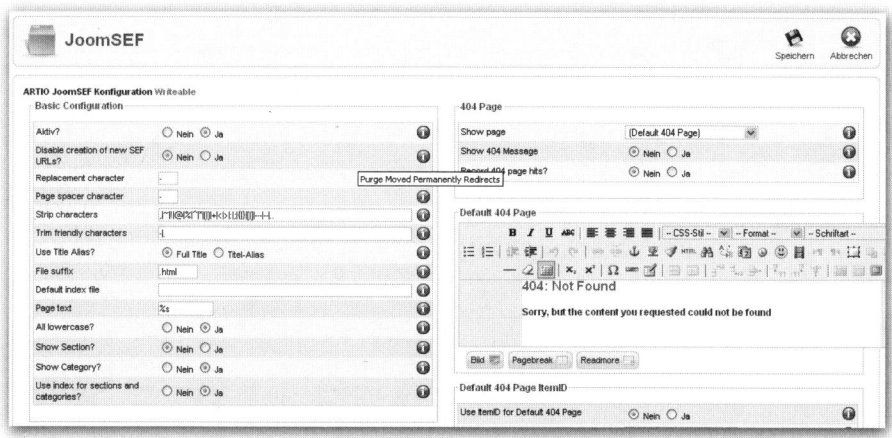

Bild 5.16: JoomSEF

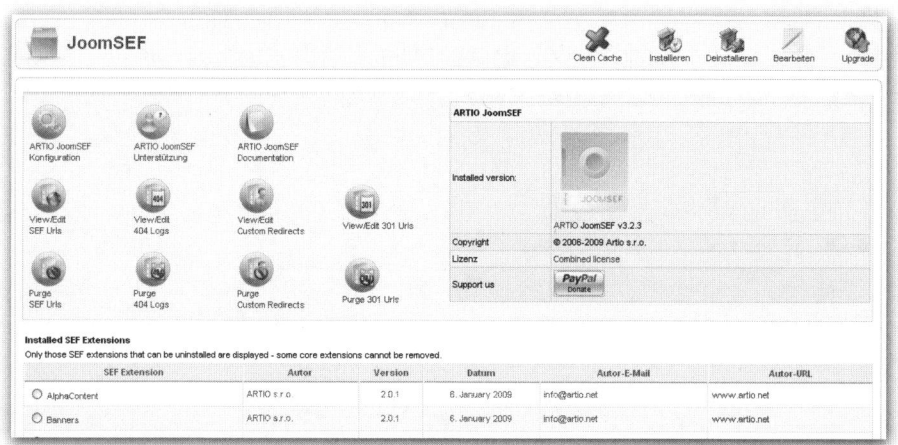

Bild 5.17: JoomSEF

SEOSimple Plugin

Das SEOSimple Plugin bietet diverse Auswahlmöglichkeiten, um neben dem Beitragstitel auch den Titel der Website, der in der Kopfleiste des Browsers dargestellt wird, im Quelltext mit auszugeben.

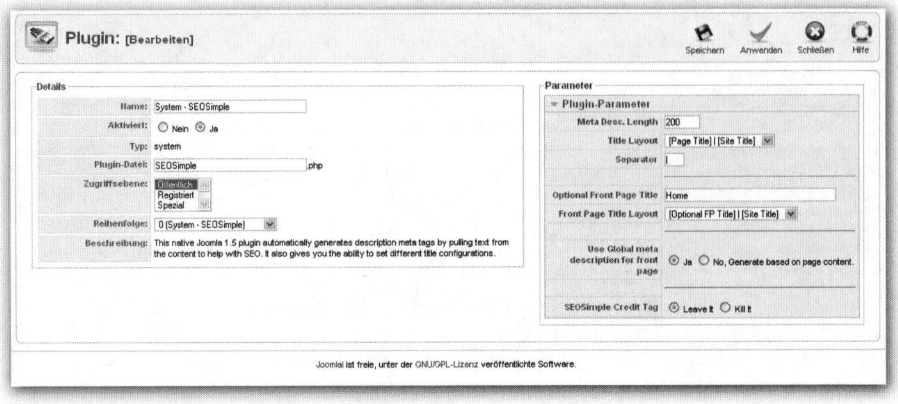

Bild 5.18: SEOSimple

SEOGenerator Plugin

Das SEOGenerator-Plugin generiert automatisch zu jedem Beitrag die Schlüsselwörter und die Meta-Beschreibung aus dem Beitragstiteln. Daneben bietet es die Möglichkeit, verschiedene Anzeigearten des Browsertitels zu wählen.

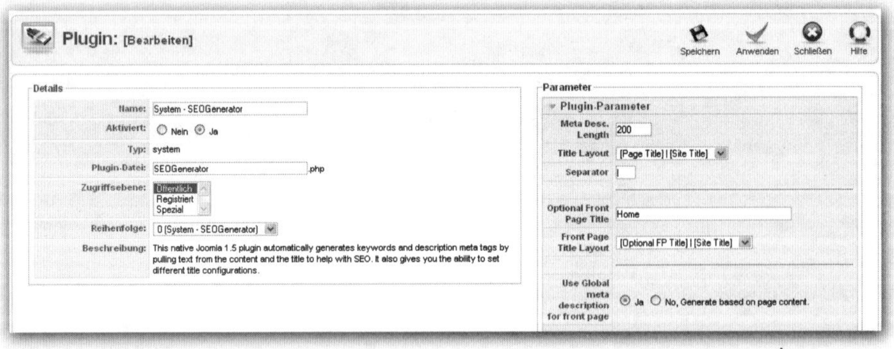

Bild 5.19: SEO Generator

SearchTag Plugin

Dieses Plugin fügt die Schlüsselwörter, welche in einem Artikel oder Beitrag mit angegeben werden können, unterhalb eines Artikels hinzu und verlinkt diese auf der Suchseite.

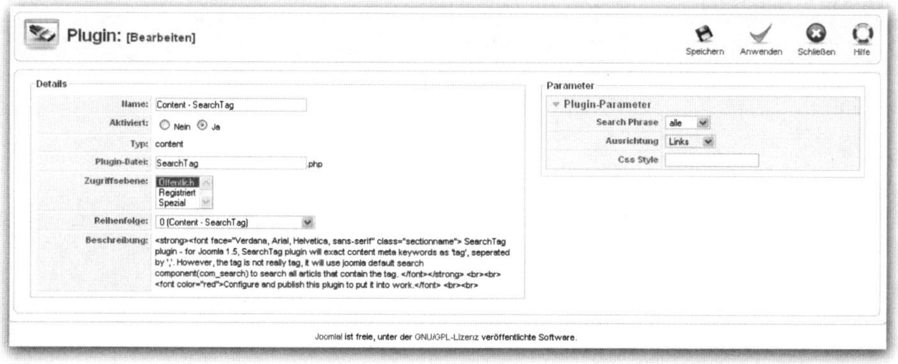

Bild 5.20: SearchTag

JCrawler 1.4 Beta

Das Werkzeug erzeugt eine XML-Sitemap-Datei und erlaubt deren Übermittlung an die Suchmaschinen Google, Ask.com, MSN und Yahoo. Um den vollen Funktionsumfang nutzen zu können, muss der Webserver die PHP-Funktionen `fopen` und `Curl` unterstützen. Ein tolles Tool – man verzichtet zwar darauf, ausgelesen zu werden, übergibt dafür aber eine eigene XML-Datei an die Suchmaschinen.

Nach der Installation befindet sich JCrawler unter `Komponenten / JCrawler`.

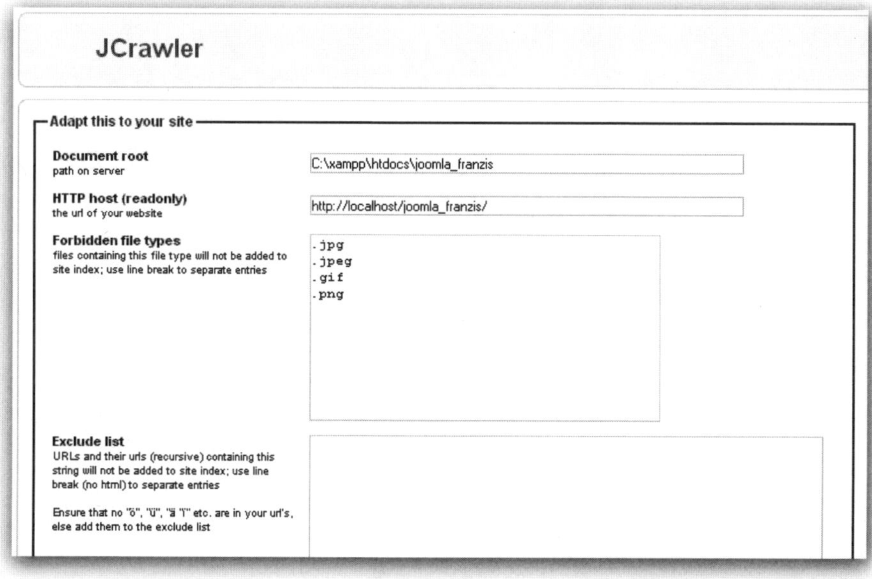

Bild 5.21: *JCrawler*

AutoMetaDescSEO

Dieses Plugin für Joomla 1.5 erzeugt automatisch für jeden Artikel eine Meta-Beschreibung. Als einziger Parameter kann die Zeichenlänge der Beschreibung vorgeschrieben werden.

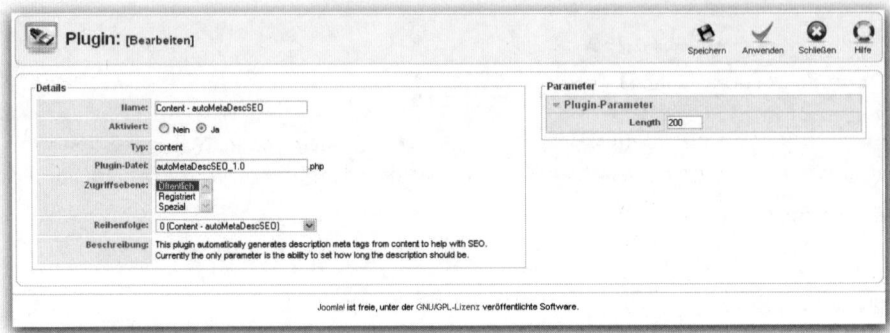

Bild 5.22: AutoMetaDescSEO

6 Joomla-Templates

6.1 Grundlagen

Joomla ist grundsätzlich ein Content-Management-System, welches Inhalte bereitstellt und kontrolliert. In gewisser Weise ist Joomla die Kombination von Content, der von einer Datenbank geliefert wird, mit der gestalterischen und bedienbaren Formgebung, für die die Templates zuständig sind.

In Joomla werden die Inhalte strikt von deren Gestaltung getrennt. Dies macht es unter anderem möglich, Templates zu importieren und anzuwenden, ohne den Inhalt der Datenbank zu beeinflussen.

6.1.1 Benötigte Werkzeuge

Leider ist es mit einer Joomla-Installation allein nicht getan. Es werden Werkzeuge für die Bildbearbeitung benötigt. Daneben ist ein FTP-Programm zum Hochladen der Daten auf den Server und evtl. ein HTML-Editor notwendig. Gleich zu Anfang sei darauf hingewiesen, dass Sie immer ein Backup anlegen sollten.

Um richtig anfangen zu können, sollten Sie eine XAMPP-Umgebung einrichten, dort eine Datenbank aufsetzen und das CMS installieren. Dann können wir damit beginnen, ein Template zu erstellen.

6.2 Joomla ist mehr als die Summe seiner Teile

Vor Beginn der Template-Erstellung sollte in groben Zügen bekannt sein, wer die Zielgruppe ist und für welchen Zweck die Website eingesetzt werden soll. Denn danach richtet sich die Gestaltung des Templates. Es ist wenig sinnvoll, eine kalt und metallisch wirkende Webseite zu benutzen, um damit für ein Ferienhaus in Griechenland zu werben. Die Besucher der Webseite erwarten mit Selbstverständlichkeit die griechischen Farben Blau und Weiß und Ähnliches. Ein gutes oder schlechtes Layout trägt maßgeblich zum Erfolg einer Webseite bei. Das Design sollte inhaltlich eben auch zum Layout passen.

Es gibt zwei Möglichkeiten, ein Template zu erstellen. Die eine Möglichkeit ist die, bei Null anzufangen. Die andere ist, eine bereits existierende Template-Vorlage zu modifizieren. In der Regel bietet sich die letztgenannte Variante an. Das Beispiel-Template namens `wm_01_j15` habe ich von der Seite `www.joomlaos.de` heruntergeladen und über den Menüpfad `Erweiterungen / Installieren-Deinstallieren` importiert. Im Grunde können Sie jedes Template verwenden, ich habe dieses gewählt, weil es durch seine klare Aufteilung sehr gut nachvollziehbar ist. Der modulare Aufbau ist deutlich erkennbar und die enthaltenen Grafiken sind nicht zu kompliziert. Das Template sieht folgendermaßen aus:

Bild 6.1: Thumbnail-Ansicht des Templates

6.2.1   Beispieldateien installieren

Wenn Sie Joomla in Ihrer XAMPP-Umgebung aufsetzen, sollten Sie auch die Beispielseiten installieren. Ein leeres Template sieht nun einmal leer aus. Wenn die Seite mit Inhalt gefüllt ist, lässt sich der Aufbau des Layouts besser verstehen.

Bild 6.2: Ein Template ohne installierte Beispielseiten

Tipp: Erstellen Sie nie eine Joomla-Webseite, ohne die Beispielseiten zu installieren.

6.3 Templates, Medien und CSS-Inhalte hinterlegen

Joomla lässt sich wunderbar mit einem externen HTML-Editor bearbeiten. Dreamweaver ist sicherlich eine gute Lösung, aber auch eine teure. Es spricht daher nichts dagegen, ein Werkzeug wie NetObjects Fusion, Phase 5, NVZ, Aptana (`www.aptana.com`) oder Golive zu verwenden. Allerdings sollten keine PHP-Seiten auf dem lokalen Rechner bearbeitet und anschließend hochgeladen werden.

Zu den Dateien, die sich problemlos bearbeiten und hochladen lassen, zählen alle CSS-Dateien (Cascading Style Sheets) und HTML-Dateien, alle Mediendateien, die zu einem Template gehören, und die XML-Datei, die bei einer Installation benötigt wird. In der Datei `templateDetails.xml` sind die Pfade der Templates, der PHP-Dateien, des Autors usw. hinterlegt. Besteht ein Schreibschutz auf dem Laufwerk bzw. Verzeichnis oder sind die Pfade in der XML-Datei nicht in Ordnung, wird ein Fehler ausgegeben.

Templates, auch neue, werden nach dem Import bzw. der Installation in das Verzeichnis `/templates` kopiert.

Kodierung

Da im Arbeitsspeicher jedes Computers keine Buchstaben, sondern Zahlen stehen, ist jedem Zeichen ein Zahlenwert zugeordnet. Das gilt natürlich auch für Umlaute. Die Zahlen werden mit Hilfe einer Schablone, einem so genannten Charset, in Zeichen umgewandelt.

Als Kodierung sollten Sie `charset=iso-8859-1` verwenden, dann kann es keine Probleme mit Umlauten geben. Die maßgebliche Zeile im Head-Bereich sollte deshalb folgendermaßen: aussehen:

```
<meta http-equiv="Content-Type" content="text/html; charset=iso-8859-1" />
```

Die Datei templateDetails.xml

Die Steuerdatei `templateDetails.Xml` ist jeweils in folgendem Verzeichnis zu finden:
`/templates/Name des Templates/templateDetails.xml`

Der Aufbau der Datei `templateDetails.xml`

```
<files>
    <fileName>index.htm</fileName>
    <fileName>index.php</fileName>
    <fileName>params.ini</fileName>
    <fileName>html/index.htm</fileName>
    <fileName>html/modules.php</fileName>
    <fileName>html/com_content/article/default.php</fileName>
    <fileName>html/com_content/frontpage/default_item.php</fileName>
    <fileName>script.js</fileName>
    <fileName>images/spacer.gif</fileName>
    <fileName>templateDetails.xml</fileName>
</files>
```

```
<images>
  <fileName>template_thumbnail.png</fileName>
```

Medien werden im Verzeichnis /Images abgelegt:

```
  <fileName>images/Page-BgTexture.jpg</fileName>
  <fileName>images/Page-BgGradient.jpg</fileName>
  <fileName>images/Sheet-s.png</fileName>
  <fileName>images/Sheet-h.png</fileName>
  <fileName>images/Footer.png</fileName>
  <fileName>images/rssIcon.png</fileName>
</images>
```

CSS-Dateien werden im Verzeichnis /css abgelegt:

```
<css>
  <fileName>style.css</fileName>
  <fileName>style.ie6.css</fileName>
</css>
```

In unserem Template (*wm_01_j15*) sieht die Datei templateDetails.xml so aus:

```
<files>
  Diese Dateien liegen im Root-Verzeichnis des Templates:
  <filename>index.php</filename>
 <filename>templateDetails.xml</filename>
    <filename>template_thumbnail.png</filename>
    <filename>params.ini</filename>
    <filename>pxx.php</filename>
Diese Dateien liegen im Verzeichnis /Images des Templates:

    <filename>images/h3.png</filename>
    <filename>images/body_bg.jpg</filename>
   <filename>images/header_bg.jpg</filename>
    <filename>images/indent1.png</filename>
    <filename>images/indent2.png</filename>


..und diese hier im Verzeichnis /template/css

    <filename>css/index.html</filename>
    <filename>css/template.css</filename>
    <filename>css/editor.css</filename>    <filename>css/ie7.css</filename>
  </files>
```

Überprüfen Sie dies! Wenn alle Pfade in der Datei `templateDetails.xml` hinterlegt sind, wäre der logische Schluss die Feststellung, dass man diese Datei für seine Bedürfnisse ändern kann. Bitte Backup nicht vergessen.

6.4 DOCTYPE

Der DOCTYPE (Dokumententyp) am Anfang des Quelltextes einer Webseite gibt vor, wie der Browser diese Seite anzeigen soll. Der aktuell richtige DOCTYPE wird von Joomla während der Installation in der Datei `index.php` angelegt.

Beispiel eines Joomla-DOCTYPEs

```
<!DOCTYPE html PUBLIC "-//W3C//DTD XHTML 1.0 Transitional//EN"
"http://www.w3.org/TR/xhtml1/DTD/xhtml1-transitional.dtd">
<html xmlns="http://www.w3.org/1999/xhtml">
```

Falls Sie daran denken, Joomla-Seiten mit einem Editor zu bearbeiten, geben die meisten der HTML-Editoren den DOCTYPE vor. Es ist also in der Regel nicht nötig, diesen von Hand einzugeben.

6.5 Ein leeres Template

Ein Template, welches spielt keine Rolle, ist grundsätzlich immer gleich aufgebaut. Joomla stellt das Framework, seine Funktionen und eine Umgebung bzw. einen Container für Templates bereit. Das Template dient quasi als die Maske, hinter der sich Joomla als Content Management System verbirgt. Das bedeutet im Umkehrschluss auch, dass Joomla ohne ein Template funktionieren kann. An sich benötigt Joomla kein Template. Die Seitendarstellung nimmt sich dann aber recht merkwürdig aus:

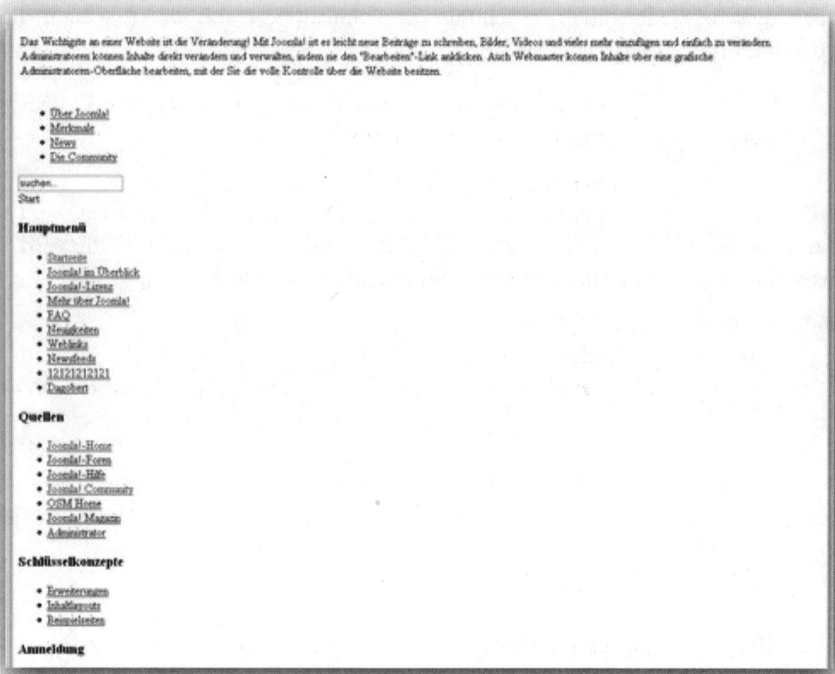

Bild 6.3: Eine Joomla-Seite ohne CSS-Vorlage

Diese Trennung von Inhalt und Gestaltung gilt als einer der Gründe für den Erfolg und die weite Verbreitung von Joomla. Seitengestalter haben einerseits die Möglichkeit, ihr Template selbst zu entwickeln oder auf eine große Auswahl an fertigen kostenlosen oder kostenpflichtigen Templates zurückgreifen zu können. Diese Vielfalt bietet kaum ein anderes CMS.

6.6   Mit einem vorgefertigten Template arbeiten

Warum das Rad neu erfinden, wenn es fertige Templates für Joomla gibt? An einem vorgefertigen Template kann sich jeder risikolos versuchen. Dieses Vorgehen hilft auch zu verstehen, wie Joomla-Templates aufgebaut sind.

Bevor es losgeht, müssen wir unser Template lokal installieren. Dabei gehen Sie wie folgt vor:

1. Falls Sie es noch nicht getan haben sollten, installieren Sie Joomla auf Ihrem Rechner. Rufen Sie in Ihrem Browser die Adresse `localhost` auf.

2. Laden Sie das Template `wm_01_j15` von `www.Joomlaos.de` herunter und installieren Sie es über den Menüpfad `Erweiterungen / Installieren - Deinstallieren`. Machen Sie es zum Standard-Template.

3. Versuchen Sie, die CSS- und HTML-Dateien von Anfang an in einem HTML-Editor zu bearbeiten. Das ist einfacher, als dies in Joomla zu tun.

4. Achten Sie vor dem Editieren des Templates auf die Kodierung `utf8_general_ci`.

5. Löschen Sie die Datei `template.css` aus dem Verzeichnis `/css`.

6. Rufen Sie die Joomla-Seite in Ihrem Browser auf (z. B.: `localhost/joomla/`)

> **Tipp:** Ändern Sie den Session Timeout. Wenn Sie Joomla beim Entwickeln ständig zur Anmeldung ermahnt, erhöhen Sie die Anzahl der Minuten im Kontrollzentrum unter / `Konfiguration` / `System` im Menü `Session` entsprechend. 2000 ist ein guter Wert.

6.7   Die Datei template.css

Das Template `wm_01_j15` ist eine gute Vorlage für die eigene Templateerstellung, weil bereits alle wichtigen Module vorinstalliert sind, sowohl ein linker als auch ein rechter Seitenbereich existiert und sich die Grafiken relativ leicht ersetzen bzw. editieren lassen.

Wenn das Template heruntergeladen und importiert wurde, befindet es sich im Verzeichnis `/templates/ wm_01_j15`.

Für uns sind an dieser Stelle erst einmal die Grafiken und die Datei `template.css` interessant – diese sollen ja ersetzt werden. Hierüber erfolgt die Anpassung des neuen Templates.

Zu Anfang sieht das Original-Template wie in der Abbildung unten aus. Dabei ist schön zu erkennen, wie Joomla die Positionen für die Module farblich festlegt. Um diese Ansicht zu erhalten, wählen Sie das Template im `Backend-Menü Erweiterungen/Templates` aus und klicken im Parametermenü auf den `Vorschau`-Button:

Bild 6.4: Das Original-Template vor der Bearbeitung

Die Bilder des Templates liegen wie gehabt im Verzeichnis: /template/ wm_01_j15/ images und die CSS-Dateien des Templates im Ordner template/ wm_01_j15/css.

Das Template enthält folgende Bilddateien:

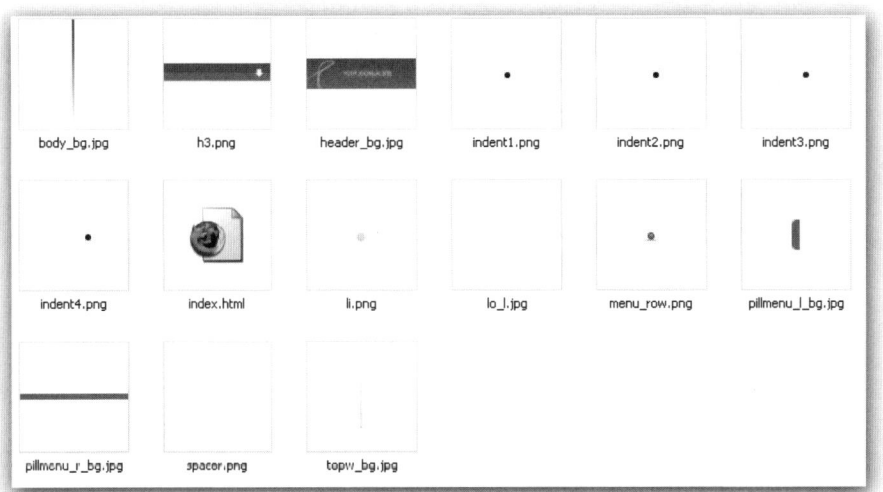

Bild 6.5: Bilddateien des Templates

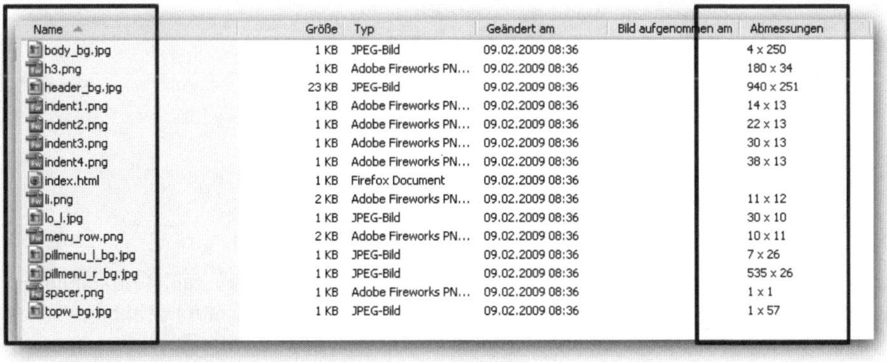

Name ▲	Größe	Typ	Geändert am	Bild aufgenommen am	Abmessungen
body_bg.jpg	1 KB	JPEG-Bild	09.02.2009 08:36		4 x 250
h3.png	1 KB	Adobe Fireworks PN...	09.02.2009 08:36		180 x 34
header_bg.jpg	23 KB	JPEG-Bild	09.02.2009 08:36		940 x 251
indent1.png	1 KB	Adobe Fireworks PN...	09.02.2009 08:36		14 x 13
indent2.png	1 KB	Adobe Fireworks PN...	09.02.2009 08:36		22 x 13
indent3.png	1 KB	Adobe Fireworks PN...	09.02.2009 08:36		30 x 13
indent4.png	1 KB	Adobe Fireworks PN...	09.02.2009 08:36		38 x 13
index.html	1 KB	Firefox Document	09.02.2009 08:36		
li.png	2 KB	Adobe Fireworks PN...	09.02.2009 08:36		11 x 12
lo_l.jpg	1 KB	JPEG-Bild	09.02.2009 08:36		30 x 10
menu_row.png	2 KB	Adobe Fireworks PN...	09.02.2009 08:36		10 x 11
pillmenu_l_bg.jpg	1 KB	JPEG-Bild	09.02.2009 08:36		7 x 26
pillmenu_r_bg.jpg	1 KB	JPEG-Bild	09.02.2009 08:36		535 x 26
spacer.png	1 KB	Adobe Fireworks PN...	09.02.2009 08:36		1 x 1
topw_bg.jpg	1 KB	JPEG-Bild	09.02.2009 08:36		1 x 57

Bild 6.6: Die enthaltenen Bilder als Liste

In der Spalte Abmessungen sind die Größen der Bilder in Pixeln zu sehen. Für unseren Zweck ist dies eine sehr wichtige Information, da wir diese Daten für die Bearbeitung der CSS-Datei benötigen.

Wir kennen nun die Bildinhalte des Templates (Abbildung 6.6), die modulare Gestaltung (Abbildung 6.4), die Beispielinhalte sowie die verwendeten CSS-Dateien. Das ist eine gute Basis für den nächsten Schritt.

6.8 Ein Template anpassen

Die Datei `template.css` schreibt vor, wie die Gestaltung des Templates aussehen soll. In unserem Fall gibt es eine Datei `template.css`, die für die Gestaltung sorgt. Manche Templates haben sogar mehr als eine solche Stylesheet-Datei.

Die fundamentalen Vorgaben in der `template.css` sind zum Beispiel die Schriftarten, die Hintergrundfarbe und die Höhe sowie die Breite des Templates. In dieser umfangreichen Datei sind eine Menge Informationen gespeichert; der gesamte Code der `template.css` umfasst etwa 20 Seiten.

6.8.1 Schriftart

Uns interessiert zunächst die im Template verwendete Schriftart. In unserem Fall ist das die Schriftart Tahoma. Sollte auf Ihrem Rechner dieser Font nicht vorhanden sein, wird eine andere serifenlose Schrift wie z. B. die Verdana verwendet.

Bild 6.7: Template-Darstellung in der Schriftart Tahoma

Der Abschnitt body der Datei ist folgendermaßen aufgebaut:

```
body {
    background: #FEFEFE;              Hintergrundfarbe
    font-family: Tahoma, Arial, sans-serif; Schriftart
    line-height: 1.3em;
    margin: 0;
    padding: 0;
```

```
   font-size: 12px;
   color: #333;
}
```

Sehen wir einmal nach, was das bedeutet: Wenn wir die Schriftart Tahoma durch die Courier New ersetzen, sieht der body-Bereich der Datei wie folgt aus:

```
body {
   background: #fefefe;
   font-family: "courier new", Tahoma, Arial, sans-serif;
   line-height: 1.3em;
   margin: 0;
   padding: 0;
   font-size: 12px;
   color: #333;
}
```

Und die Darstellung auf dem Bildschirm ändert sich:

Bild 6.8: Geänderte Schriftart in der Datei template.css

Vielleicht gefällt Ihnen die Hintergrundfarbe des Templates nicht. Im Augenblick wird sie durch den Hexadezimal-Wert #fefefe definiert. Das entspricht einer – sagen wir mal – weißlichen Hintergrundfarbe.

Jedem Farbton ist ein sechsstelliger Hexadezimal-Code zugeordnet. Farbtabellen, denen Sie die jeweiligen Codes entnehmen können, finden Sie im Web, zum Beispiel unter: `www.uni-koeln.de/rrzk/www/tips/farben.html`.

6.8.2 Header

Für unseren Geschmack ist das Bild im Header zu hoch. Momentan beträgt die Höhe 251 Pixel. Für unseren Geschmack ist es jedoch angenehmer, die Höhe um etwa ein Fünftel auf 200 Bildpunkte zu verringern. Auch dafür müssen wir die Datei `template.css` manipulieren. Es genügt allerdings noch nicht, die Höhe in der CSS-Datei auf 200px zu verkleinern. Das Bild selbst ist 251px hoch. Das bedeutet, wir müssen das Bild in einem Bildbearbeitungsprogramm auf 200px verkleinern oder schneiden. Anschließend wird das bearbeitete Bild wieder im Ausgangsverzeichnis gespeichert. Die Header-Bilddatei liegt im Verzeichnis: `/templates/wm_01_j15/images`.

Position des Header-Bildes und der Höhe (200px)

```
#header {
    height: 251px;
    background: url (../header_bg.jpg) no-repeat left top;
    margin: 0 auto;
    width: 820px;
    padding: 15px 10px 0 0;
}
```

Die Höhe des Header-Bildes soll auf 200px verringert werden. Dazu tragen wir in die betreffende Zeile (`height:`) den neuen Wert von 200 Bildpunkten ein.

Der neue Header-Abschnitt in der CSS-Datei sieht wie folgt aus:

```
#header {
    height: 200px;
    background: url (../header_bg.jpg) no-repeat left top;
    margin: 0 auto;
    width: 820px;
    padding: 15px 10px 0 0;
}
```

Bild 6.9: Das Header-Bild vor der Verkleinerung

Bild 6.10: Das Header-Bild nach der Anpassung

Dies hat alles wunderbar geklappt. Was stört noch am Template? Der dunkle Rahmen um die Webseite sieht nach Trauer aus und das wollen wir nicht. Wir wollen eine lebendige Seite.

Die Rahmenfarbe des Templates ist im CSS-Abschnitt #page_bg hinterlegt:

```
#page_bg {
    width: 940px;
    height: 100%;
    padding: 10px;
    margin: 0 auto;
    background: #454851;
}
```

Die dunkle Rahmenfarbe ist in der Zeile background: #454851 festgelegt. Ändern wir diese Hexadezimalzahl im Joomla oder in einem Editor zu #ffffff ab. Der veränderte Abschnitt lautet dann folgendermaßen:

```
#page_bg {
    width: 940px;
    height: 100%;
    padding: 10px;
    margin: 0 auto;
    background: #ffffff
}
```

Hier das Ergebnis. Zunächst der alte Seitenrand ...

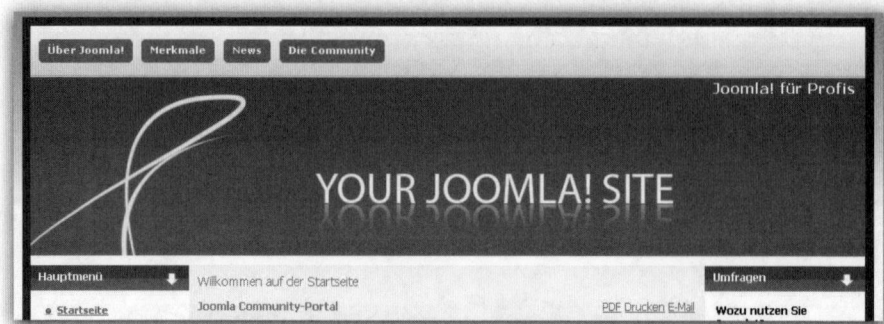

Bild 6.11: Vor der Änderung

... der nun durch einen freundlicheren hellen Rand ersetzt wurde.

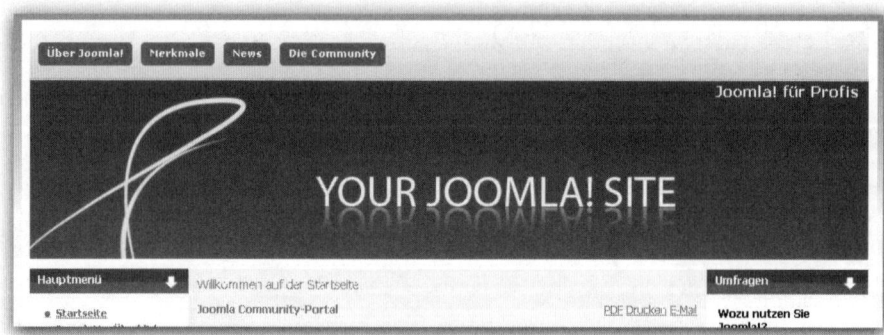

Bild 6.12: Nach der Änderung

6.8.3   Hintergrundbild

Es gibt auch die Möglichkeit, ein Hintergrundbild für die Webseite festzulegen. Die entsprechenden Daten sind im Abschnitt `body_bg` der CSS-Datei enthalten.

```
.body_bg {
    background: #fefefe;
    margin: 30px 0 0 0;
    background-image: url(../body_bg.jpg);
    background-repeat: repeat-x;
}
```

Da keine Größenänderung des Hintergrundbildes nötig ist, sondern wir lediglich ein anderes Bild wünschen, bleibt der Code weitgehend so, wie er ist. Es wird lediglich der

Name der einzubindenen Bilddatei in der Zeile `background-image:` geändert. In unserem Beispiel ist dies `body_bg.jpg`.

6.8.4 Boxen auf der linken und rechten Seite

Die Boxen auf der linken und auf der rechten Seite sind folgendermaßen codiert:

```
/* LEFT COL H3 */
#leftcolumn h3, #rightcolumn h3  {
  font-family: Tahoma, Arial, sans-serif;
  width: 170px;
  color: #fff; /*color: #798950;*/
  font-size: 12px;
  height: 36px;
  text-decoration: none;
  text-align: left;
  padding: 0 0 0 10px;
  font-weight: bold;
  line-height: 25px;
  margin: 0;
  background: url(../images/h3.png) top left no-repeat;
```

Damit werden die Größe und die Positionierung der Menüboxen festgelegt. Hier das Hauptmenü:

Bild 6.13: Die Boxen auf der linken ...

Bild 6.14: ... und auf der rechten Seite

6.8.5 Der Fußbereich der Seite (Footer)

Den so genannten Footer beschreibt der gleichnamige Abschnitt:

```
#footer {
    margin: 0 auto;
    text-align: center;
    width: 960px;
    height: 54px;
}
```

6.9 Ein eigenes Template erstellen

Jedes Template hat im Verzeichnis /templates im Joomla-Root-Verzeichnis einen eigenen Ordner. Als Standard werden beim Installieren von Joomla die Templates »rhuk_milkyway«, »ja_purity« und »beez« eingerichtet. Nehmen Sie die dazu gehörigen Verzeichnisse einmal genau unter die Lupe. Sie werden feststellen, dass sich im Verzeichnis des jeweiligen Templates meistens folgende Dateien und Unterordner befinden:

1. index.php
2. templateDetails.xml
3. template_thumbnail.png
4. Verzeichnis /css   – enthält css-Dateien
5. Verzeichnis /images   – enthält Bilddateien

Bild 6.15: Die Dateien und Verzeichnisse in einem Template

6.9.1 Die Ordnerstruktur im Templates-Verzeichnis

Ausgehend vom Joomla Root-Verzeichnis lauten die Pfade wie folgt:

```
Das Root-Verzeichnis des Templates
/templates/joomla_eigenes_template/

Der Pfad zu den Stylesheets
/templates/joomla_eigenes_template/css/

Der Pfad zu den Bilddateien
/templates/joomla_eigenes_template/images/

Der Pfad zum Layout:
/templates/joomla_eigenes_template/index.php

Der Pfad zum thumbnail:
/templates/joomla_eigenes_template/thumbnail.png

Der Pfad zur Meta-Datei:
/templates/joomla_eigenes_template/templateDetails.xml
```

Für unsere Zwecke benötigen wir ebenfalls einen Ordner im Joomla Template-Verzeichnis. Wir verleihen ihm den Namen `/joomla_eigenes_template`, Sie können dem Ordner aber auch einen beliebigen anderen Namen geben.

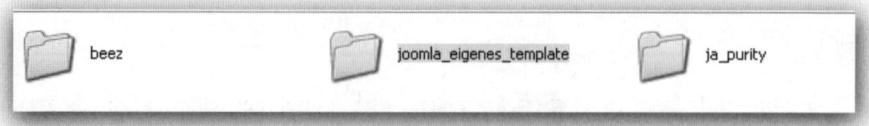

Bild 6.16: Der Ordner joomla_eigenes_template

6.9.2 Die Datei index.php

Vor der Erstellung eines eigenen Templates sollten Sie sich darüber Gedanken machen, wie das Template aussehen soll. Ein Standard-Design, wie es zum Beispiel im Template *rhuk_milkyway* Verwendung findet, ist in mehrere Bereiche aufgeteilt. Im Grunde übernehmen wir die Struktur des Templates und passen sie unseren Bedürfnissen an.

Dazu legen wir drei Hauptbereiche fest:

```
-  einen oberen Bereich (header)
-  einen mittleren Bereich (Main/Content)
-  und einen Fußbereich (footer)
```

Anschließend legen wir noch Unterbereiche an, die typisch für ein Joomla-Template sind. Denken Sie dabei an einen Bereich für das Logo (linker_kopfbereich) oder an die Fußzeile (bereich_ufu) und weitere. Für die einzelnen Bereiche vergeben wir nun eindeutige Namen (auch *id* genannt). Wir werden sie später noch brauchen.

```
bereich_liko   = linker Kopfbereich
bereich_reko   = rechter Kopfbereich
bereich_bread  = breadcrumbs
bereich_reha   = rechter Hauptbereich
bereich_liha   = linker Hauptbereich
bereich_mitte  = Inhaltsbereich Mitte
bereich_ufu    = unterer Fussbereich
```

Auf diese Weise entsteht die folgende Struktur, die wir gleich in ein HTML-Dokument kopieren werden. Die Bezeichner der Template-Bereiche werden in <div>-Tags integriert, damit sie richtig interpretiert werden können. Auf diese Bezeichner (auch *id* genannt) bezieht sich später auch die CSS-Datei des Templates, das sogenannte Stylesheet. Die *id* entspricht dabei einer CSS-Klasse.

```
<div id="oberer_bereich">Kopf / header</div>
<div id="bereich_liko">linker Kopfbereich</div>
<div id="bereich_reko">rechter Kopfbereich</div>
<div id="bereich_bread">breadcrumbs </div>

<div id="mittlerer_bereich">Inhalt Mitte</div>
<div id="bereich_reha">rechter Hauptbereich</div>
<div id="bereich_liha">linker Hauptbereich</div>
```

```
<div id="bereich_mitte">Inhaltsbereich Mitte </div>
<div id="unterer_bereich">Fussbereich / footer</div>
<div id="bereich_ufu">Unterer bereich</div>
```

Legen Sie nun eine leere HMTL-Seite mit Hilfe eines beliebigen HTML-Editors an und kopieren Sie den oben stehenden Beispielcode hinein. Sie können der Datei einen beliebigen Namen geben. Die HMTL-Datei sollte folgendermaßen aussehen:

```
Design  Standard                        🕮  ↵  1|    {}
1  <!DOCTYPE html PUBLIC "-//W3C//DTD XHTML 1.0 Transitional//EN" "http://www.w3.o
2
3  <html xmlns="http://www.w3.org/1999/xhtml">
4
5  <head>
6  <meta http-equiv="content-type" content="text/html;charset=utf-8" />
7
8  <title>ein eigenes Template</title>
9  </head>
10
11  <body>
12  <div id="oberer_bereich">Kopf / header</div>
13  <div id="bereich_liko">linker Kopfbereich</div>
14  <div id="bereich_rcko">rechter Kopfbereich</div>
15  <div id="bereich_bread">breadcrumbs </div>
16  <div>
17  <div id="mittlerer_bereich">Inhalt Mitte</div>
18  </div>
19  <div id="bereich_reha">rechter Hauptbereich</div>
20  <div id="bereich_liha">linker Hauptbereich</div>
21  <div id="bereich_mitte">Inhaltsbereich Mitte </div>
22  <div id="unterer_bereich">Fussbereich / footer</div>
23  <div id="bereich_ufu">Unterer bereich</div>
24
25  </body>
26
27  </html>
```

Bild 6.17: HTML-Datei

Erstellen Sie im Verzeichnis `/templates/joomla_eigenes_template` eine leere Text-datei. Benennen Sie diese Datei mit dem Namen `index.php`. Wenn Ihr Betriebssystem sich darüber beschweren sollte, ignorieren Sie es bitte.

Öffnen Sie die Datei `index.php`, kopieren Sie den Inhalt der vorher angelegten HTML-Datei hinein und speichern Sie diese ab.

6.9.3 Die Datei templateDetails.xml anwenden

Damit das neue Template in Joomla als installiertes Template zu sehen ist, wird eine XML-Datei benötigt. In allen anderen Beispiel-Templates ist immer eine Datei mit dem Namen `templateDetails.xml` dabei. Um zu verstehen, wofür die Datei benötigt wird, werfen wir einen Blick hinein:

Da das Template /joomla_eigenes_template noch keine Dateien beeinhaltet, leihen wir uns die Datei templateDetails.xml des Templates *rhuk_milkyway* im Verzeichnis /templates aus – eine einfache Copy & Paste-Aktion. Selbstverständlich können Sie die Datei auch selbst erstellen.

Geöffnet sieht die Datei wie eine herkömmliche XML-Datei aus. Für unsere Zwecke sind vor allem die oberen Zeilen der Datei interessant.

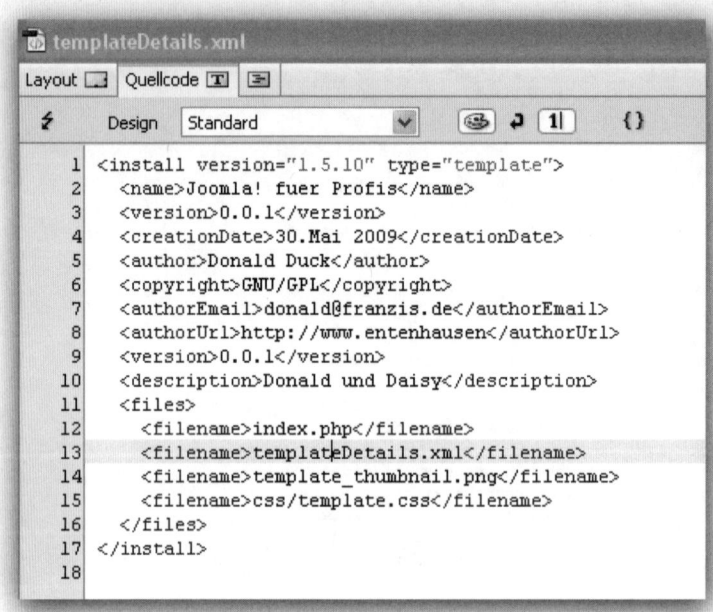

Bild 6.18: XML-Datei im Editor

Sie sollten die Angaben ändern, sonst werden die Angaben des Original-Templates verwendet.

name:	Joomla fuer Profis
version:	0.0.0.1
creationdate:	30.05.2009
author:	Donald Duck
authorEmail:	donald@franzis.de
authorURL:	http://www.entenhausen.de
license:	GNU/GPL version2
description:	Donald und Daisy

Im nächsten Schritt speichern Sie die Datei so, dass sie im Verzeichnis /templates/ joomla_eigenes_template liegt.

In dieser Datei werden auch die Pfadangaben für Bilder und Dateien sowie die Pfade für die wichtigen Dateien `index.php`, `thumbnail.png` und `template.css` hinterlegt. Sie brauchen diese Einträge nicht zu verändern, da diese Pfade bei den meisten Templates gleich sind. Die Schreibweise dafür sieht wie folgt aus:

```
<filename>index.php</filename>
<filename>thumbnail.png</filename>
<filename>css/template.css</filename>
```

Im nächsten Schritt werfen wir einen Blick in das Joomla-Backend. Wählen Sie im Menü `Erweiterungen` die Option `Templates`. Das frisch angelegte Template sollte in der Übersicht der installierten Templates angezeigt werden.

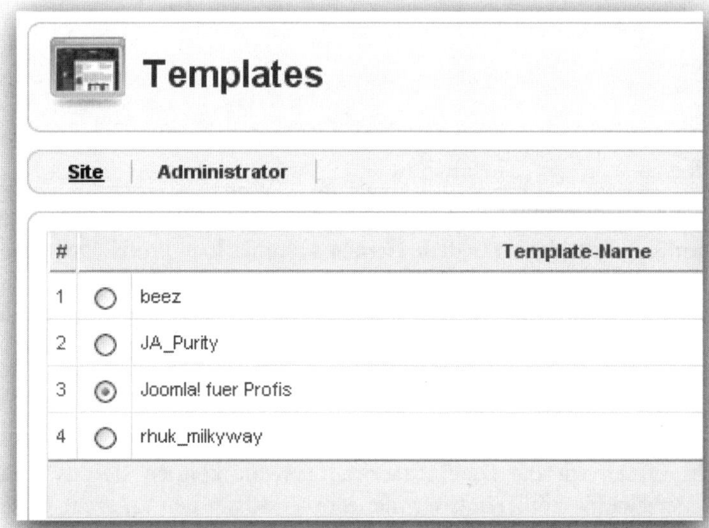

Bild 6.19: Template im Joomla-Backend

Wird Joomla über den Browser aufgerufen, sollten Sie folgende Ansicht haben:

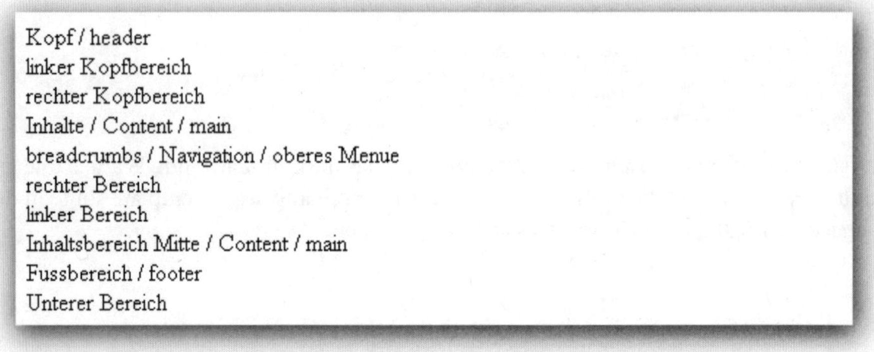

Kopf / header
linker Kopfbereich
rechter Kopfbereich
Inhalte / Content / main
breadcrumbs / Navigation / oberes Menue
rechter Bereich
linker Bereich
Inhaltsbereich Mitte / Content / main
Fussbereich / footer
Unterer Bereich

Bild 6.20: Browseransicht

Die Ansicht ist noch nicht formatiert, weil entweder die Datei `template.css` noch nicht existiert oder der Pfad zu `template.css` falsch ist.

Offenbar haben die Angaben in der Datei `templateDetails.xml` und in `der index.php` aber ausgereicht, um ein Template mit dem Namen »Joomla fuer Profis« anzulegen. Dieses Template lässt sich nun auch bearbeiten. Wir testen das, indem wir das Template zunächst mit dem Radio-Button als `Standard` markieren und anschließend auf den `Bearbeiten`-Button auf der rechten oberen Seite drücken. Das Template ist noch leer.

6.9.4   Das Stylesheet template.css

Im nächsten Schritt öffnen wir die Datei `template.css`. Sie können sie aus einem anderen Template-Verzeichnis kopieren oder als leere Textdatei neu anlegen. Unsere Bereiche aus der Datei `index.php` – siehe Abschnitt 6.9.2 – werden als Elemente in der `template.css` formatiert.

Die eigentliche `template.css`-Datei sieht daher wie folgt aus:

```
body { font-size: 12px;
    font-family: Helvetica,Arial,sans-serif;
    }


#oberer_bereich
  { background-color: #d5c9c9; border: dotted 2px green;
  width: 100%; height: 4em; }


#mittlerer_bereich{ border: dashed 1px silver;
    background-color: #eeeed4;
    }
```

```
#unterer_bereich
 { background-color: #f3e6ce; border: dotted 2px red;
   float: left; width: 100%; }


#bereich_ufu
  { background-color: #efe3cc; border: dotted 2px red;
   float: left; width: 100%; }


#bereich_liko { border: dashed 1px silver;
   margin: 0 0 1.2em;
   width: 18em;
   background-color: #eeeed4;
   float: left;
   }


#bereich_reko { border: dashed 1px silver;
   margin: 0 0 1.1em;
   background-color: #eeeed4;
   float: right;
   width: 16em;
   }


 #bereich_bread { border: dashed 1px silver;
   background-color: white;
   }


 #bereich_reha { border: dashed 1px silver;
   margin: 0 0 1.1em;
   background-color: #eeeed4;
   float: right;
   width: 16em;
   }


 #bereich_liha { border: dashed 1px silver;
   margin: 0 0 1.2em;
   width: 18em;
   background-color: #eeeed4;
   float: left;
   }


 #bereich_mitte { border: dashed 1px silver;
   background-color: #eeeed4;
   }
```

6.9.5 Auf template.css verweisen

Jetzt müssen Sie noch der Datei index.php mitteilen, wo dieses Stylesheet zu finden ist.

Öffnen Sie die Datei und fügen Sie in den head-Bereich – also zwischen die beiden Tags <head> und </head> – folgendes Statement ein:

```
<link rel="stylesheet" href="templates/joomla_eigenes_template/css/
template.css" type="text/css" />
```

Speichern Sie die index.php ab und machen Sie einen Versuch: Rufen Sie nun Joomla im Browser auf. Wenn es wie unten abgebildet aussieht, wissen Sie: Der Pfad zur Datei template.css ist richtig. Alles andere scheint auch zu stimmen, denn die Bezeichnungen der einzelnen Bereiche stehen an den richtigen Plätzen.

Kopf / header		
linker Kopfbereich	breadcrumbs / Navigation / oberes Menue	rechter Kopfbereich
	Inhalt Mitte	
linker Hauptbereich	Inhaltsbereich Mitte / content / main	rechter Hauptbereich
Fussbereich / footer		
Unterer bereich		

Bild 6.21: Die Template-Vorschau im Browser

Auf unser Joomla-Template bezogen, würde das Layout-Schema so wie im unteren Bild aussehen:

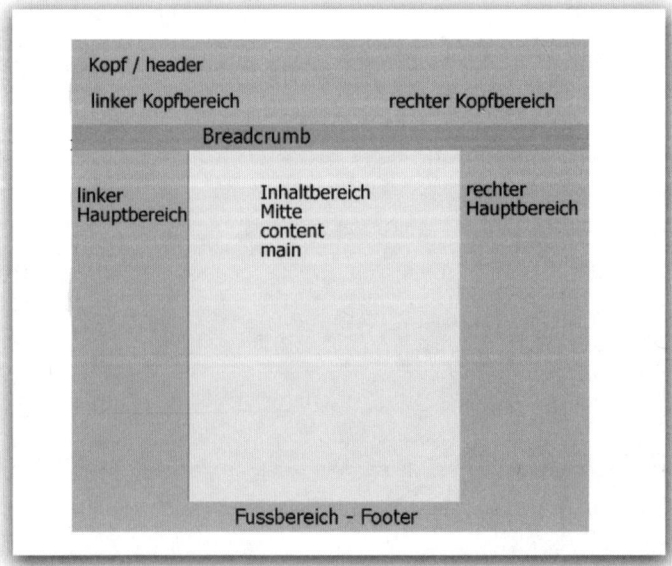

Bild 6.22:
Übersicht über die
Layout-Bereiche
im Template

6.9.6 Den Template-Bereichen Inhalte zuordnen

Um unser Beispiel mit Inhalten zu füllen, wird die Joomla-Funktion `jdoc` verwendet. Diese Funktion und ihre Parameter bestimmen den Inhalt und die Position eines Artikels oder Moduls in einem Joomla-Template. Jedem Bereich in unserem Template wird daher eine `jdoc`-Funktion zugewiesen. Das geschieht in der Datei `index.php` und wir sehen uns gleich an, wie das funktioniert:

Die `jdoc`-Funktion ist – beispielhaft – folgendermaßen aufgebaut:

```
<jdoc:include type="modules" name="right" style="xhtml" />
```

Der Aufbau des Befehls ist vergleichsweise simpel. Auf den Ausdruck `jdoc:include` folgen die Beschreibung des Objekttyps (hier: `type="modules"`), des Bereichsnamens (hier: `name="right"`) und des zugrunde liegenden Stils (hier: `style="xhtml"`). Der Befehl wird, wie bei HTML-Tags üblich, von spitzen Klammern eingeschlossen. Vor der schließenden Klammer steht ein Schrägstrich beziehungsweise Slash.

In diesem Fall enthalten die Parameter den Bereichsnamen `name="right"` und die Art bzw. den Typ des einzubindenden Objekts, nämlich `"modules"`. Das betreffende Modul wird also auf der rechten Seite eingebunden. Wollen Sie ein Objekt auf der linken Seite des Templates einbinden, müssen Sie den Parameter `name="left"` verwenden.

Die Positionsnamen eines Templates sind im Backend hinterlegt. Über den Menüpfad `Erweiterungen / Templates / Templates bearbeiten / Vorschau` gelangen Sie zu den Namen, die das jeweilige Template intern verwendet. Im folgenden Bild sehen Sie dies am Beispiel des Templates *rhuk_milkyway*. Dort sind die Bereichsnamen in der Vorschauansicht hervorgehoben.

Bild 6.23: Die Positionen im rhuk_milkyway-Template

In unserem eigenen Template finden wir die folgenden Positionsbezeichnungen:

```
top[none outline]
breadcrumb[none outline]
user4[none outline]
left[none outline]
right[none outline]
etc.
```

Die jdoc-Anweisung für obenstehende Module würden also folgendermaßen lauten:

```
<jdoc:include type="modules" name="top" style="xhtml" />
<jdoc:include type="modules" name="breadcrumb" style="xhtml" />
<jdoc:include type="modules" name="user4" style="xhtml" />
<jdoc:include type="modules" name="left" style="xhtml" />
<jdoc:include type="modules" name="right" style="xhtml" />
```

Nun zur Datei index.php. Wir erinnern uns, dass wir dort die einzelnen Template-Bereiche hinterlegt haben, und zwar auf diese Weise:

```
<div id="bereich_reha">rechte Seite</div>
```

Der jdoc-Befehl wird nun jeweils vor den schließenden </div>-Tag (also den mit dem Schrägstrich) eingefügt. Das sieht folgendermaßen aus:

```
<div id="bereich_reha">rechte Seite
     <jdoc:include type="modules" name="right" style="xhtml" />      </div>
```

Übertragen wir dies auf die Datei index.php:

```
<html>
<head>
<jdoc:include   type="head" />

<link rel="stylesheet"
href="templates/joomla_eigenes_template/css/template.css" type="text/css" />

</head>

<body>
  <div id="oberer_bereich">Kopfbereich / header


<div id="bereich_liko">Linker Kopfbereich
     <jdoc:include type="modules" name="user3" style="xhtml" />
   </div>
```

```
<div id="bereich_reko">rechter Kopfbereich
    <jdoc:include type="modules" name="top" style="xhtml"    />
  </div>



<div id="mittlerer_bereich">Inhaltsbereich



<div id="bereich_bread">breadcrumbs
    <jdoc:include type="modules" name="breadcrumb" style="xhtml" />
</div>



<div id="bereich_reha">rechte Seite
    <jdoc:include type="modules" name="right" style="xhtml" />     </div>



<div id="bereich_liha">linke Seite
    <jdoc:include type="modules" name="left" style="xhtml" />     </div>



<div id="bereich_mitte">Inhaltsbereich Mitte
    <jdoc:include type="component" style="xhtml"/>     </div>
</div>
<div id="unterer_bereich">Fussbereich / footer
<div id="bereich_ufu">Unterer Bereich

    <jdoc:include type="modules" name="footer" style="xhtml"    />
  </div>
 </div>
</body>
</html>
```

Die Gesamtansicht des Templates stellt sich somit folgendermaßen dar:

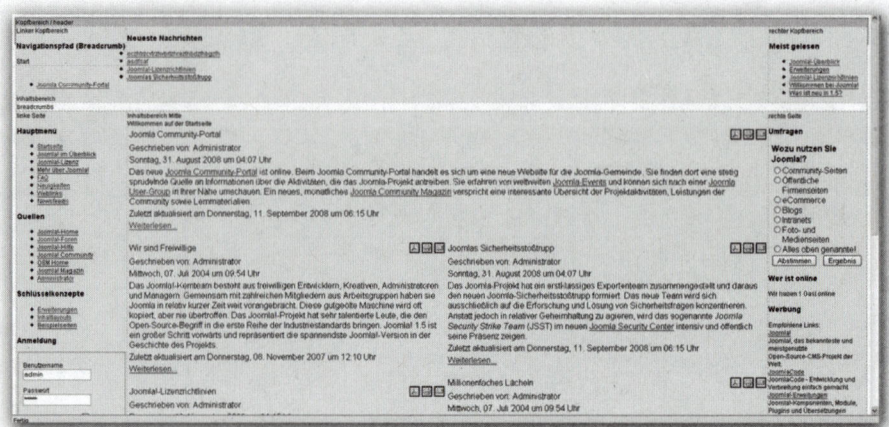

Bild 6.24: Das Template mit den eingeklinkten Modulpositionen

Damit wäre unser Streifzug durch die Template-Erstellung beendet. Unsere Vorlage will aber noch mit Inhalten gefüllt werden. Natürlich sollten auch Grafiken und Text eingebunden werden. Da sind Phantasie und grenzenlose Kreativität gefragt.

7 CSS-Guide

7.1 Einführung

Wer gerne selbst mit Joomla eine Webseite gestaltet und wissen möchte, was tabellenfreies Layout bedeutet, muss sich mit Cascading Stylesheets (CSS) auseinandersetzen. Alles, was Layout und Design in Joomla betrifft, wird durch CSS geregelt und festgelegt. CSS definieren die Positionen der Module, das Layout des Kontaktformulars, die Hintergrundfarbe des Templates und vieles mehr. Auch in Joomla gilt daher: Modernes Webdesign bedarf der Formatierung der Webseiten-Elemente durch Cascading Stylesheets.

7.1.1 Was sind Cascading Stylesheets (CSS)?

Moderne Webseiten, die dynamische Inhalte bereitstellen, trennen die Inhalte (Content) strikt von der Formatierung. Der Content, der in einer Datenbank gespeichert ist, liegt unformatiert vor. Erst in seinem Ausgabebereich (zum Beispiel im Bereich »Willkommen auf der Startseite") wird das Aussehen des Inhalts festgelegt.

Früher wurde die Positionierung der einzelnen Webseiten-Elemente meist mit Hilfe von Tabellen vorgenommen – dies war auch in früheren Versionen von Mambo und Joomla der Fall. Heute werden Cascading Stylesheets bevorzugt, um den Ausgabebereich zu formatieren. Neben diversen Angaben zu Farben und Schriften bieten CSS die Möglichkeit, Elemente frei zu positionieren oder/und Hintergrundbilder festzulegen. CSS gelten heutzutage als Standardsprache für dynamische Webseitenvorlagen und haben das tabellenorientierte Webdesign weitgehend abgelöst.

CSS-Klassen werden mit einem Punkt vor der Bezeichnung dargestellt. Einige CSS-Klassen werden oft verwendet, andere hingegen nicht. Allgemein gelten folgende Bezeichnungen für CSS-Klassen und CSS-Stile:

```
<>.    Stil für Code-Elemente
.      Klassenstile
#      Stil für einzigartige Elmente
```

Besimmte einzigartige CSS-Elemente einer Website werden mit einer Raute (#) vor der Bezeichnung versehen. Darüber hinaus geht dem Klassennamen das Präfix id_ voran.

```
#id_counter
```

7.1.2 Warum Cascading Stylesheets?

Wie bereits erwähnt, gibt es kaum Tabellen in einer Joomla-Website. Die wenigen Tabellen, die es gibt, grenzen nur die Bereiche <head> und <body> voneinander ab und sind damit eher Platzhalter als Tabellen, die zur Formatierung dienen. Das eigentliche Layout der Webseite wird mit CSS, die einem Container zugeordnet sind, definiert. Diese Container, die auch als Ebenen bzw. Rahmen bezeichnet werden, werden mit dem HTML-Tag <div> dargestellt. Das Kürzel *div* steht hier für die englische Bezeichnung Division, was soviel wie »Abteilung« oder »Bereich« bedeutet. Im folgenden Beispiel ist gut zu sehen, dass hier fast ausschließlich mit <div> formatiert wird.

```
<div class="center" align="center">
<div id="wrapper">
<div id="wrapper_r">
<div id="header">
<div id="header_l">
<div id="header_r">
<div id="logo"></div>
```

Der Vollständigkeit halber müssen wir noch die Gegenstücke nachtragen, die die *div*-Blöcke schließen:

```
</div>
</div>
</div>
</div>
</div>
</div>
</div>
```

Ein weiteres Beispiel: In einem Joomla-Template erfolgt die Formatierung der Seitenelemente (Module, Schriften, Farben etc.) über Ebenen, die sich innerhalb eines <div>-Elements befinden.

```
<div id="whitebox">
<div>
<div>
<div>
<h3>Hauptmenü</h3>
</div>
</div>
</div>
</div>
<div class="module_menu">
<div>
<div>
<div>
<h3>Schlüsselkonzepte</h3>
```

Zum Vergleich sei hier der Ausschnitt aus einer Webseite gezeigt, die hauptsächlich aus Tabellen besteht. Hier erfolgt die Formatierung von Tabellen, Spalten und Zeilen über Angaben in der Tabelle `<table>` und der Tabellenzelle `<td>`.

```
<table width="100%" border="1" cellspacing="2" cellpadding="0" color="blue"
height="740">
<tr>
<tr>
<td bgcolor="#0ff"></td>
<td bgcolor="#0ff"></td>
<td bgcolor="#0ff"></td>
</tr>
<td></td>
<td></td>
</tr>
</table>
```

Jede Zelle und jede Spalte könnte einzeln formatiert werden. Da eine Webseite allerdings aus wesentlich mehr Tabellen besteht als in diesem Beispiel, hat das negative Auswirkungen auf die Ladezeiten der Seite. Früher wurden auch die Positionen von Bildern und Schriften über Tabellen festgelegt.

Die unterschiedlichen Ladezeiten einer tabellen- und einer CSS-basierten Webseite lassen sich messen. Erstellen Sie eine HMTL-Seite mit einer Tabelle, die aus 40 Spalten und 40 Zeilen besteht, und laden Sie sie auf Ihren Webspace hoch. Analog erstellen Sie eine Seite, die in der Masse aus Ebenen (`<div>`) besteht. Messen Sie die Ladezeiten beider Seiten und Sie erkennen den Unterschied: Die Vorteile einer CSS-basierten Webseite liegen ganz klar in den schnelleren Ladezeiten.

7.1.3 Inhalt und Formatierungen im Frontend

Auf der Hauptseite einer Joomla-Site gibt es einige Beispieltexte, die sich in der Mitte der Webseite befinden. Links und rechts stehen die Module, Navigationshilfen und Plugins. Der Bereich »Wilkommen« auf der Startseite einer Joomla-Site sieht in dem mitgelieferten Template »rhuk_milkyway« wie folgt aus:

Willkommen auf der Startseite

Joomla Community-Portal

Geschrieben von: Administrator

Sonntag, 31. August 2008 um 04:07 Uhr

Das neue Joomla Community-Portal ist online. Beim Joomla Community-Portal handelt es sich um eine neue Website für die Joomla-Gemeinde. Sie finden dort eine stetig sprudelnde Quelle an Informationen über die Aktivitäten, die das Joomla-Projekt antreiben. Sie erfahren von weltweiten Joomla-Events und können sich nach einer Joomla User-Group in Ihrer Nähe umschauen. Ein neues, monatliches Joomla Community Magazin verspricht eine interessante Übersicht der Projektaktivitäten, Leistungen der Community sowie Lernmaterialien.

Zuletzt aktualisiert am Donnerstag, 11. September 2008 um 06:15 Uhr

Weiterlesen... >>

Bild 7.1: »Willkommen«-Text auf der Startseite

Die Inhalte dieses Bereichs sind:

```
Willkommen auf der Startseite

Joomla Community-Portal

Geschrieben von Administrator

Sonntag, 31. August 2008 um 04.07. Uhr

Das neue Joomla Community-Portal ist online. Beim Joomla Community-Portal
handelt es sich um eine neue Website für die Joomla-Gemeinde. Sie finden
dort eine stetig sprudelnde Quelle an Informationen über die Aktivitäten,
die das Joomla-Projekt antreiben. Sie erfahren von weltweiten Joomla-Events
und können sich nach einer Joomla User-Group in Ihrer Nähe umschauen. Ein
neues, monatliches Joomla Community Magazin verspricht eine interessante
Übersicht der Projektaktivitäten, Leistungen der Community sowie
Lernmaterialien.

Zuletzt aktualisiert am Donnerstag, 11. September 2008 um 06:15 Uhr

weiterlesen
```

Und auf der rechten Seite stehen die Icons für PDF, Drucken und E-Mail.

7.1.4 Die Inhalte mit den dazugehörenden CSS-Klassen

In dieser Tabellenansicht sind die Inhalte des Bereichs »Willkommen auf der Startseite« mit ihren dazu gehörigen CSS-Klassen aufgeführt.

Inhalte	CSS-Klassen
Willkommen auf der Startseite	`.componentheading`
Joomla Community-Portal	`.contentheading`
Geschrieben von: Administrator	`.small`
Sonntag, 31. August 2008 um 04:07 Uhr	`.createdate`
Das neue Joomla Community-Portal ist online. Beim Joomla Community-Portal handelt es sich um eine neue Website für die Joomla-Gemeinde. Sie finden dort eine stetig sprudelnde Quelle an Informationen über die Aktivitäten, die das Joomla-Projekt antreiben. Sie erfahren von weltweiten Joomla-Events und können sich nach einer Joomla User-Group in Ihrer Nähe umschauen. Ein neues, monatliches Joomla Community-Magazin verspricht eine interessante Übersicht der Projektaktivitäten, Leistungen der Community sowie Lernmaterialien.	`.contentpaneopen`
Zuletzt aktualisiert am Donnerstag, 11. September 2008 um 06:15 Uhr	`.modifydate`
Weiterlesen	`.readon`
PDF	`.buttonheading`
Drucken	`.buttonheading`
E-Mail	`.buttonheading`

Editoren wie Dreamweaver sind nützliche Hilfsmittel, um die CSS-Klassen dem Erscheinungsbild der Webseite zuordnen zu können.

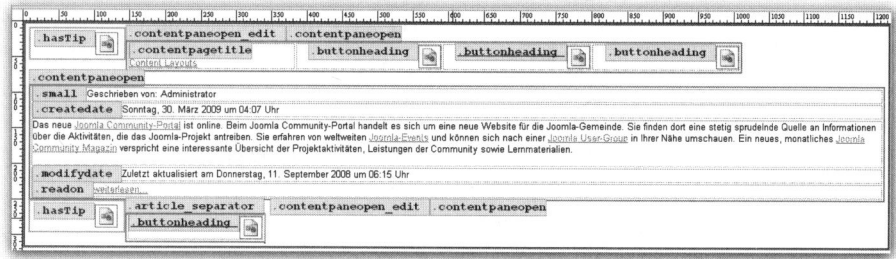

Bild 7.2: Positionierung der CSS-Elemente in Dreamweaver

Oft wiederkehrende CSS-Klassen auf der Hauptseite einer Joomla-Site sind etwa alle `.content`-Elemente.

```
.contentpaneopen_edit
.contentpaneopen
.contentpagetitle
.buttonheading
.small
.createdate
.modifydate
.readon
```

Im Grunde ist es einerlei, welche Bezeichnung die CSS haben. Sie können im Prinzip eine CSS-Klasse namens `hallo.css` erstellen und einem Bereich in Joomla zuweisen. Wichtig ist dabei nur, dass das CSS Formatierungen enthält und der richtigen Stelle im Quelltext der Seite zugeordnet wird.

Mit Hilfe der angegebenen CSS innerhalb der Webseite lassen sich die Funktionen der CSS-Klassen erklären.

CSS-Klassen	Erläuterung
`.componentheading`	Überschrift eines Beitrags
`.contentheading`	Titel eines Beitrags
`.small`	Hinweis auf den Verfasser
`.createdate`	Wann geschrieben
`.contentpaneopen`	Inhalt eines Beitrags
`.modifydate`	Zuletzt aktualisiert
`.readon`	Weiterlesen
`.buttonheading`	Icon: PDF, Mail. Drucken

7.1.5 CSS-Dateien bearbeiten

Wenn Sie die Vorgaben einer CSS-Datei verändern wollen, haben Sie mehrere Möglichkeiten. Die eine ist die Änderung der CSS direkt über das Joomla-Backend. Der Pfad dafür lautet: `Erweiterungen / Templates`. Sie müssen dann das gewünschte Template mit dem Radio-Button markieren, die Option `Bearbeiten / CSS bearbeiten` wählen und das gewünschte Stylesheet (in unserem Fall ist das die Datei `template.css`) markieren und wiederum auf `Bearbeiten` klicken. Nun liegt die CSS-Datei zum Bearbeiten bereit vor Ihnen.

```
C:\xampp\htdocs\joomla_1510template.css

/*****************************/
/*** Core html setup stuff ***/
/*****************************/

html {
  height: 100%;
  margin-bottom: 1px;
}

form {
  margin: 0;
  padding: 0;
}

body {
        font-family: Helvetica,Arial,sans-serif;
        line-height: 1.3em;
        margin: 0px 0px 0px 0px;
        font-size: 12px;
        color: #333;
}
```

Bild 7.3: CSS-Ansicht im Joomla Backend

Allerdings lässt sich die CSS-Datei in dieser Form nur schwer bearbeiten – es geht, aber es ist nicht sehr komfortabel. Besser wäre es (und das ist die zweite Option), die CSS-Datei zu kopieren und zunächst in eine leere Textdatei (.txt) einzufügen. Markieren Sie dazu mit STRG-A das CSS und fügen sie es mit STRG-V oder der rechten Maustaste in einen Texteditor ein.

```
Unbenannt - Editor
Datei  Bearbeiten  Format  Ansicht  ?
/* Tooltips */

.tool-tip {
        float: left;
        background: #ffc;
        border: 1px solid #D4D5AA;
        padding: 5px;
        max-width: 200px;
}

.tool-title {
        padding: 0;
        margin: 0;
        font-size: 100%;
        font-weight: bold;
        margin-top: -15px;
        padding-top: 15px;
        padding-bottom: 5px;
```

Bild 7.4: CSS in leere Text-Datei einfügen

Speichern Sie die Textdatei als template.txt ab und ändern Sie anschließend die Endung .txt zu .css um.

Jetzt ist die Datei präpariert, um in HTML-Editoren als CSS-Datei erkannt zu werden. In einem speziellen HTML-Editor wie Adobe Dreamweaver oder Aptana kann die Datei template.css nun sinnvoll bearbeitet werden. Die Auswahl des Editors spielt allerdings keine wesentliche Rolle für die Bearbeitung der CSS-Datei.

In Dreamweaver stellt sich die Datei so dar:

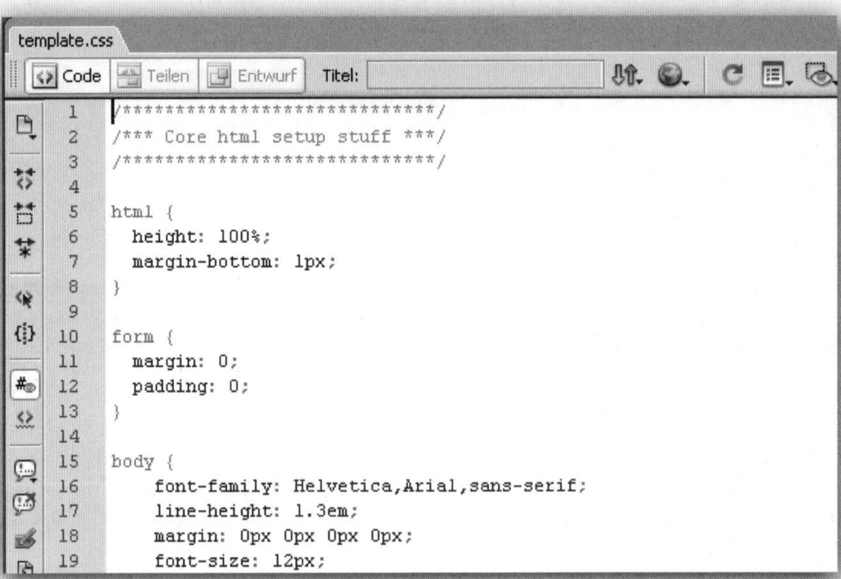

Bild 7.5: Die CSS-Datei in der Dreamweaver-Ansicht

Ändern Sie die CSS-Datei nun nach Lust und Laune. Um die Änderungen auch in die Joomla-Site zu übernehmen, kopieren Sie die Datei aus dem Editor, fügen Sie sie wieder unter Erweiterungen / Templates / bearbeiten / CSS-bearbeiten ein und speichern sie. Die Änderung sollte nun wirksam sein. Analog können Sie mit jeder anderen CSS-Datei verfahren. Wichtig ist nur, dass Sie keine Änderung ausführen sollten, ohne die bisherige Fassung gesichert und die neue getestet zu haben.

7.1.6 Was ist der CSS-Guide?

Der CSS-Guide ist ein Nachschlagewerk und soll Ihnen helfen, wenn es um Gestaltung, Positionierung und Formatierung von Joomla-Modulen, Beiträgen, Schriften, Farben etc. geht. Über den CSS-Guide ist es möglich, schnell nachzuschlagen, um welche CSS-Klasse es sich handelt.

Mit Hilfe des CSS-Guides ist es möglich, jeden Bereich einer Seite, jeden Abschnitt eines Bereichs und das Layout jedes Moduls in seinem Aussehen zu ändern. Dazu ist es allerdings notwendig, ein Gefühl dafür zu entwickeln, wie Cascading Stylesheets in Joomla eingesetzt werden und wie sie das Design bestimmen.

Als Beispiel habe ich das Standardtemplate »rhuk_milkyway« verwendet, das mit Joomla mitgeliefert wird.

Das Aussehen der Webseite wird duch Cascading Stylesheets festgelegt, die als Pfade im <head>-Bereich der Seite hinterlegt sind. Die CSS-Dateien im Beispiel »rhuk_milkyway« sind:

```
system.css
general.css
template.css
blue.css
blue_bg.css
```

Die Dateien system.css und general.css können wir vernachlässigen, weil sie für jedes Joomla-Template gelten. Da das Template »rhuk_milkyway« in diversen Farben verwendet werden kann, beziehen sich die beiden Dateien blue.css und blue_bg.css auf die individuelle Farbe dieses speziellen Templates. Für unsere Bedürfnisse reicht deshalb das Stylesheet template.css aus, das wir im Folgenden analysieren wollen.

Wie im Beispiel »Willkommen auf der Startseite« zu erkennen war, ist eine ganze Reihe von CSS-Klassen und CSS-Stilen nötig, um einen Bereich zu formatieren. Ich habe daher versucht, mehrere Bereiche zu einer Rubrik zusammenzufassen, in der bestimmte CSS-Klassen zusammenspielen. Die einzelnen Klassen werden in den jeweiligen Rubriken kurz erläutert; darüber hinaus wird gezeigt, wie sich die CSS-Elemente in einem Editor darstellen und wie sie auf der Joomla-Website aussehen.

Noch eine Kleinigkeit: Ein importiertes Template überschreibt vorhandene CSS-Klassen nicht. Es könnte aber neue mitbringen, die dann anstelle der vorhandenen zum Tragen kommen. Die meisten Templates bleiben den vorhandenen CSS-Klassen treu. Dann ändern sich nur Details: Das kann ein Bild oder eine Farbe, eine Schriftart oder etwas Ähnliches sein.

Zu Anfang ein Beispiel: Direkt auf der Startseite (das ist bei jeder Standardinstallation gleich) steht der Begrüßungstext:

Bild 7.6: Der Joomla-Begrüßungstext

Wie werden das Blau des oberen Textes und der graue Text darunter farblich, nach Schriftart und Schriftgröße in einem CSS festgelegt? Dazu werfen wir einen Blick in den

Code und in die Editoransicht unseres Templates. In einem HTML-Editor (hier ist es GoLive) stellt sich das Ganze so dar:

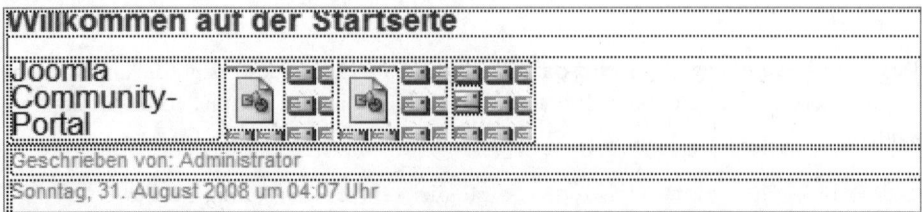

Bild 7.7: Die Willkommens-Meldung im HTML-Editor

Der Quelltext dazu sieht folgendermaßen aus:

```
<table class="nopad">
<tr valign="top">
<td>
<div class="componentheading">Willkommen auf der Startseite</div>
<table class="blog" cellpadding="0" cellspacing="0">
<tr>
<td valign="top">
```

Bild 7.8: Der HTML-Quelltext der Willkommens-Meldung

Wir sehen, dass dem Text »Willkommen auf der Startseite« der Tag `<div class="componentheading">` vorangeht. Die CSS-Klasse `.componentheading`, die im Tag enthalten ist, legt die Schriftart und die Schriftgröße und noch manches mehr fest. Werfen wir nun einen Blick in die Datei `template.css`. Dort müssen diese Angaben vorhanden sein. Wir suchen hier also die CSS-Klasse `.componentheading`.

Wir finden es tatsächlich heraus: Die Schriftart ist Helvetica, die Schriftdichte ist »bold«, also fett. Angaben über die Farbe der Schrift werden in diesem Template nicht in der Datei `template.css` gemacht, sondern in dem Stylesheet `blue.css`. Das liegt daran, dass dies Template in verschiedenen Farben zu haben ist und für jede Farbvariante ein Stylesheet erstellt wurde.

```
h3, .componentheading, table.moduletable th, legend {
  margin: 0;
  font-weight: bold;
  font-family: Helvetica,Arial,sans-serif;
  font-size: 1.5em;
  padding-left: 0px;
  margin-bottom: 10px;
  text-align: left;
}
```

Alle wichtigen Formatierungen sind jeweils bestimmten CSS-Klassen zugeordnet. Wer diese kennt, weiß, wo angesetzt werden muss, um das Layout einer Joomla-Website anzupassen.

7.2 Beschreibung der Module

7.2.1 Artikel / Beitrag bewerten

Joomla bietet interessierten Lesern die Möglichkeit, einen Beitrag zu bewerten. Die Ansicht dieses Moduls im Frontend ist unten zu sehen.

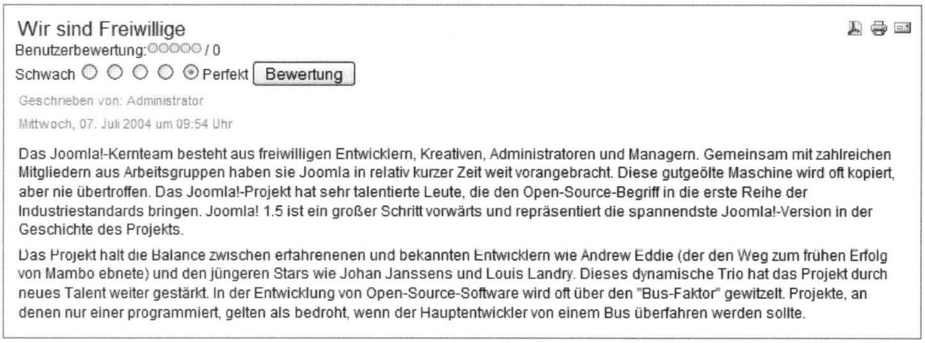

Bild 7.9: Artikelbewertung in Joomla

Das Bewertungsmodul ist ähnlich wie der Beitragsbereich formatiert. Daher überrascht es nicht, dass sich die CSS-Klassen weitestgehend decken.

Wer gerne möchte, kann das Stylesheet für dieses Formular seinen Zwecken anpassen. Die verwendeten CSS-Klassen sind:

```
.contentpaneopen_edit
.contentpaneopen
.hastip
.contentheading
.contentpagetitle
.content_rating
.content_vote
.small
.article-separator
.button
.modifydate
.createdate
.buttonheading
```

Neue CSS-Klassen in diesem Bereich sind:

CSS-Klasse	Bedeutung
.contentpaneopen_edit	Artikel bearbeiten
.contentpagetitle	Titel des Artikels
.contentheading	Titel eines Beitrags
.hastip	»Bearbeiten«-Icon eines Beitrags
.content_vote	Radio-Buttons
.content_rating	Summe der Umfragewerte
.article-separator	Trenner
.button	»Abstimmen« und »Ergebnis«-Button

Im Editor sieht das folgendermaßen aus:

Bild 7.10: Ansicht der Artikelbewertung im Editor

7.2.2 Banner

Unter Banner ist der Bereich »Werbung« auf der Startseite zu verstehen. Hier sehen Sie die damit verknüpften CSS-Elemente (die alle mit .banner beginnen) in der Struktur-ansicht und darunter im Quelltext:

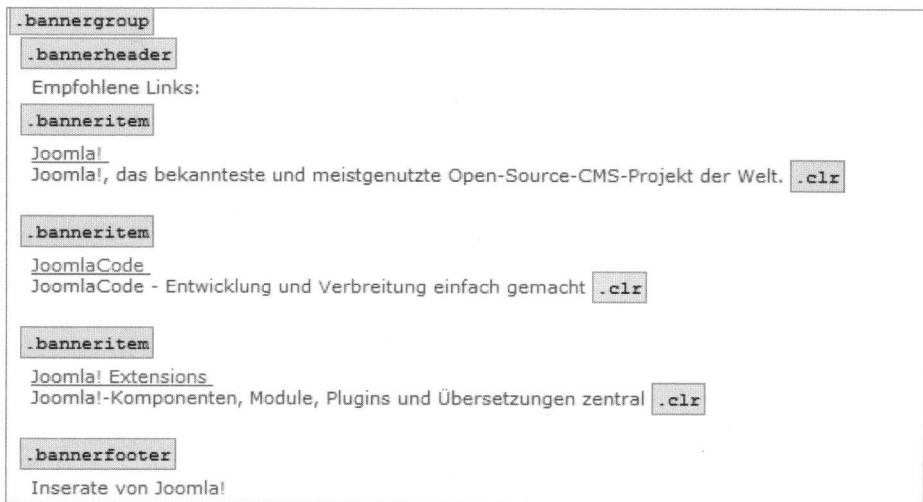

Bild 7.11: Die Editor-Darstellung des Bereichs »Werbung«

Die fett markierten Passagen sind das Code-Äquivalent zum oberen Stylesheet:

```
<div class="bannergroup_text">
<div class="bannerheader">Empfohlene Links:</div>
<div class="banneritem_text">Joomla
<div class="banneritem_text">JoomlaCode
<div class="banneritem_text">Joomla! Extensions
<div class="bannerfooter_text">Inserate von Joomla!
```

Im Frontend sieht das Ganze so aus:

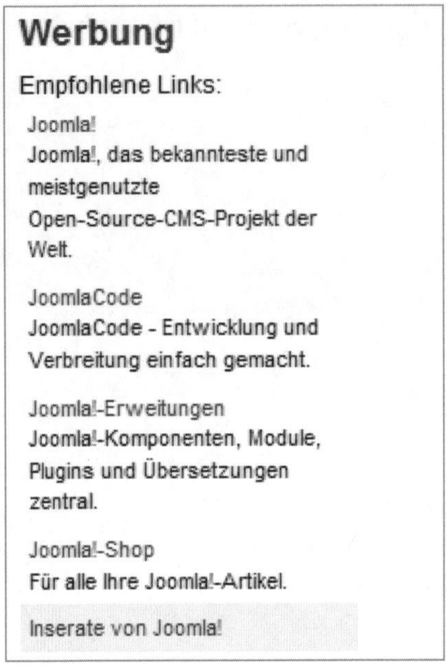

Werbung

Empfohlene Links:

Joomla!
Joomla!, das bekannteste und
meistgenutzte
Open-Source-CMS-Projekt der
Welt.

JoomlaCode
JoomlaCode - Entwicklung und
Verbreitung einfach gemacht.

Joomla!-Erweiterungen
Joomla!-Komponenten, Module,
Plugins und Übersetzungen
zentral.

Joomla!-Shop
Für alle Ihre Joomla!-Artikel.

Inserate von Joomla!

Bild 7.12: Webdarstellung des
Werbungsbereichs

Die verwendeten CSS-Klassen für den Bereich »Werbung« sind:

CSS-Klasse	Bedeutung
`.bannergroup`	Wurzelklasse für »Werbung«
`.bannerheader`	Überschrift »Werbung«
`.banneritem`	Einzelne Werbeelemente
`.bannerfooter`	Abschließender Fuß-Text

7.2.3 Beitrag einreichen

Anspruchsvolle Formulare wie etwa das Formular `Beitrag einreichen` im Frontend sind meist nicht mit drei oder vier CSS-Klassen zu realisieren. Umso mehr lässt sich aber auch gestalterisch umsetzen. Vorformatiert sieht der Bereich relativ nüchtern aus. Sie können ihn aber auch individuell umbauen.

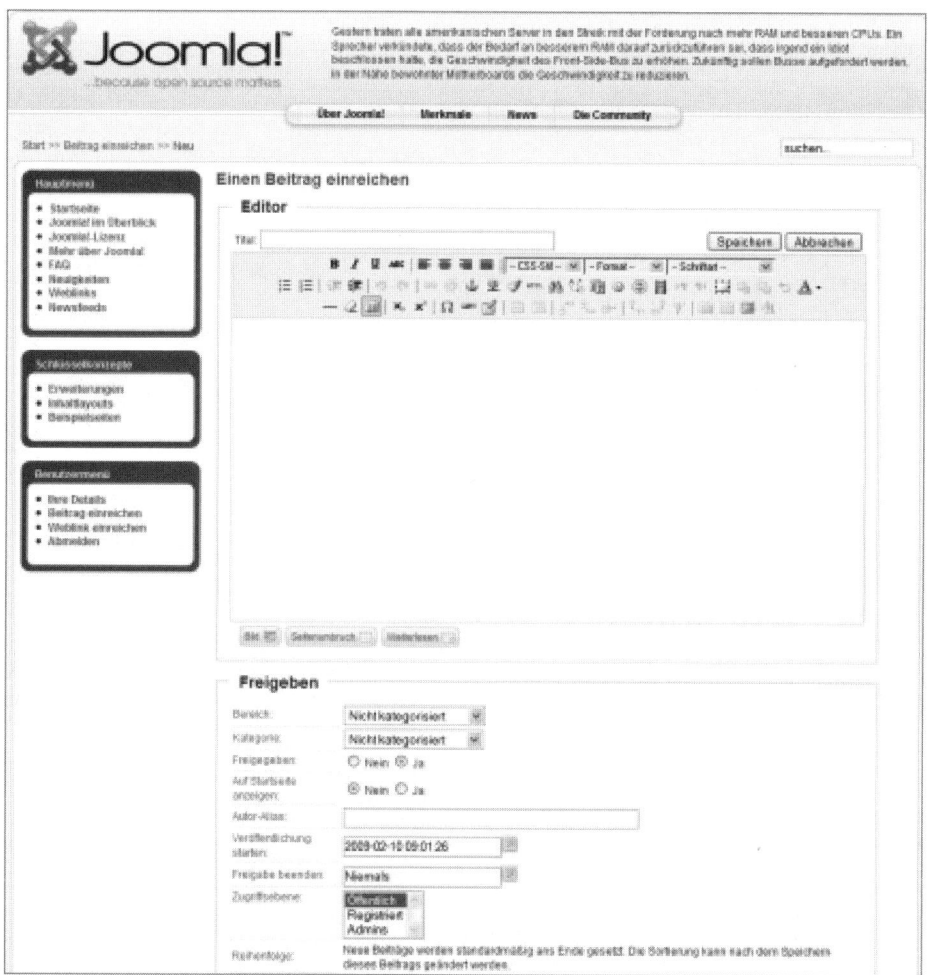

Bild 7.13: Das Menü »Beitrag einreichen« in Joomla

In der CSS-Editor-Ansicht kann man sehen, welche CSS-Klassen für welchen Abschnitt verwendet wurden.

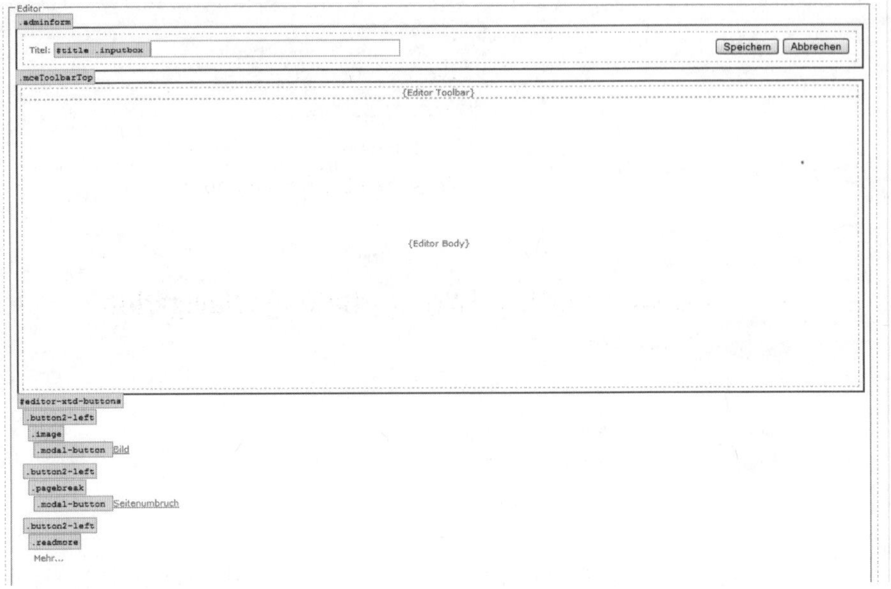

Bild 7.14: Der Bereich »Beitrag einreichen« im CSS-Editor

```
.adminform
.inputbox
.mceToolbarTop
.button2-left
.image
.modal-button Bild
.button2-left
.pagebreak
.modal-button Seitenumbruch
.button2-left
.readmore
.calendar
```

Die neuen CSS-Klassen in diesem Bereich sind:

CSS-Klasse	Bedeutung
.adminform	Beitrag einreichen
.inputbox	Legt das Aussehen der Textfelder fest
.mceToolbarTop	Werkzeugleiste
.button2-left	Button
.image	Bild formatieren

CSS-Klasse	Bedeutung
.modal-button Bild	Button formatieren
.pagebreak	Seitenumbruch
.readmore	Weiterlesen
.calendar	Freigeben bis / wann / ab

7.2.4 Beitrags-Layout / Artikel-Layout / Beitrags Navigation / Navigationsleiste

In diesem Gereich stoßen wir auf drei spezielle CSS-Klassen:

- .pagenavcounter – diese CSS-Klasse gestaltet den Seitenzähler.

- .toclink – ist für den Artikelindex zuständig.

- .pagenavbar – Seitenanzeige im Bloglayout / vorher >nächstes> Ende

Im Beispiel-Template ist der Blogbereich mit seinen CSS-Klassen gut zu erkennen. Immer wieder finden sich alte Bekannte wie z. B. die CSS-Klasse .contentpaneopen. Das braucht nicht zu verwundern, da alle Beiträge und beitragsähnlichen Module fast gleich formatiert werden.

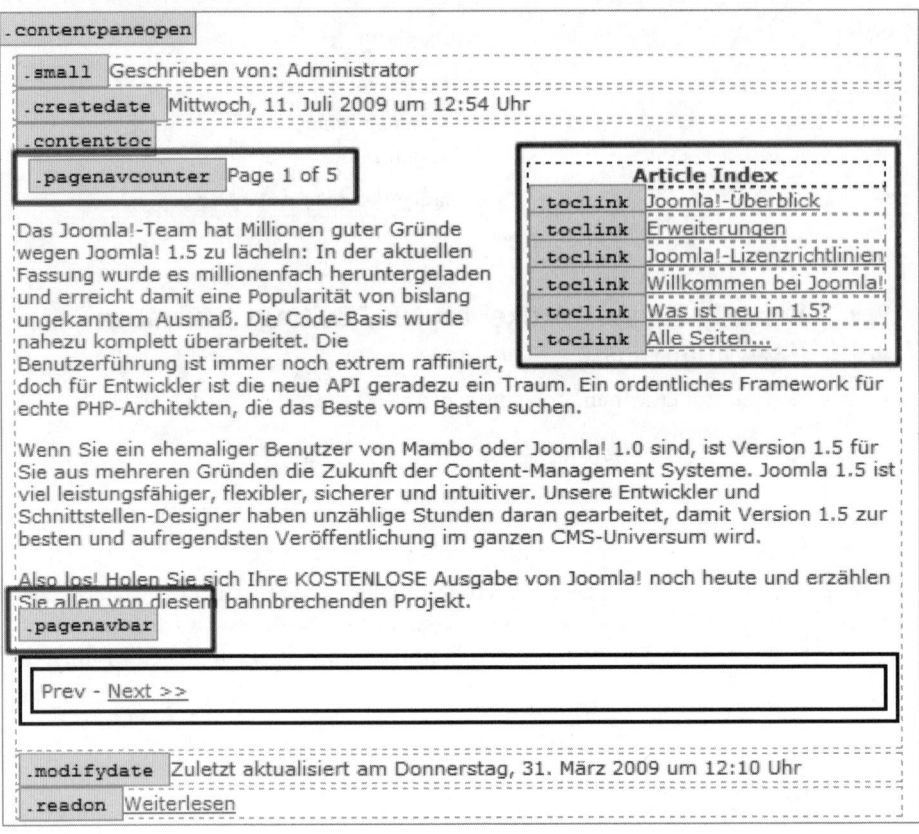

Bild 7.15: Die Klassen für das Artikel-Layout

Die verwendeten CSS-Objekte in dieser Umgebung lauten wie folgt:

```
.contentpaneopen
.contenttoc
.pagenavcounter
.pagenavbar
.toclink
.small
.modifydate
.createdate
```

Als neue Klassen sind in diesem Bereich hinzugekommen:

CSS-Klasse	Bedeutung
. contenttoc	Beitragsindex
. pagenavcounter	»Seite 1 von 5« z. B.
. pagenavbar	Vorher / Nächstes / ende
. toclink	Index-Link

7.2.5 Blog

Das Blog-Layout umzugestalten ist nicht schwer. Es gilt, lediglich drei überschaubare CSS-Klassen zu bearbeiten:

CSS-Klasse	Bedeutung
. blogsection	Links im Blogbereich
. blogmore	Blogbereich
. pagination	Vorher / Nächstes / Ende Navigation

Hier die Editor-Ansicht:

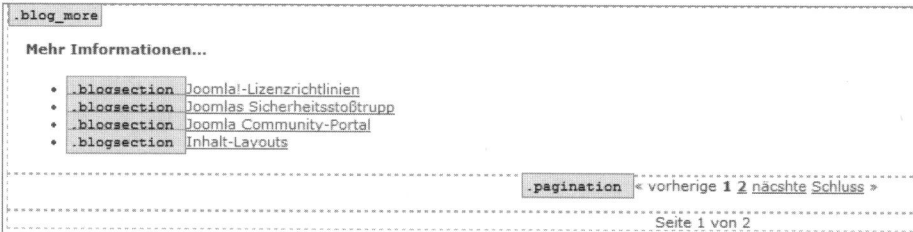

Bild 7.16: Das Blog-Layout in der Editor-Ansicht

7.2.6 Brotkrume / Breadcrumb / obere Navigation

Der Name dieses Menüs erinnert an die Brotkrumen, die Hänsel und Gretel im Märchen ausstreuten, um den Weg nach Hause zu finden. Gemeint ist damit das obere Navigationsmenü, das den Navigationspfad unter Einschluss aller Ebenen anzeigt.

Die Reihenfolge der Links im Menü Breadcrumbs kann zum Beispiel lauten:

```
Start
Start - Newsfeeds
Start - Newsfeeds - Joomla!
```

Die Abbildung verdeutlicht besser, was damit gemeint ist:

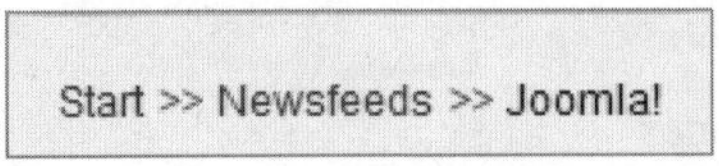

| Start >> Newsfeeds >> Joomla! |

Bild 7.17: Das Breadcrumbs-Navigationsmenü

Folgende CSS-Klassen werden dabei verwendet:

CSS-Klasse	Bedeutung
. breadcrumbs	Obere Menünavigation
. pathway	Menünavigation

Die beiden CSS-Klassen .breadcrumbs und .pathway findet man oft zusammen. Da das Breadcrumbs-Menü übersichtlich ist, stellt es sich auch im Editor nicht sehr kompliziert dar:

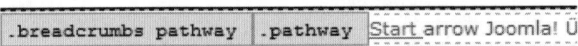

Bild 7.18: Die Layout-Elemente im Breadcrumbs-Menü

7.2.7 Das Login / Anmeldebereich / Registrierung

Der Anmeldebereich wird ebenfalls mit mehreren CSS-Klassen formatiert. In der unteren Ansicht sehen Sie die Anmeldung, so wie sie der Betrachter sieht. Im Bild darunter ist das Anmelde-Modul in einer CSS-Struktur zu sehen.

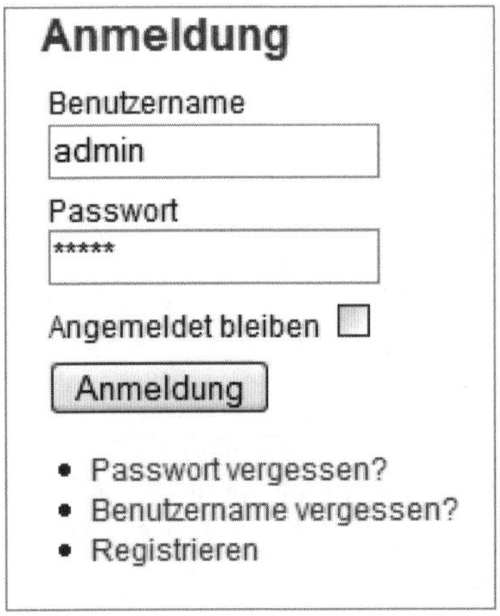

Anmeldung

Benutzername

admin

Passwort

*****

Angemeldet bleiben ☐

Anmeldung

- Passwort vergessen?
- Benutzername vergessen?
- Registrieren

Bild 7.19: Das Joomla-Anmeldemenü

In der Modulansicht im Backend ist es möglich, diverse Parameter für dieses Modul festzulegen. Das Modul ist innerhalb von Joomla verschiebbar – eine praktische Funktion, um das Anmeldemodul auf einer anderen Seite zu platzieren oder zu verstecken.

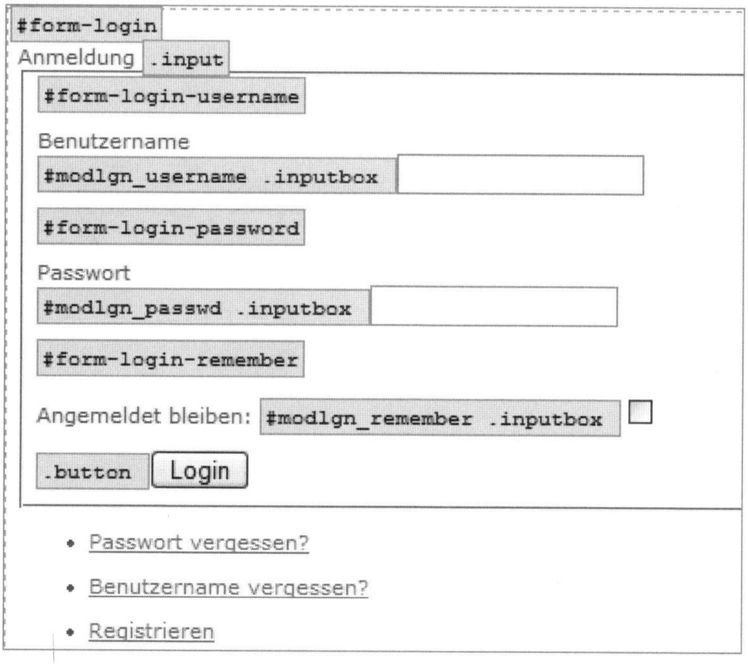

Bild 7.20: Die Layout-Elemente im Anmeldemenü

Folgende CSS-Klassen und -Elemente wurden verwendet:

```
.input
.inputbox
.button
#form-login
#form-login-username
#form-login-password
#modlgm_passwd
#form-login-remember
#modlgn_remember
```

Neue Klassen in diesem Bereich sind:

CSS-Klasse	Bedeutung
#form-login	Anmeldenbereich
#form-login-username	Benutzername Text

CSS-Klasse	Bedeutung
#modlgn_username	Benutzername Textfeld
#form-login-password	Passwort Text
#modlgm_passwd	Passwort Textfeld
#form-login-remember	Text für »Anmeldung merken«
#modlgn_remember	Anmeldung merken (Cookies)

7.2.8 FAQ (Oft gestellte Fragen / Frequently Asked Questions)

Das FAQ-Modul ist wie ein Beitrag aufgebaut. Der Unterschied besteht in der CSS-Klasse .category. Die Anzahl der Beiträge bzw. der Artikel wird mit der CSS-Klasse .small konfiguriert.

FAQs

- Allgemein (9 Beiträge)
  Allgemeine Fragen zum Joomla! CMS
- Erfahrene Benutzer (6 Beiträge)
  Fragen von Benutzer, die auf Joomla 1.5 wechseln möchten, sind gerne willkommen
- Neu bei Joomla (2 Beiträge)
  Fragen für neue Benutzer von Joomla!
- Sprachen (5 Beiträge)
  Fragen bezüglich der Übersetzung und zu Sprachen

Bild 7.21: Das FAQ-Modul

Das Modul stellt sich im CSS-Editor folgendermaßen dar:

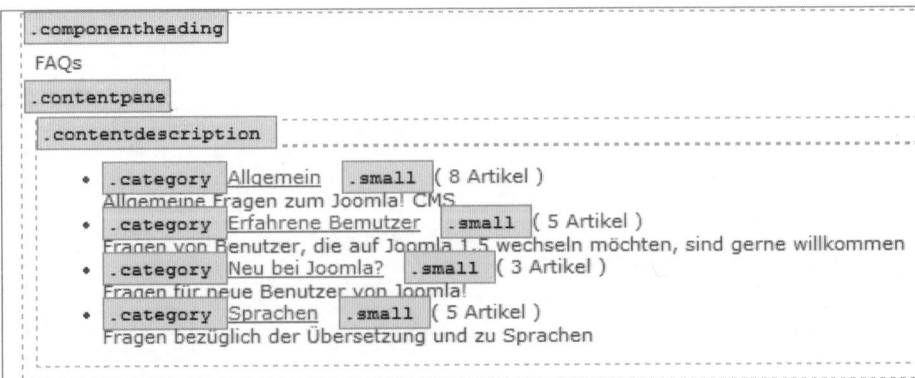

Bild 7.22: Die Layout-Elemente im FAQ-Modul

Folgende CSS-Klassen werden verwendet:

```
.copmonentheading
.contentpane
.contentdescription
.category
.small
```

Als neue Klasse kommt in diesem Bereich hinzu:

CSS-Klasse	Bedeutung
.contentdescription	Text des Links

7.2.9 Kontaktformular und »Senden«-Button

Das Kontaktformular besteht fast in Gänze aus einer eigenen CSS-Klasse, der CSS-Klasse `.contact`.

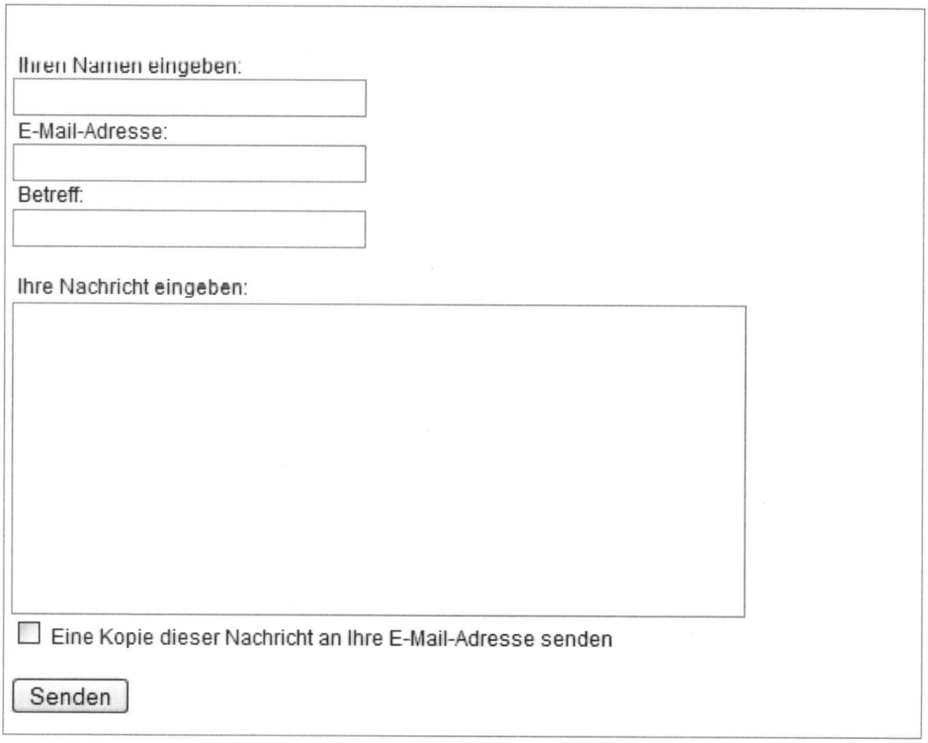

Ihren Namen eingeben:

E-Mail-Adresse:

Betreff:

Ihre Nachricht eingeben:

☐ Eine Kopie dieser Nachricht an Ihre E-Mail-Adresse senden

Senden

Bild 7.23: Das Kontaktformular in Joomla

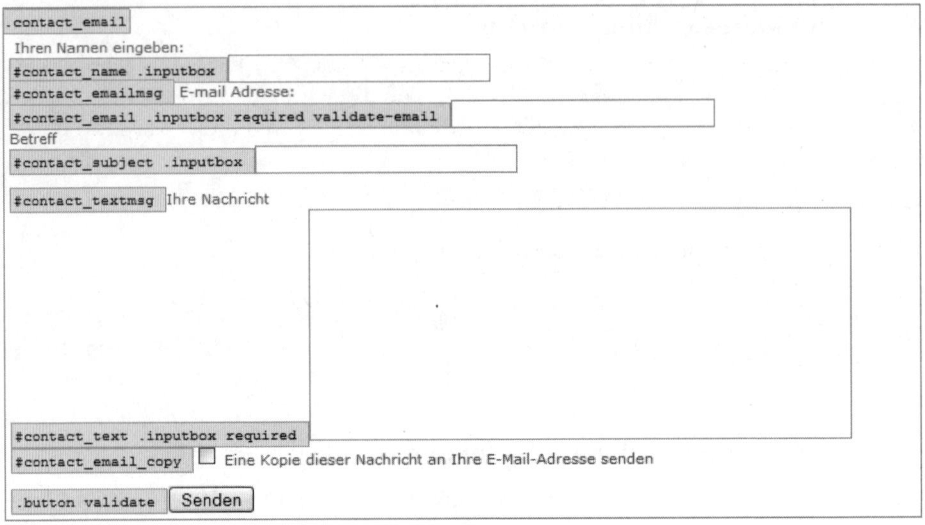

Bild 7.24: Das Kontaktformular in der Editor-Ansicht

Folgende CSS-Klassen und CSS-Stile finden Verwendung:

```
.contact_email
.inputbox
.button validate

#contact_name
#contact_emailing
#content_subject
#contact_texmsg
#contact_text
#contact_email_copy
```

Als neue Klassen tauchen in diesem Bereich auf:

CSS-Klasse	Bedeutung
.contact_email	Emailformular
.buttonvalidate	»Senden« Button
#contact_name	Absendername
#contact_emailing	Absender Mailadresse
#content_subject	Betreff
#contact_texmsg	Überschrift über dem Textfeld
#contact_text	Mitteilung
#contact_email_copy	Kopie an mich senden

7.2.10 Meistgelesen / mostread

Die CSS-Klasse `.mostread` legt das Aussehen des Joomla-Moduls »Meistgelesen« fest. Das Modul zeigt die häufigsten Artikel Ihrer Joomla-Webseite an. Falls Sie mit dem Gedanken spielen, das Modul umzubauen, bekommen Sie es mit dieser Klasse zu tun.

.mostread
.mostread
.mostread Joomla!-Überblick
.mostread
.mostread Erweiterungen
.mostread
.mostread Joomla!-Lizenzrichtlinien
.mostread
.mostread Willkommen bei Joomla!
.mostread
.mostread Was ist neu in 1.5?

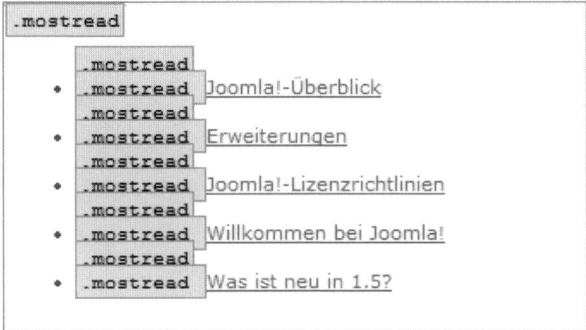

Bild 7.25: Editoransicht des Moduls »Meistgelesen«

Im Web stellt sich dieses Element folgendermaßen dar:

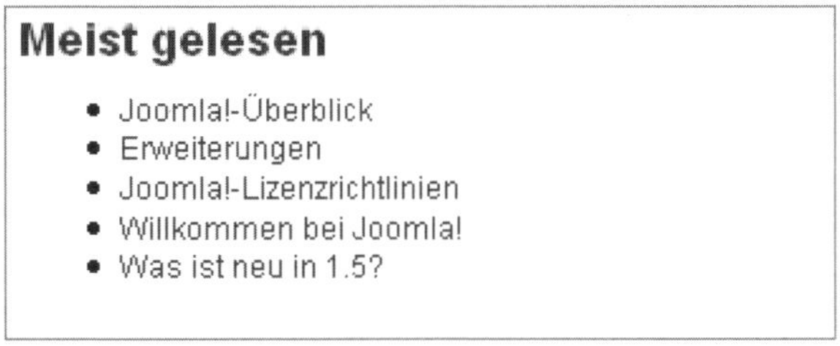
Meist gelesen
Joomla!-Überblick
Erweiterungen
Joomla!-Lizenzrichtlinien
Willkommen bei Joomla!
Was ist neu in 1.5?

Bild 7.26: Die meistgelesenen Beiträge der Joomla-Website

Verwendete CSS-Klassen:

```
.mostread
```

7.2.11 Menü / Navigation / Hauptmenü

Das Hauptmenü auf der linken Seite im Frontend sieht standardmäßig wie folgt aus:

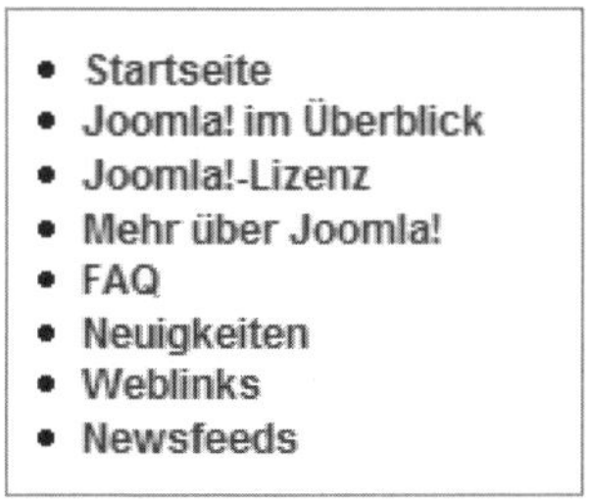
Startseite
Joomla! im Überblick
Joomla!-Lizenz
Mehr über Joomla!
FAQ
Neuigkeiten
Weblinks
Newsfeeds

Bild 7.27: Das Hauptmenü einer Joomla-Site

Dabei werden folgende CSS-Klassen und CSS-Stile verwendet:

```
a.mainlevel
a.mainlevel: link
a.mainlevel: visited
a.mainlevel: hover


# active_menu  / * Dieses CSS-Element steht für den Menüeintrag der  Seite,
auf der man gerade ist. Je nach Konfiguration kann man den Link dick, farbig
etc. einstellen.


ul # mainlevel-nav
ul # mainlevel-nav li
# mainlevel-nav a: link
# mainlevel-nav A: visited
# mainlevel-nav a: hover
```

Neue Klassen in diesem Bereich:

CSS-Klasse	Bedeutung
.mainlevel	Style der Links im Hauptmenü
#active_menu	Hebt die aktuelle Seite in den Links hervor

7.2.12 Metadaten

Dieses Modul legt das Design der Metadaten-Boxen im Backend-Bereich fest. Hier die Ansicht im CSS-Editor:

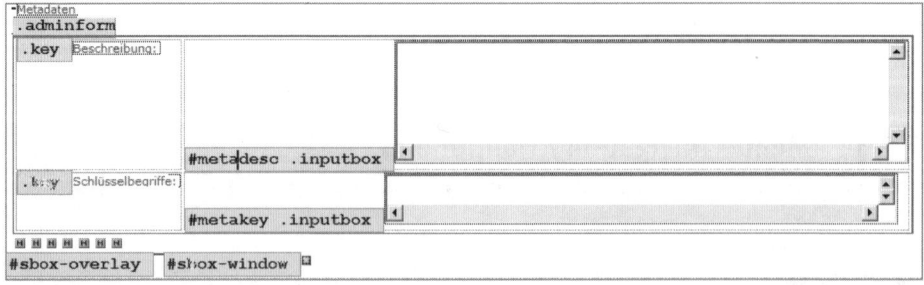

Bild 7.28: Layout-Ansicht des Metadaten-Bereichs

Verwendete CSS-Klassen und CSS-Stile:

```
.adminform
.key
.inputbox
```

```
#metadesc
#metakey
#sboxoverlay
#sbox-window
```

Neue Klassen in diesem Bereich:

CSS-Klasse	Bedeutung
#metadesc	Titel der Textarea im Freigeben-Bereich
#metakey	Schlüsselbegriffe des Beitrags
#sboxoverlay	Style für Buttons
#sbox-window	Style für Buttons
.key	Beschriftung der Textfelder

7.2.13 Neueste Nachrichten

Das Layout des Elements »Neueste Nachrichten« und die Listendarstellung werden über die CSS-Klasse .latestnews festgelegt.

Neueste Nachrichten

- Joomla!-Lizenzrichtlinien
- Joomlas Sicherheitsstoßtrupp
- Joomla Community-Portal
- Inhalt-Layouts
- Die Joomla!-Gemeinschaft

Bild 7.29: So präsentieren sich die neuesten Nachrichten in Joomla

Hier dasselbe in der CSS-Sicht:

Bild 7.30: Die neuesten Nachrichten in der Editor-View

Verwendete CSS-Klassen:

CSS-Klasse	Bedeutung
.latestnews	Style für »neueste Nachrichten«

7.2.14 Newsfeeds

Newsfeeds werden auch mit CSS-Klassen formatiert. Das erste Bild zeigt die Ansicht im Browser, das zweite die CSS-Struktur. Hier kommen insbesondere zwei CSS-Elemente zum Tragen:

```
.newsfeedheading()
.newsfeeddate()
```

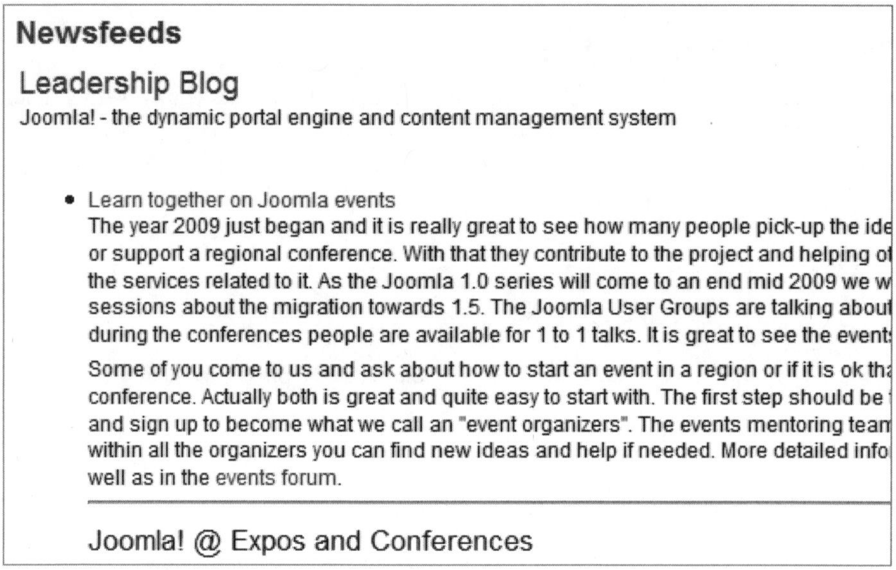

Newsfeeds

Leadership Blog

Joomla! - the dynamic portal engine and content management system

- Learn together on Joomla events
  The year 2009 just began and it is really great to see how many people pick-up the ide
  or support a regional conference. With that they contribute to the project and helping of
  the services related to it. As the Joomla 1.0 series will come to an end mid 2009 we w
  sessions about the migration towards 1.5. The Joomla User Groups are talking about
  during the conferences people are available for 1 to 1 talks. It is great to see the event:

  Some of you come to us and ask about how to start an event in a region or if it is ok tha
  conference. Actually both is great and quite easy to start with. The first step should be
  and sign up to become what we call an "event organizers". The events mentoring team
  within all the organizers you can find new ideas and help if needed. More detailed info
  well as in the events forum.

Joomla! @ Expos and Conferences

Bild 7.31: Newsfeeds in Joomla

Die CSS-Ansicht sieht wie folgt aus:

```
.contentpane

  .componentheading    Single Feed Layout
  .contentheading      Joomla! - Main

        • Time to Vote for the World's Best CMS
        • Joomla! 1.5 RC2 Endeleo Released - Happy Birthday Joomla!
        • Joomla! 1.5 Template Contest
        • Re-introducing Andrew Eddie Lead Developer
        • Do you want to look sensational with ...
```

Bild 7.32: Newsfeed

Folgende CSS-Klassen werden hier eingesetzt:

```
.contentpane
.compomentheading
.contenheading
.newsfeedheading
.newsfeeddate
```

Als neue Klassen in diesem Bereich kommen hinzu:

CSS-Klasse	Bedeutung
.newsfeedheading	News-Überschrift
.newsfeeddate	News-Datum

7.2.15 Pagenavbar / Navigation in einem Beitrag (Vorherige/Nächste/Ende), Zurück-Button, Vorherige Button

Die CSS-Klasse .pagenavbar () legt den Stil für die Navigation im Fußbereich (Anfang, Vorherige, Nächste, Ende) fest. Nicht jeder Beitrag hat diese Funktion. Wenn zu wenige Beiträge vorhanden sind, wird diese Funktion nicht aktiv.

```
                    « Start Zurück 1 2 Weiter Ende »

                          Seite 1 von 2
```

Bild 7.33: Die Navigation in einem mehrseitigen Beitrag

```
.pagination  « vorherige 1 2 nächste Ende »
            Seite 1 von 2
```

Bild 7.34:
Die Ansicht im CSS-Editor

Verwendete CSS-Klassen und CSS-Stile:

```
. pagenavbar: link ()
. pagenavbar: visited ()
. pagenav ()
a.pagenav: visited ()
a.pagenav: hover ()
a.readon: link ()
a.readon: hover ()
a.readon: visited ()
. back_button () Style für die Zurück-Knopf
. pagenav_prev () Style für die Vorherige-Knopf
. pagenav_next () Style für die Nächste-Taste
```

Neue Klassen in diesem Bereich:

CSS-Klasse	Bedeutung
.pagenav	Vorher / nächstes / ende
.back_button	Style für die Zurück-Knopf
.pagenav_prev	Style für die Vorherige-Knopf
.pagenav_next	Style für die Nächste-Taste

7.2.16 Quellen

Im Frontend wird das Modul »Quellen« mit Hilfe von Templates angepasst.

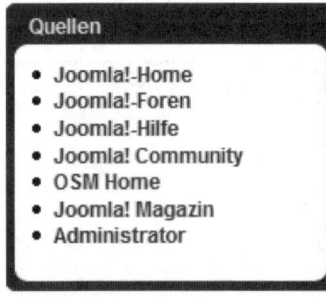

Bild 7.35: Das Quellen-Menü

Dasselbe in der CSS-Ansicht:

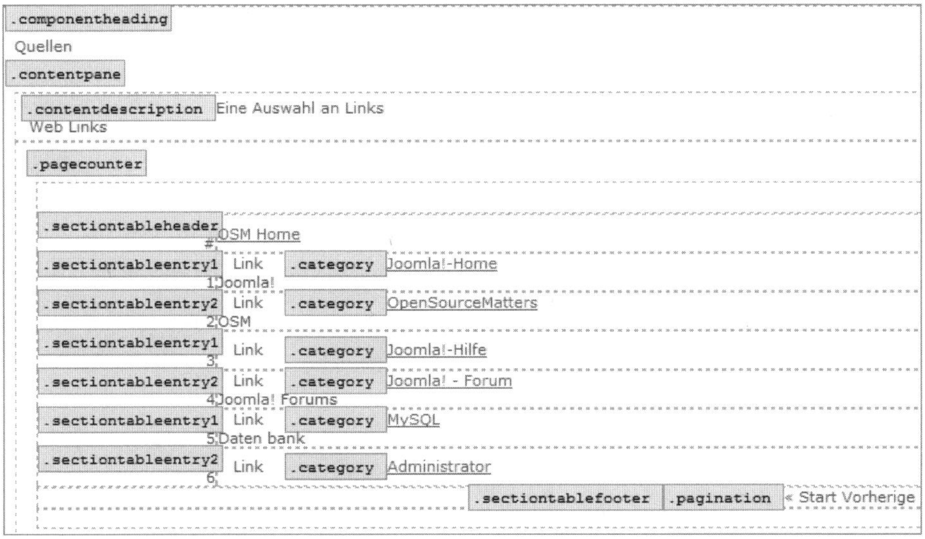

Bild 7.36: Das Quellen-Menü im Editor

Folgende CSS-Klassen werden verwendet:

```
.contentpane
.compomentheading
.contentdescription
.newsfeedheading
.newsfeeddate
.pagination
.pagecounter
.sectiontableheader
.category
.sectiontableentry1
```

Die neuen Klassen in diesem Bereich sind:

CSS-Klasse	Bedeutung
.pagecounter	Anzahl vorhandener Einträge
.sectiontableheader	Bereichsüberschrift
.sectiontableentry1	Aufzählung der Bereichsinhalte
#limit.inputbox	Dropdown-Menü

7.2.17 Registrierung / Anmeldung / Login

Die üblichen Anmeldemodule langweilen mit der Zeit. Vielleicht haben Sie Lust, ein anderes Layout für dieses Modul zu kreieren. Das erste Bild zeigt das Menü in natura.

Bild 7.37: Das Registrierungsmenü in Joomla

Im zweiten Bild sind die CSS-Elemente in der Struktur-Ansicht zu sehen.

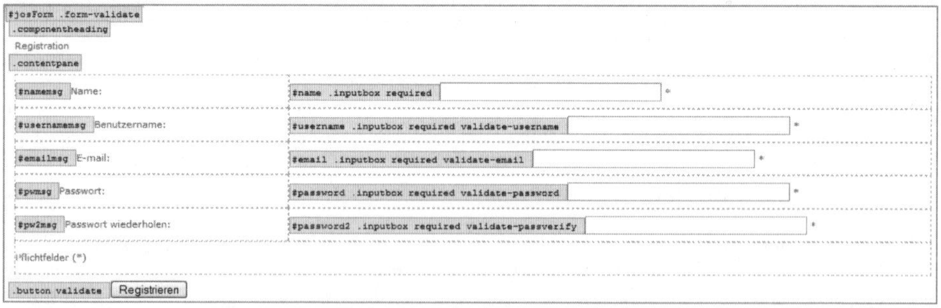

Bild 7.38: Das Registrierungs-Menü auf dem Seziertisch des Editors

Verwendete CSS-Klassen und CSS-Stile:

```
.contentpane
.componentheading

#josForm .form-validate
#name
```

```
#username
#email
#password
#password2
#namemsg
#usernamemsg
#emailmsg
#pw2msg


.button
.inputform
```

In diesem Bereich findet sich eine Reihe neuer CSS-Klassen:

CSS-Klasse	Bedeutung
#josForm.form-validate	Klasse für das Formular
#name	Name Textfeld
#username	Benutzername Textfeld
#email	Email Texfeld
#password	Passwort
#password2	Passwort Wiederholung
#namemsg	Überschrift des Textfeldes
#usernamemsg	Überschrift des Textfeldes
#emailmsg	Überschrift des Textfeldes
#pw2msg	Überschrift des Textfeldes

7.2.18 Geschrieben von / Zuletzt aktualisiert

Diese vier CSS-Stile treten meist gehäuft und in enger Verbindung zueinander auf. Der Grund ist einleuchtend: In Joomla werden Beiträge standardmäßig damit formatiert. Folgende CSS-Klassen werden dafür verwendet:

- .small – Geschrieben von ...

- .createdate – Geschrieben wann...

- .modifydate – Seite zuletzt aktualisiert –

- .readon – Weiterlesen ... oder mehr ... zur nächsten Seite

Ein wenig anders dargestellt, sehen diese Klassen so aus:

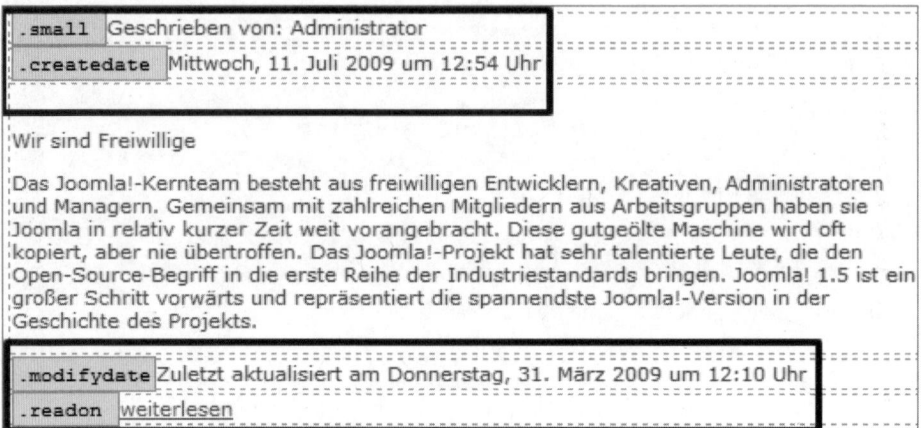

Bild 7.39: Die CSS-Ansicht des Moduls »Geschrieben von«

Verwendete CSS-Klassen:

```
.small
.createdate
.modifydate
.readon
```

7.2.19 Wrapper

Der Quelltext der CSS-Klasse .wrapper gibt die Größe des Templates vor. In diesem Beispiel sind 950 Pixel für die Breite vorgegeben. Das bedeutet, das Template darf sich in einem vorgegebenen Rahmen der Bildschirmgröße anpassen. Wenn die Einstellungen dafür auskommentiert werden, kann sich das Template dynamisch innerhalb des Anzeigenbereichs bewegen.

Die Definition legt fest, wie breit das Template höchstens und mindestens sein darf. Wird hier zum Beispiel die Breite (width) auf 550 px geändert, sieht das Template gequetscht aus.

Vor der Änderung stellt sich uns das Template so dar:

Bild 7.40: Das Template im Normalformat

Nach der Änderung macht es einen gequetschten Eindruck:

Bild 7.41: Das Template, leicht gequetscht

Das folgende Listing zeigt die maßgeblichen Einstellungen des Wrappers:

```css
div#wrapper {
    margin-left: auto;
    margin-right: auto;
}


body.width_medium div#wrapper {
    width: 950px;
}


body.width_small div#wrapper {
    width: 773px;
}


body.width_fmax div#wrapper {
    min-width: 750px;
    max-width: 1050px;
}
```

In der CSS-Ansicht tritt der Wrapper folgendermaßen zutage:

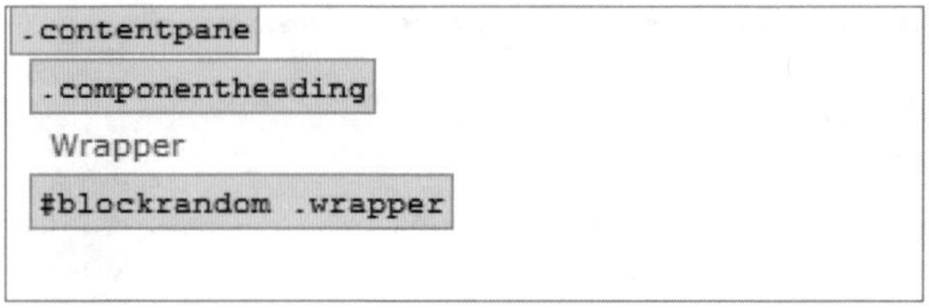

```
.contentpane
  .componentheading
  Wrapper
  #blockrandom .wrapper
```

Bild 7.42:
Der Wrapper im Editor

Verwendete CSS-Klassen und CSS-Stile:

```
.contentpane
.componentheading
#blockrandom
.wrapper
```

Als neue Klassen kommen in diesem Bereich hinzu:

CSS-Klasse	Bedeutung
#blockrandom	Inhalte des Wrappers
.wrapper	Layout des Wrappers

8 Praktische Joomla-Erweiterungen

8.1 Einleitung

Joomla bietet eine sehr große Auswahl an Erweiterungen. Mehrere hundert Stück sind es, die in Module, Plugins, Komponenten und Addons eingeteilt werden können. Die Erweiterungen (Extensions), die mir am meisten zugesagt haben und die auch für die Praxis empfehlenswert sind, habe ich hier aufgelistet. Alle hier aufgeführten Module sind über die Webseite http://www.joomlaos.de erhältlich.

Viel Spaß beim Installieren und Ausprobieren!

8.1.1 Installation

Die Installation neuer Module, Plugins und Komponenten erfolgt sehr einfach über das Backend. Unter dem Menüpunkt Erweiterungen > Installieren-Deinstallieren finden Sie die Upload-Funktion.

Die meisten Erweiterungen liegen nach dem Download als gepacktes ZIP-Archiv vor. Sie werden, so wie sie sind, über den »Durchsuchen«-Button auf der Festplatte ausgewählt und anschließend hochgeladen.

Es gibt auch eine Reihe von Extensions, die als ZIP-Archiv angeboten werden, vor dem Upload aber noch entpackt werden müssen. In der Regel weist der Name des Archivs darauf hin (siehe Abbildung 8.1).

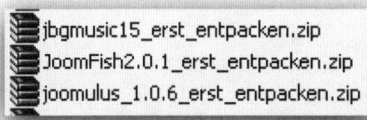

Bild 8.1: Beispiele für gepackte ZIP-Dateien

Der Menüpfad Erweiterungen > Installieren/Deinstallieren ist im Kontrollzentrum von Joomla sehr leicht zu finden.

Bild 8.2: Installation der Module

Durch den Klick auf die Option Erweiterungen > Installieren/Deinstallieren öffnet sich das Menü Erweiterungen. Die Menüoptionen in diesem Browserfenster sind eigentlich selbsterklärend. Wenn Sie ein Erweiterungspaket auf Ihren Rechner geladen haben, können Sie per Klick auf den Knopf Durchsuchen in den Verzeichnissen Ihres lokalen Rechners danach blättern.

8.1.2 Fehler beim Installieren

Bild 8.3: Upload der Module

8.1.3 Mögliche Fehlerquellen

Beim Installieren der Erweiterungen kann es zu Fehlern kommen. Die meisten Fehler lassen sich recht schnell beheben, zumindest dann, wenn Sie auf eines der hier aufgeführten Probleme stoßen.

Problem: Fehler beim Installieren eines Installationspakets (z. B. Zugriff verweigert).

Ursache: Eventuell bestehen keine Schreibrechte auf das Verzeichnis.

Lösung: Sie müssen die Rechteeinstellungen ändern.

Problem: Ein installiertes Modul wird nicht angezeigt.

Lösung: Sehr wahrscheinlich wurde das Modul installiert, aber nicht in der Modulübersicht aktiviert. Bei jeder Installation eines Moduls muss noch explizit die Freigabe über den Menüpfad `Backend / Module` erfolgen.

Problem: Die Fehlermeldung `"Xml File not found in Package"` wird angezeigt.

Lösung: Dieser Fehler taucht häufig beim Installieren von Erweiterungen auf. Es bedeutet, dass die XML-Datei im ZIP-Archiv, das hochgeladen werden sollte, nicht gefunden wurde. In diesem Fall ist Folgendes zu prüfen:

Ist das Archiv wirklich ein ZIP-Archiv bzw. wurde selbst eine ZIP-Datei erstellt?

Falls die Erweiterung tatsächlich als ZIP-Archiv vorliegt, ist das Archiv möglicherweise fehlerhaft. Die Erweiterung sollte nochmals aus dem Web heruntergeladen und installiert werden.

Selbst erstellte ZIP-Archive können nur funktionieren, wenn sie eine XML-Datei mit den notwendigen Installationsinformationen für das Modul enthalten. Hier ein Beispiel:

```
<install />
<uninstall />
<installfile>install.dfcontact.php</installfile>
<uninstallfile>uninstall.dfcontact.php</uninstallfile>
<administration>
  <menu>DFContact</menu>
  <files>
    <filename>admin.dfcontact.html.php</filename>
    <filename>admin.dfcontact.php</filename>
    <filename>config.dfcontact.php</filename>
    <filename>install.dfcontact.php</filename>
    <filename>toolbar.dfcontact.html.php</filename>
```

Bild 8.4: XML-Beispiel

Problem: Umlaute (ä, ö, ü) werden nicht richtig angezeigt.

Mögliche Ursachen: Die zugrunde liegende Datenbank wurde von ISO nach UTF-8 importiert oder umgekehrt. Dadurch wurden alle Umlaute in der Datenbank verändert. Oder Joomla wurde mit einem externen Editor geöffnet.

Lösung: Kodieren Sie die Umlaute über das PHPMyAdmin-Tool neu.

8.2 BlogCal-J1.5

Das BlogCal-Modul stellt einen Kalender in der Monatsansicht dar, der im kompletten Frontend beliebig positioniert werden kann. Alle Artikel, die in einem bestimmten Zeitraum eingestellt wurden, können angezeigt werden.

Bild 8.5: Anzeige des Blog-Calendar im Frontend

Nach der Installation befindet sich das Kalender-Modul unter Erweiterungen / Module / Blog Calendar und kann dort aktiviert werden.

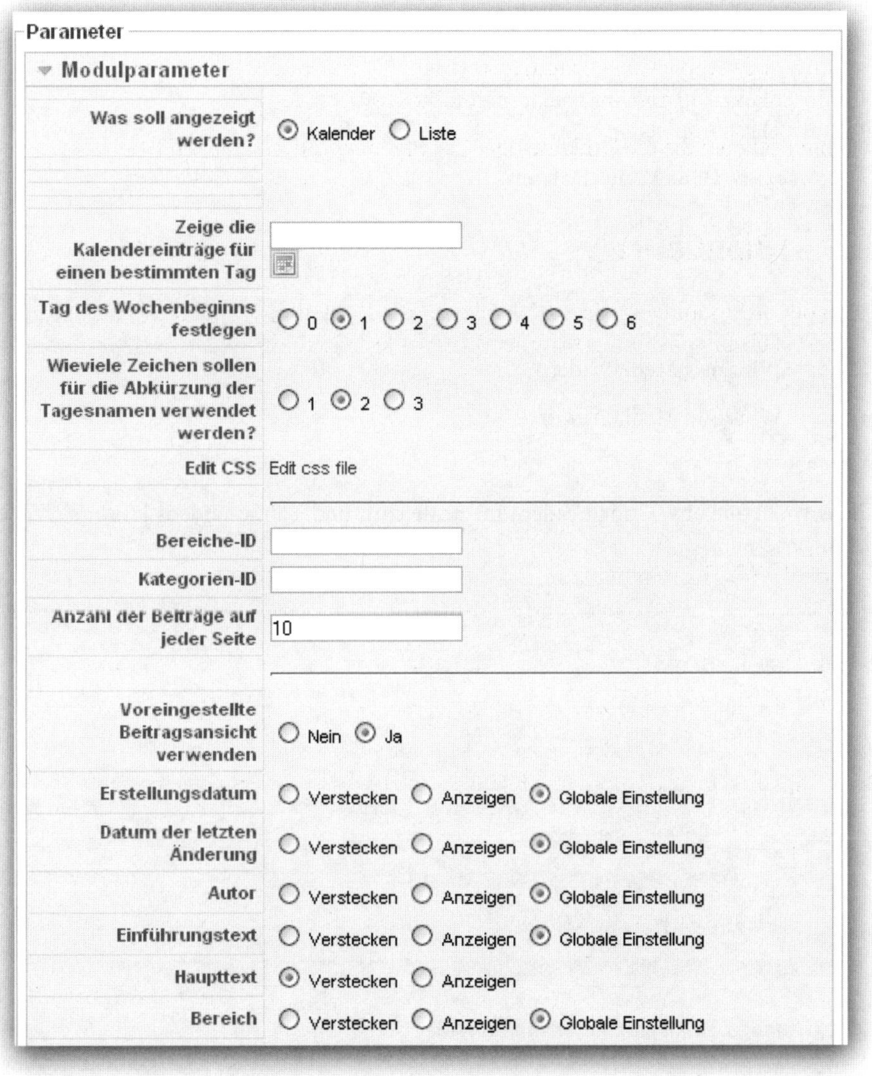

Bild 8.6: Einstellungen des Kalenders

8.3 DenVideo

DenVideo ist ein Modul, das Videostreams (interne sowie externe) in einem Beitrag oder auf einer Modulposition darstellt. Es eignet sich hervorragend als Aufmacher für die Webpräsenz. Zudem ist es ideal, um den Besuchern aktuelle, unterhaltsame oder informative Inhalte bereitzustellen.

Unterstützt werden folgende Formate:

- `.swf` (Flash-Applikationen)

- `.flv` (Flash-Videos)

- `.class` (Java-Applets)

- `.mov` & `.mp4` (Quicktime-Dateien)

- `.rm` & `.ram` (Real-Media-Files)

- `.mp3`

- `.divx`

- `.wmv` (Windows Media Video)

- `.wma` (Windows Media Audio)

- `H264`

Videos von YouTube, GoogleVideo, metacafe.com und Yahoo-Videos lassen sich ebenfalls integrieren.

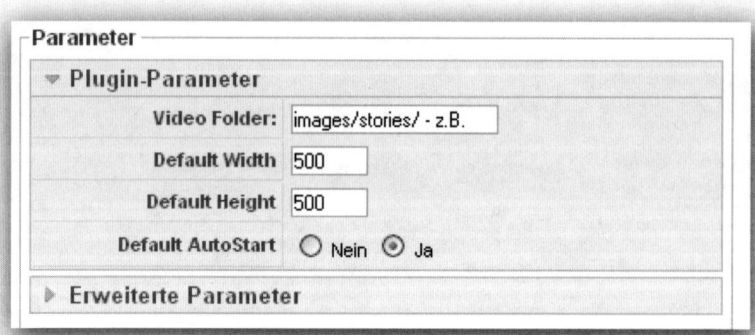

Bild 8.7: Konfigurationsparameter von DenVideo

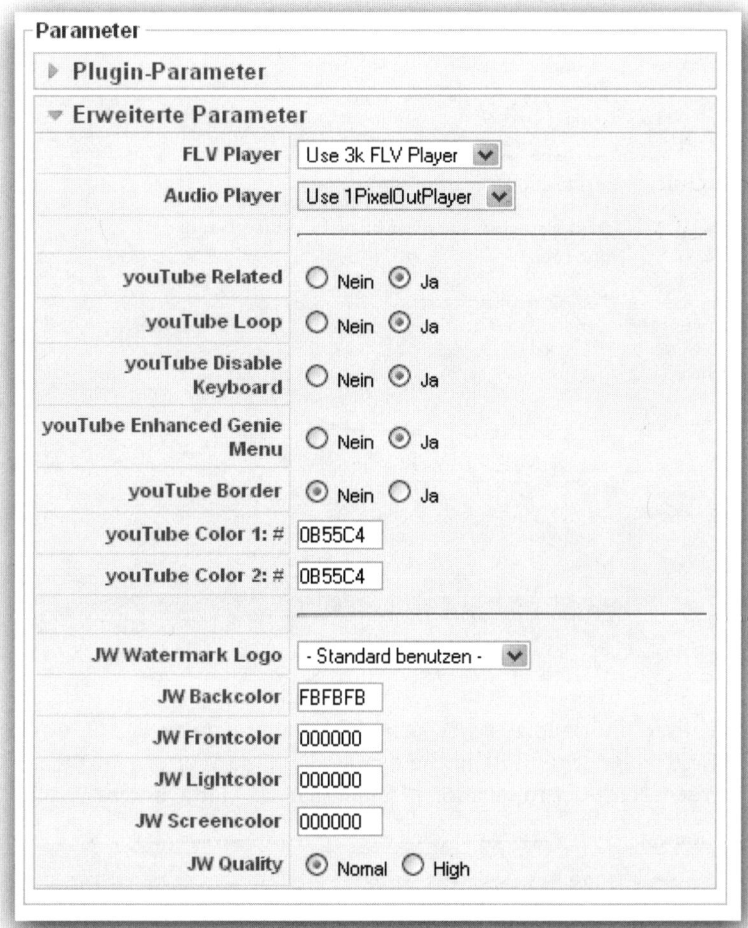

Bild 8.8: Erweiterte Einstellungen für DenVideo

Nach der Installation befindet sich Denvideo unter Erweiterungen / Plugins / Content - DenVideo.

8.4   Easy Guestbook

Hierbei handelt es sich um eine Gästebuch-Komponente mit integriertem Spamschutz (durch die Erzeugung eines Captcha-Codes) für Joomla. Das Modul ist sehr bediener-freundlich und überaus empfehlenswert.

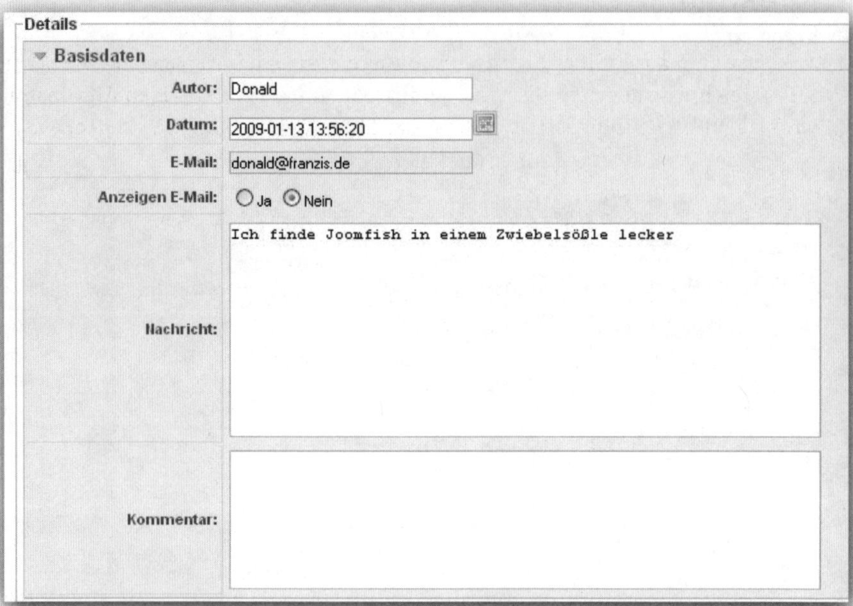

Bild 8.9: EasyGuestbook

In den Wortfilter im Modulexplorer lassen sich außerdem »unanständige« Wörter ein-
pflegen, Dies hat zur Folge, dass Gästebucheinträge, die diese Wörter enthalten, nicht
angenommen werden. Nach der Installation befindet sich das Modul unter Komponenten
/ EasyBook.

Bild 8.10: EasyBook

8.5 eXtplorer

Der eXtplorer ist ein auf PHP und Javascript basierender Datei-Manager zur Verwaltung der Web-Verzeichnisse aus dem Backend heraus. Ein gutes Tool für jeden Adminstrator. Nach der Installation befindet sich der eXtplorer unter Komponenten / eXtplorer.

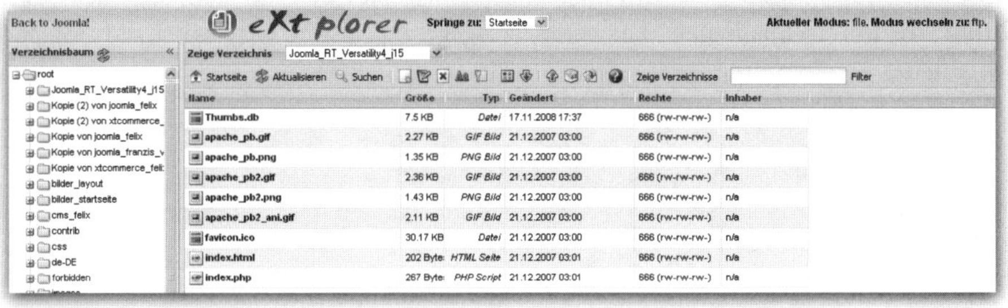

Bild 8.11: eXtplorer

8.6 Font Size Changer

Mit dem Modul Font Size Changer hat der Besucher die Möglichkeit, die Schriftgröße auf der Website zu verändern. Gerade unter Aspekten der Barrierefreiheit ist dies außerordentlich wünschenswert.

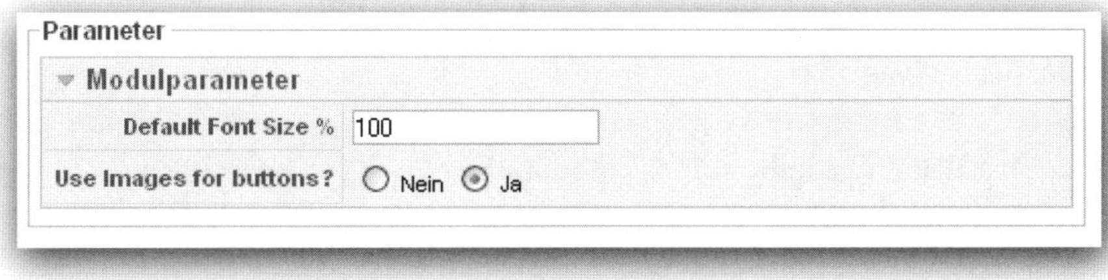

Bild 8.12: Parametereinstellung für den Font Size Changer

Es kann gewählt werden, ob die Darstellung in grafischer oder in Textform erfolgen soll:

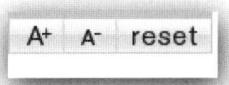

Bild 8.13: Font Size Changer

Nach der Installation befindet sich das Modul in Erweiterungen / Module / Font
Size Changer.

8.7   GermanDate

Mit diesem für Joomla 1.5 und höher angepassten Modul kann man sich das Tages-
datum in unterschiedlichen Formaten ausgegeben lassen. Es existieren folgende
Varianten:

```
31 03 09
31.03.2009
31. März 2009
Dienstag, 31. März 2009.
```

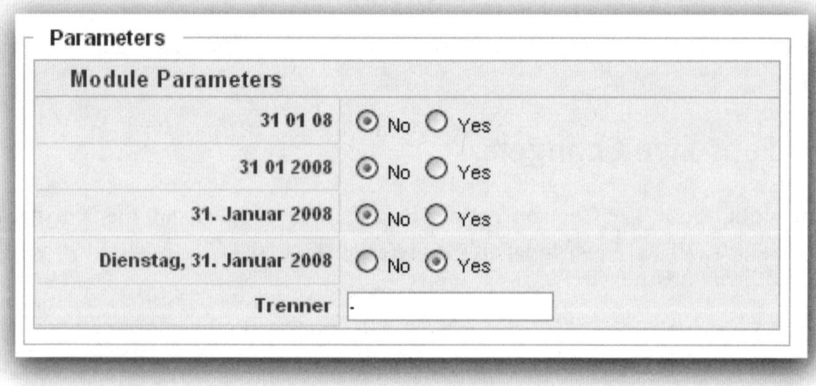

Bild 8.14: GermanDate

Nach der Installation befindet sich das Modul unter Erweiterungen / Module / German
Date.

8.8   Google Translate

Die Komponente Google Translate bietet die Möglichkeit, den Inhalt der Website über
den Google-Übersetzungsdienst in eine andere Sprache übertragen zu lassen. Es stehen
bis zu 24 Sprachen zur Verfügung, die sich über ein Drop-Down-Menü auswählen
lassen. Unter den auswählbaren Sprachen sind auch Chinesisch und Hebräisch. Ein
interessantes Modul, mit dem die Webseite deutlich aufgewertet werden kann.

Bild 8.15: Google Translate im Frontend

Bild 8.16:
Einstellungsoptionen für
Google Translate

Nach der Installation befindet sich das Modul unter `Erweiterungen / Module / GTranslate`.

8.9   Impressum für Joomla 1.5

Eine sehr gute Komponente, mit der sich ein Impressum erstellen lässt. Diverse Einstellungen sind über das Backend möglich. E-Mail-Adressen im Frontend werden von Impressum J1.5 verschleiert. Automatische Suchroboter, die im Auftrag von Spam-Versendern Mailadressen sammeln, können die verschleierten Adressen somit nicht kopieren.

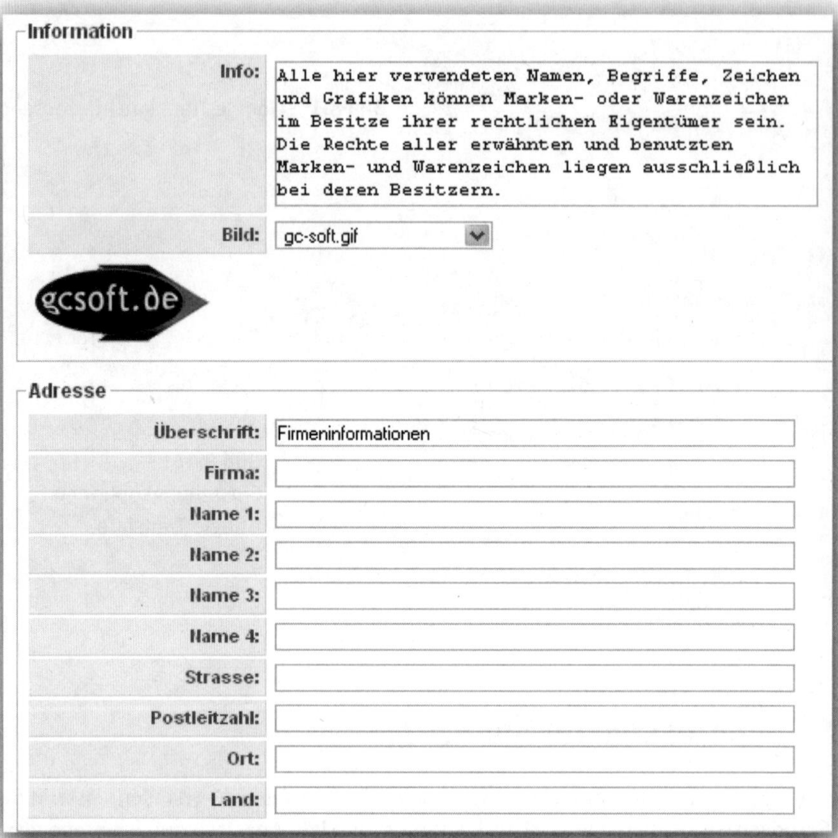

Information

Info:	Alle hier verwendeten Namen, Begriffe, Zeichen und Grafiken können Marken- oder Warenzeichen im Besitze ihrer rechtlichen Eigentümer sein. Die Rechte aller erwähnten und benutzten Marken- und Warenzeichen liegen ausschließlich bei deren Besitzern.
Bild:	gc-soft.gif

Adresse

Überschrift:	Firmeninformationen
Firma:	
Name 1:	
Name 2:	
Name 3:	
Name 4:	
Strasse:	
Postleitzahl:	
Ort:	
Land:	

Bild 8.17: Eingabe der Impressumsdaten

Nach der Installation befindet sich das Impressumsmodul unter Komponenten / Impressum.

Bild 8.18: Vorschau auf das fertige Impressum

8.10 JBGMusic

Mit der Erweiterung JBGMusic lassen sich Audiodateien als Hintergrundmusik auf der Website abspielen. Stellen Sie sich zum Beispiel eine Joomla-Seite vor, auf der es um Naturthemen geht. Das atmosphärische Quaken von Fröschen im Einklang mit summenden Bienen im Hintergrund sorgt für Stimmung und macht Ihre Seite attraktiver und interessanter.

Bild 8.19: JBGMusic

Nach der Installation befindet sich JBGMusic unter `Erweiterungen / Plugins /
Content - Content - JBGMusic`.

8.11 jForms

Dieses Werkzeug ist eine Komponente zum Erstellen von Formularen. Der
Formularentwurf erfolgt im Backend über einen WYSIWYG-Editor (what you see is
what you get). Die Elemente lassen sich per Drag & Drop in den Editor ziehen.

Bild 8.20: jForms

Nach der Installation befindet sich das Modul unter `Komponenten / JForms`.

8.12 JoomFish

Joomfish ist eine Erweiterung für Joomla 1.5 und höher, um eine mehrsprachige Website zu erstellen. Im Installationspaket enthalten sind die JoomFish-Erweiterung, eine Dokumentation sowie deutsche Sprachdateien.

Bild 8.21: JoomFish

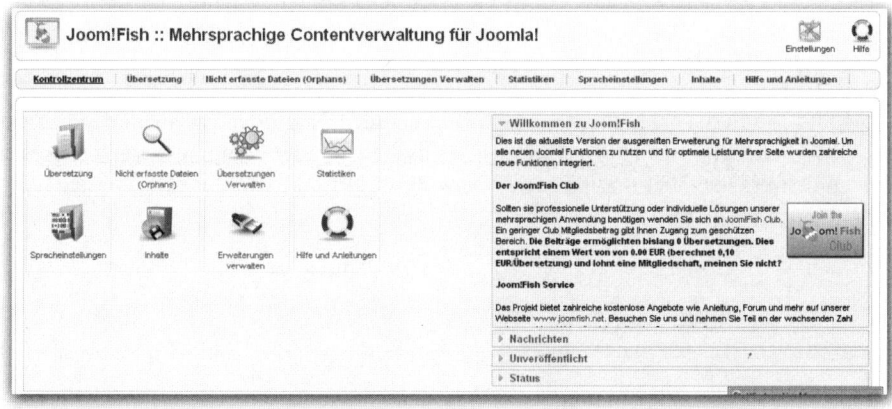

Bild 8.22: JoomFish

Nach der Installation befindet sich JoomFish unter Komponenten / Joomfish.

8.13 JoomlaPack

JoomlaPack ist eine Komponente, die zum Sichern der kompletten Joomla-Website inklusive der Datenbank dient. Dabei kann ausgewählt werden, ob die komplette Seite oder nur die Datenbank gesichert werden soll. Der Clou an der Sicherung mit Joomla-Pack ist, dass ein Installationsprogramm in die Sicherung integriert wird, welches das Wiedereinspielen zum Kinderspiel macht.

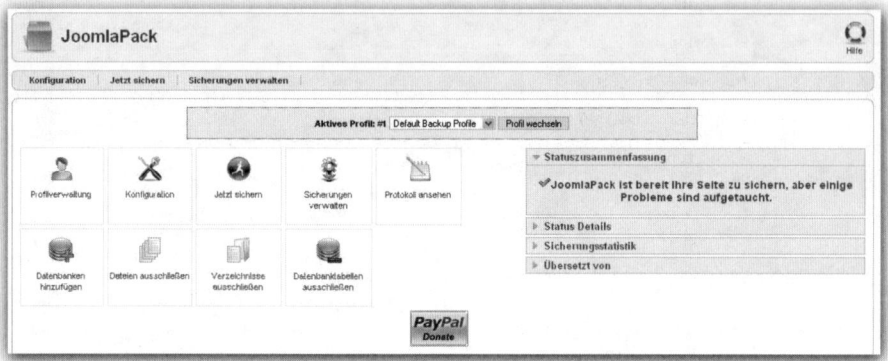

Bild 8.23: JoomlaPack

8.14 Joomulus

Das Modul Joomulus erzeugt eine auf Flash basierende Tag- oder Wortwolke mit Effekten. Die Erweiterung ist nicht nur hübsch anzusehen, sondern kann auch als verspieltes Navigationswerkzeug benutzt werden. Derzeit ist Joomulus auf vielen Joomla-Webseiten anzutreffen.

Bild 8.24: Die Joomulus-Wortwolke

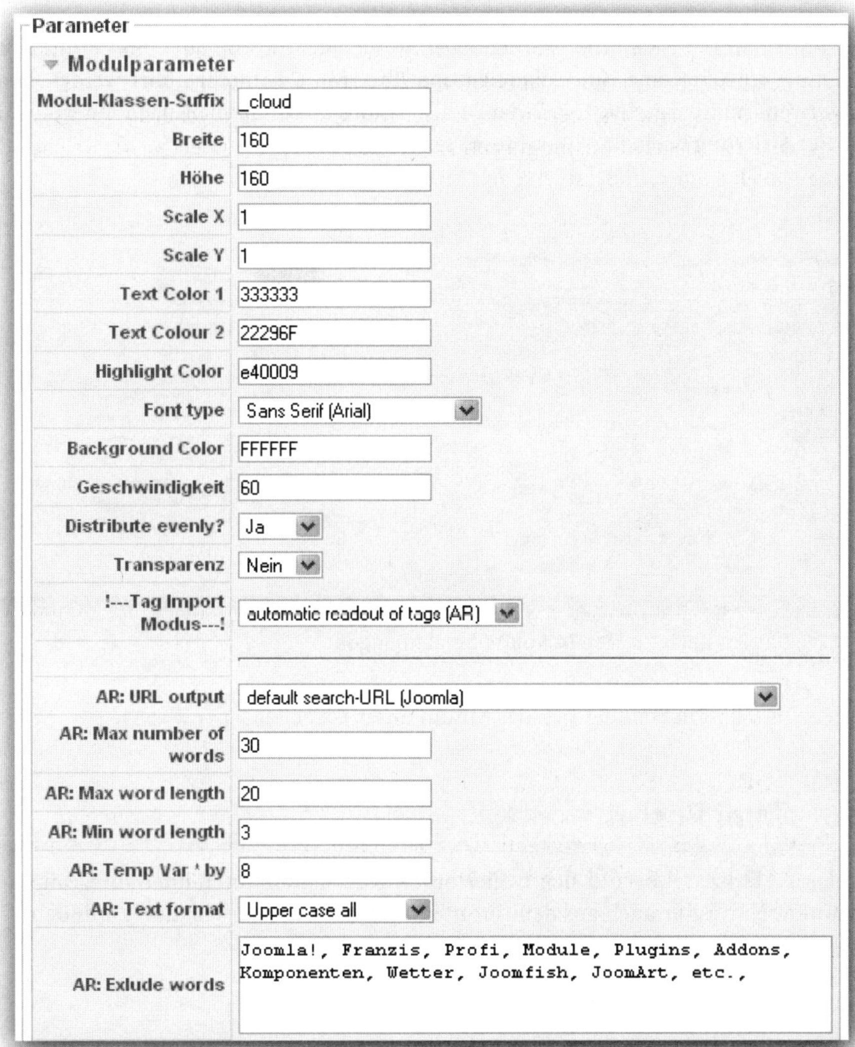

Parameter

▼ Modulparameter

Modul-Klassen-Suffix	_cloud
Breite	160
Höhe	160
Scale X	1
Scale Y	1
Text Color 1	333333
Text Colour 2	22296F
Highlight Color	e40009
Font type	Sans Serif (Arial) ▾
Background Color	FFFFFF
Geschwindigkeit	60
Distribute evenly?	Ja ▾
Transparenz	Nein ▾
!---Tag Import Modus---!	automatic readout of tags (AR) ▾
AR: URL output	default search-URL (Joomla) ▾
AR: Max number of words	30
AR: Max word length	20
AR: Min word length	3
AR: Temp Var ' by	8
AR: Text format	Upper case all ▾
AR: Exlude words	Joomla!, Franzis, Profi, Module, Plugins, Addons, Komponenten, Wetter, Joomfish, JoomArt, etc.,

Bild 8.25: Die Konfiguration von Joomulus

Nach der Installation befindet sich das Modul unter Erweiterungen / Module / Joomulus.

8.15 Map24 für Joomla 1.5

Map24 für Joomla 1.5 stellt im Frontend wahlweise einen Button oder ein Formular zur Verfügung, worüber eine Routenberechnung über Map24 durchgeführt werden kann. Zur Verwendung wird eine Link2Map24-ID benötigt, welche man nach einer kostenlosen Registrierung bei `http://www.de.map24.com/` erhält.

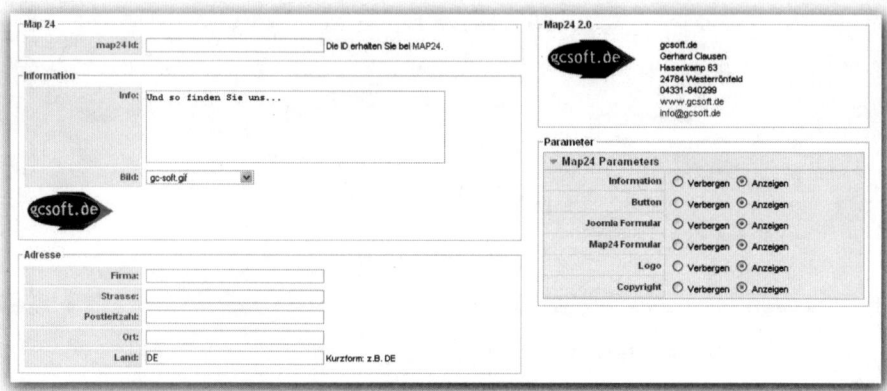

Bild 8.26: Das Formular für Map24-Routenberechnungen

Nach der Installation befindet sich das Modul unter `Komponenten / Map24`.

8.16 Mini Post-it

Der kleine Merkzettel befand sich früher oft an Kühlschranktüren oder auf Computermonitoren. Nun ist er auch auf dem Frontend Ihrer Joomla-Installation zu finden. Der Wunschtext wird im Backend editiert.

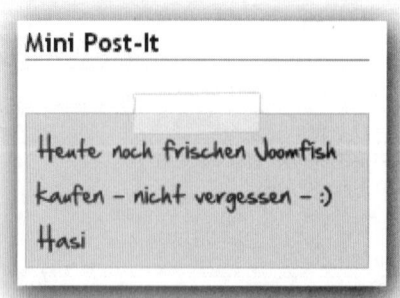

Bild 8.27: Mini Post-it – ein praktischer Merkzettel für aktuelle Informationen

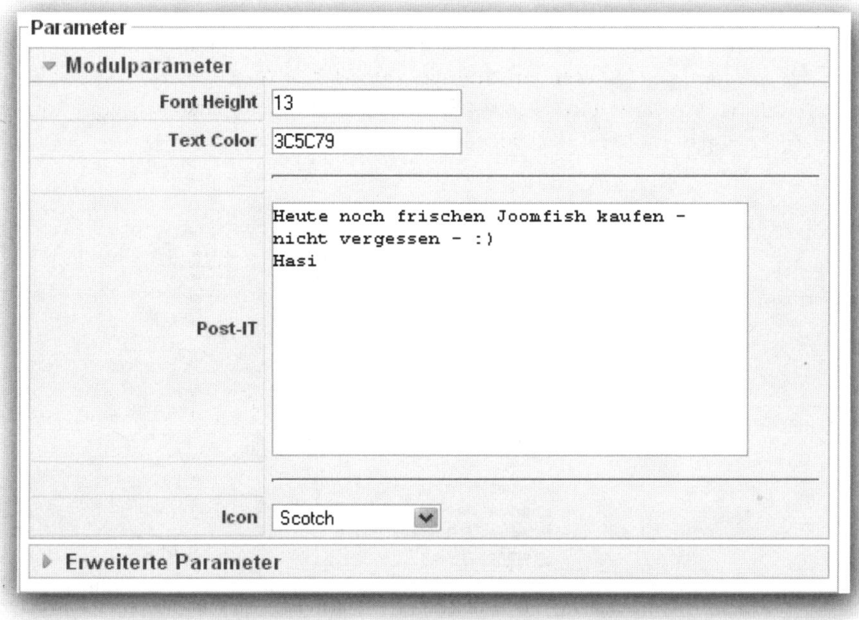

Parameter

▾ **Modulparameter**

Font Height	13
Text Color	3C5C79

Post-IT
```
Heute noch frischen Joomfish kaufen -
nicht vergessen - :)
Hasi
```

Icon Scotch

▸ **Erweiterte Parameter**

Bild 8.28: Das Eingabefenster im Joomla-Backend für den Web-Merkzettel

Nach der Installation befindet sich das Modul unter Erweiterungen / Module / Mini Post it.

8.17   Phoca Gallery Menu Module

Das Phoca Gallery Menu Module erzeugt aus den Kategorien, die in der Phoca-Gallery-Komponente angelegt werden, entweder ein horizontales oder ein vertikales Menü.

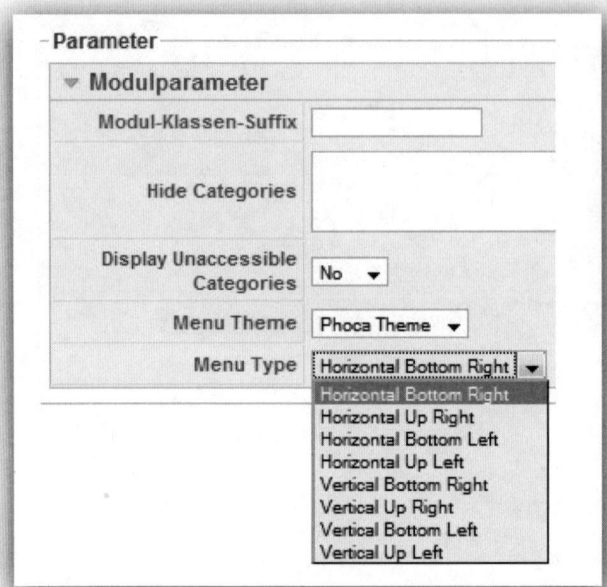

Bild 8.29:
Phoca Gallery

Nach der Installation befindet sich das Modul unter Erweiterungen / Module / Phoca Gallery Menu Module.

8.18 Phoca Guestbook 1.3.2

Das Phoca Guestbook ist eine Gästebuch-Komponente mit integrierter Captcha-Abfrage gegen Spam-Einträge. Dieses Gästebuch sieht gut aus und ist leicht zu bedienen.

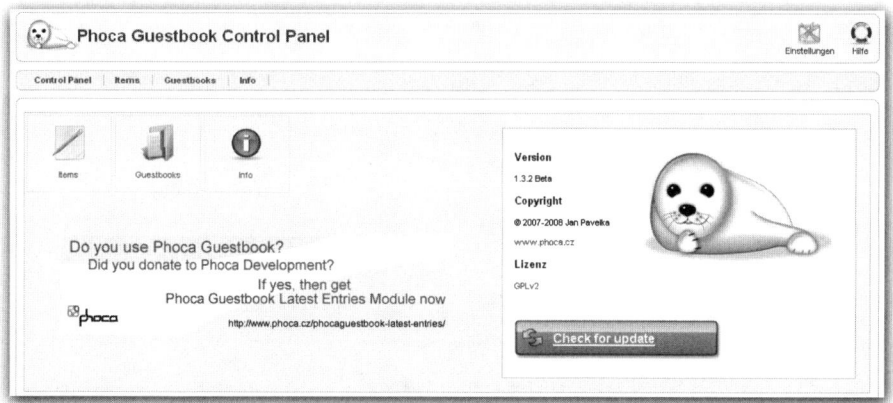

Bild 8.30: Phoca Guestbook

Nach der Installation ist das Gästebuch über Komponenten / Phoca Guestbook zu finden.

8.19 QuickFAQ

Dabei handelt es sich um eine Komponente, mit der sich ein FAQ-Bereich (Frequently Asked Questions – häufig gestellte Fragen) erstellen lässt. Neben den üblichen Funktionen bietet die Komponente einige zusätzliche Features an. Dazu zählen z. B. ein Bewertungssystem, RSS/ATOM-Feeds, die Ausgabe als PDF-Dokument oder das Anbieten von Dateien zum Download.

Bild 8.31: QuickFAQ

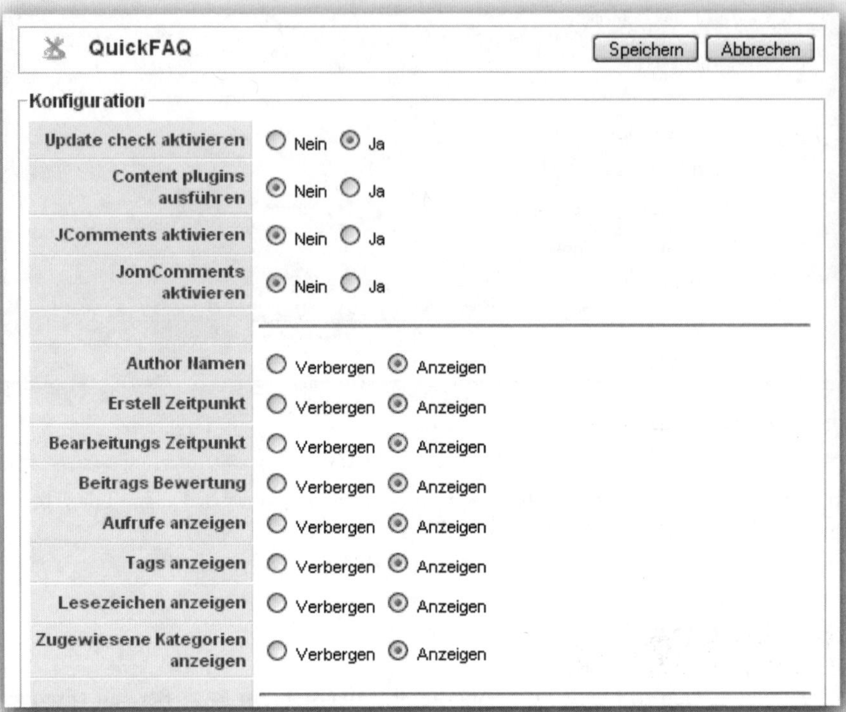

Bild 8.32: Konfiguration von QuickFAQ

Nach der Installation ist das Modul über Komponenten / Quick FAQ zu finden.

8.20 Simple Video Flash Player

Dieses Modul ist ein einfacher Flash-Videoplayer, der technisch auf dem JW-Player basiert. Die zum Abspielen bereitgestellte Videodatei sowie die Darstellungsgrößen lassen sich über die Modulparameter festlegen.

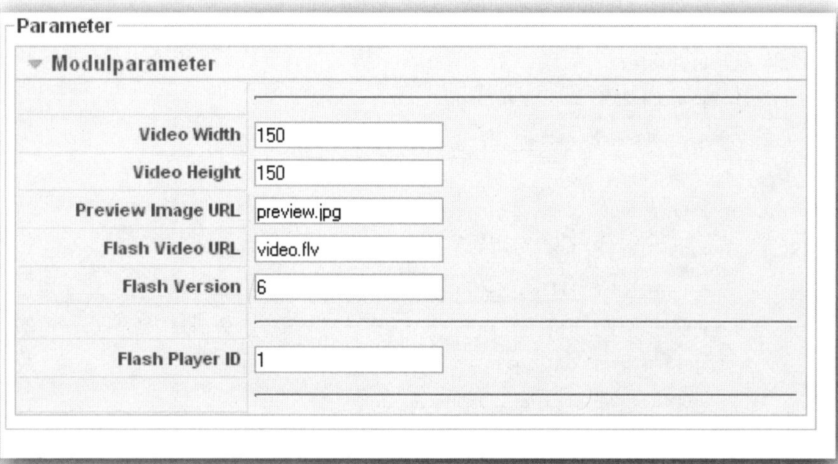

Parameter

▼ **Modulparameter**

Video Width	150
Video Height	150
Preview Image URL	preview.jpg
Flash Video URL	video.flv
Flash Version	6
Flash Player ID	1

Bild 8.33: Einstellungen des Simple Video Flash Player

Bild 8.34: Simple Video Flash Player

Nach der Installation befindet sich der Player unter Erweiterungen / Module / Simple Video Flash Player Module.

8.21 Webcam

Dieses Modul zeigt das Bild einer Webcam als Thumbnail und öffnet das Bild per Klick. Die Refresh-Zeit der Webcam sowie die Darstellungsgrößen sind über das Parametermodul einstellbar.

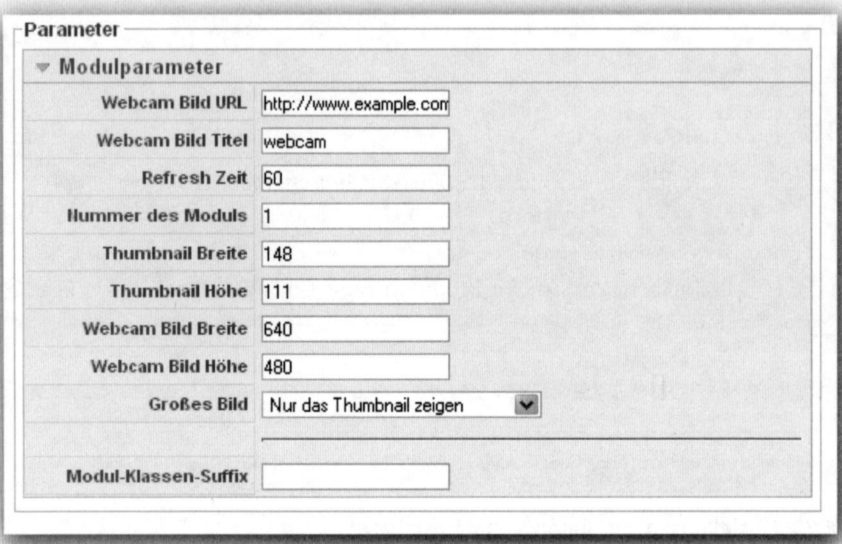

Bild 8.35: Einstellungsoptionen für das Webcam-Programm

Nach der Installation befindet sich das Modul in Erweiterungen / Module / Webcam.

8.22 Wetter

Das Modul stellt die Wetterdaten für den aktuellen und den folgenden Tag dar. Die Daten stammen vom Online-Dienst wetter.com. Im Parameter-Formular wird die Postleitzahl des Ortes eingetragen, dessen Wetterdaten abgefragt werden.

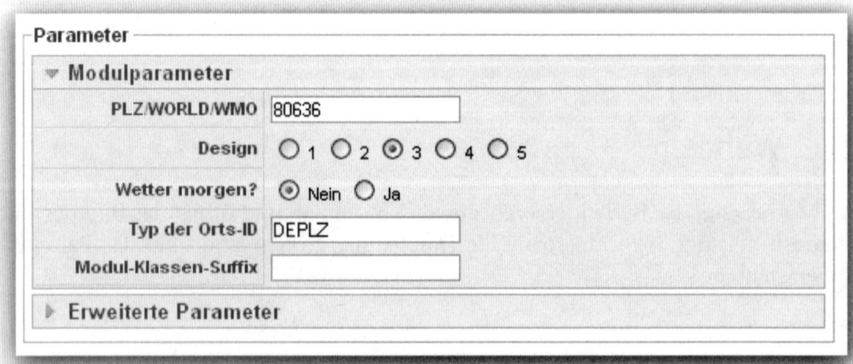

Bild 8.36: Einstellungsparameter des Wetter-Moduls

Bild 8.37: Der aktuelle Wetterbericht im Web

Nach der Installation befindet sich das Modul in `Erweiterungen / Module / Wetter`.

8.23 YOOholidays

Dieses Modul stellt zu Anlässen wie Halloween, Weihnachten und Silvester passende Symbole wie Fledermäuse, Schneeflocken oder ein Feuerwerk dar, die über den Bildschirm schweben. Im Parametermenü wird eingegeben, in welchem Zeitraum die Symbole zu sehen sind.

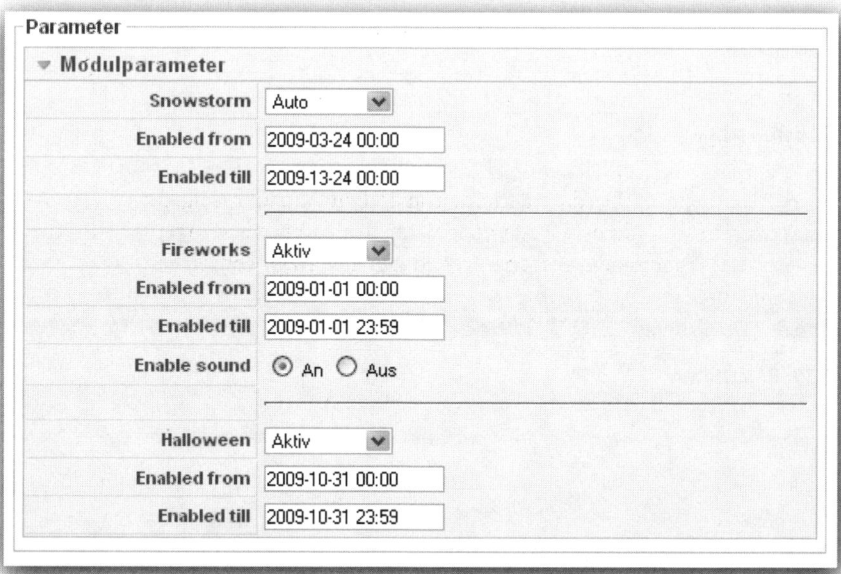

Parameter	
▼ Modulparameter	
Snowstorm	Auto ▼
Enabled from	2009-03-24 00:00
Enabled till	2009-13-24 00:00
Fireworks	Aktiv ▼
Enabled from	2009-01-01 00:00
Enabled till	2009-01-01 23:59
Enable sound	◉ An ○ Aus
Halloween	Aktiv ▼
Enabled from	2009-10-31 00:00
Enabled till	2009-10-31 23:59

Bild 8.38: YOOholidays

Nach der Installation befindet sich das Modul in `Erweiterungen / Module / YOOholidays`.

8.24 ReMOSitory

Ein schönes Tool, um Downloads und Uploads auf der Webseite anzubieten, Verzeichnisse anzulegen und Rechte zu vergeben.

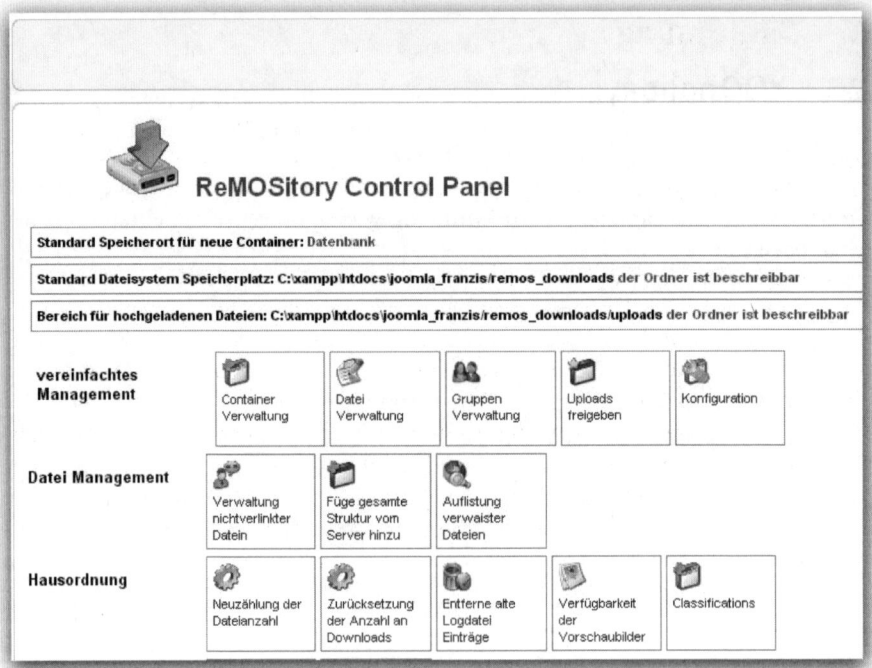

Bild 8.39: ReMOSitory

9 Eigene Module und Komponenten entwickeln

9.1 Einführung

Module, Komponenten und Plugins (früher Mambots) sind in PHP geschriebene Skripte, die an bestimmten und verschiedenen Orten wirken. Weshalb es für Joomla die Erweiterungstypen Module, Komponenten sowie Plugins gibt und nicht etwa nur Komponenten oder Module, ist historisch aus der Mambo-Welt erwachsen. Wichtig für uns ist zunächst das Handling der Erweiterungen. Damit ist gemeint, ein Modul zu erstellen, zu importieren und erste Eindrücke über die Modulerstellung zu erhalten.

Die Unterschiede zwischen Modulen, Plugins und Komponenten (Sprachen gehören als eigenständige Installationspakete auch dazu) lassen sich am ehesten folgendermaßen erklären: Module sind kleine, in sich geschlossene Skripte, die an verschiedenen Orten positioniert werden können. Wenn etwa der Anmeldebereich nicht auf der ersten Seite, sondern auf der letzten Seite angezeigt werden soll, dann ist das nur dadurch möglich, weil das Anmeldemodul eben ein (kleines) Modul und keine Komponente ist. Anders die Plugins: Plugins sind kleine PHP-Skripte, die im Hintergrund laufen, aber als Basis ein Modul oder andere Funktionen aus Joomla für ihre Lauffähigkeit benötigen. Komponenten wiederum sind in sich geschlossene, komplexe Programme, die aus Modulen, Plugins sowie Skripten bestehen können. Komponenten sind damit die komplexesten Erweiterungen in Joomla.

Darüber hinaus ist in Joomla die Programmierschnittstelle Joomla-API integriert (Application Programming Interface). Dadurch ist der Entwickler kaum auf Software von außen angewiesen. Joomla ist quasi der Rahmen, in dem Module erstellt und implementiert werden können.

9.2 Voraussetzungen

Jedes Beispiel in diesem Kapitel ist anwenderfreundlich und kann daher gleich beim Lesen dieses Buches umgesetzt werden. Bevor Sie aber mit dem Experimentieren und Programmieren beginnen, sollten folgende Voraussetzungen erfüllt sein:

- eine funktionierende aktuelle Joomla-Installation in der Version 1.5.9 oder höher

- Grundkenntnisse in PHP, SQL und HTML

- einen Editor. Dabei spielt es keine Rolle, ob Sie einen HTML-Editor oder einen PHP-Editor verwenden

- und eine Datensicherung, die Sie bitte vorher anlegen. Hierbei ist es auch nicht wichtig mit welchem Tool oder Modul Sie ein Backup anlegen. Ein SQL-Dump stellt hierbei eine mögliche Variante dar.

9.3   Präfixe

Präfixe sind die aus drei Buchstaben bestehenden Vorsilben von Dateinamen. Das Präfix com_ zeigt an, dass es sich um eine Komponente handelt.

Das Präfix mod_ verdeutlicht, dass es sich hier um Module und Dateien für Module handelt.

Länderspezifische Präfixe werden so dargestellt: de-DE für Deutsch.

In diesem Kapitel wird lediglich das Joomla-typische Präfix jos_ verwendet. Falls dieses Präfix in Ihrer Installation noch nicht standardmäßig eingestellt ist, dann können Sie dies entweder über das Werkzeug phpMyAdmin oder im Joomla-Backend tun. Falls Sie Änderungen vornehmen müssen, weil Sie noch keine Datenbank mit diesem Präfix haben, legen Sie unbedingt ein Backup an.

9.4   Sprache editieren

Sprachdateien sind in Joomla auch Erweiterungen. Alle Sprachen, die Joomla seinen Anwendern anbietet, befinden sich im Verzeichnis /language/de-DE für die deutsche Sprachdatei.

Im Verzeichnis /de-DE stehen alle Texte, Funktionen, Hinweise – eben alles was sich für eine Deutsch sprechende Website gehört. Und diese Datei lässt sich editieren.

Ein kleines Beispiel: Das folgende Bild stellt einen Teil des Inhaltes des Verzeichnisses /language/de-DE dar.

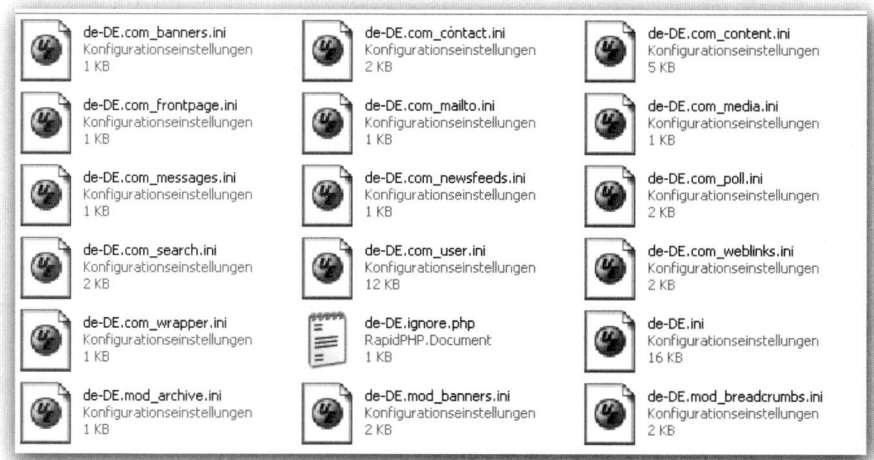

Bild 9.1: Das deutsprachige Sprachverzeichnis

Öffnen Sie bitte die Datei de-DE.com_search.ini in einem Editor Ihrer Wahl. Der Inhalt der Datei ist hier abgebildet:

Bild 9.2: Die Sprache editieren

Verändern Sie nun den folgenden Eintrag

```
SEARCH=Suche
```

in

```
SEARCH=Suche und Finden
```

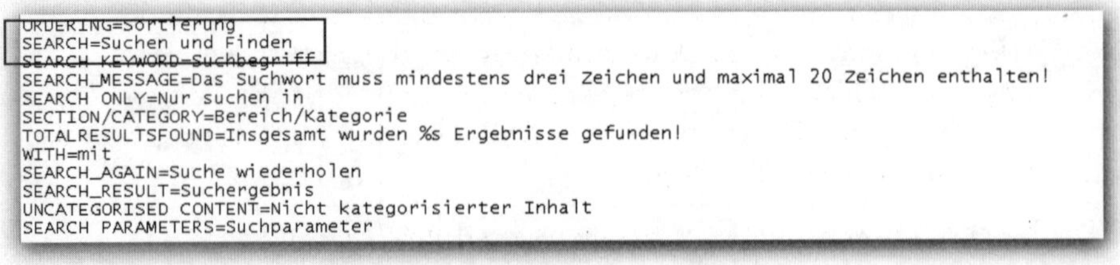

```
ORDERING=Sortierung
SEARCH=Suchen und Finden
SEARCH_KEYWORD=Suchbegriff
SEARCH_MESSAGE=Das Suchwort muss mindestens drei Zeichen und maximal 20 Zeichen enthalten!
SEARCH ONLY=Nur suchen in
SECTION/CATEGORY=Bereich/Kategorie
TOTALRESULTSFOUND=Insgesamt wurden %s Ergebnisse gefunden!
WITH=mit
SEARCH_AGAIN=Suche wiederholen
SEARCH_RESULT=Suchergebnis
UNCATEGORISED CONTENT=Nicht kategorisierter Inhalt
SEARCH PARAMETERS=Suchparameter
```

Bild 9.3: Text ersetzen

Bitte speichern Sie nun die Datei und überprüfen Sie dies, indem Sie einen Suchbegriff im Frontend eingeben. Das Ergebnis sollte so aussehen:

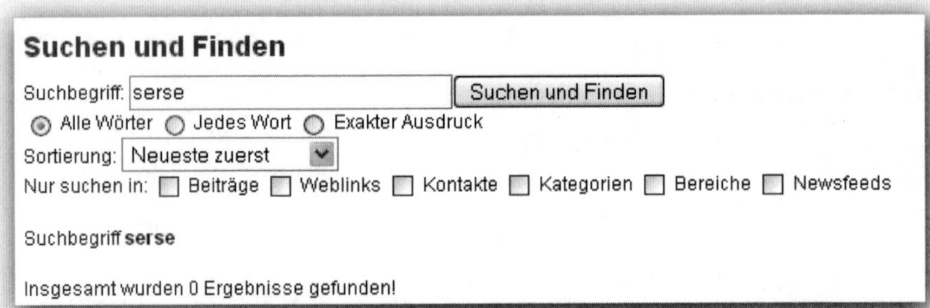

Suchen und Finden

Suchbegriff: serse   [Suchen und Finden]
◉ Alle Wörter ○ Jedes Wort ○ Exakter Ausdruck
Sortierung: [Neueste zuerst ▼]
Nur suchen in: ☐ Beiträge ☐ Weblinks ☐ Kontakte ☐ Kategorien ☐ Bereiche ☐ Newsfeeds

Suchbegriff **serse**

Insgesamt wurden 0 Ergebnisse gefunden!

Bild 9.4: Neue Überschrift im Suchmodul

In der Sprachdatei /language/de-DE können Sie nach eigener Lust und Laune die Beschriftungen für fast alles auf Ihrer Joomla-Webseite ändern, anpassen oder löschen. Probieren Sie es aus!

9.5 Die XML-Datei

Kein Modul, Template und keine Erweiterung lässt sich ohne eine XML-Datei installieren. Diese Datei (je nach Art der Erweiterung) enthält Pfade zu Verzeichnissen, Informationen zur Größe von Textfeldern, zum Namen des Autors, das Datum der Programmierung und Ähnliches. Wie schon erwähnt: Der Inhalt einer XML-Datei hängt von ihrer Aufgabe ab. Während in einer XML-Datei für ein Template die Pfade für Bilder und Ähnliches festgelegt sind, gibt es diese Einträge für eine Modul-XML nicht. Dafür lassen sich aber Modul-spezifische Parameter eingeben. Die Art der Erweiterung ist hier ausschlaggebend.

Welche Daten in der XML-Datei benötigt werden, ist davon abhängig, welche XML-Datei editiert werden soll. In unserem Beispiel könnte man etwa auf die Parameter (param) verzichten. Würden sie ausgelassen, stünden sie im Backend nicht zur

Verfügung. Parameter sind nicht zwingend notwendig, bieten aber eine zusätzliche Möglichkeit, ein Modul im Backend richtig zu konfigurieren. Eine »Hallo Welt«-Anwendung in verschiednen Sprachen wäre eine Methode für die Verwendung von Parametern. Die Art der Daten, die in einer XML-Datei zur Verfügung stehen, nennt man Metainformationen. Dazu zählen:

- Der Name der Erweiterung, so wie er im Backend angezeigt wird.

- Der Autor der Erweiterung.

- Die E-Mail-Adresse des Autors.

- Die Web-URL des Autors.

- Das Datum der Erstellung.

- Das Copyright der Erweiterung.

- Die Lizenzbedingungen nach der GNU GPL.

- Die Versionsnummer der Erweiterung.

Hier nun die Umsetzung als XML-Datei:

...mod_hello.xml

```
<?xml version="1.0" encoding="utf-8"?>
<install type="module" version="1.5.2">
<name>Hallo an die ganze Welt</name>
<author>Donald Duck</author>
<creationDate>11.07.2009</creationDate>
<copyright>(c) 2009 by Donald Duck</copyright>
<license>http://www.gnu.org/copyleft/gpl.html GNU/GPL</license>
<authorEmail>donald@entenhausen.com</authorEmail>
<authorUrl>http://www.donald.com</authorUrl>
<version>1.0</version>
<description>Hallo an die ganze Welt</description>
<files>
<filename module="mod_hello">mod_hello.php</filename>
</files>
<params>" label="Hello" description="Text" />
</params>
</install>
```

9.6 Ein Modul erstellen

Module bestehen im Wesentlichen aus mindestens zwei Komponenten. Eine davon ist die bereits erwähnte XML-Datei, die für die Installation wichtig ist. Dazu kommt eine PHP-Datei, die das eigentliche Skript darstellt. Eventuell ist als drittes noch eine HTML-Datei notwendig, die als Container dient.

In unserem folgenden Beispiel werden jedoch lediglich zwei Dateien benötigt.

9.6.1 Eine XML-Datei für die Installation

Das Präfix mod_ am Anfang des Dateinamens bedeutet, dass es sich um ein Modul bzw. eine XML-Datei für ein Modul handelt. Wie gehen wir vor? Erstellen Sie eine leere Datei mit dem Namen mod_hello.php und eine Datei mit dem Namen mod_hello.xml. Wir machen es uns aber ein bisschen einfacher: Als Gerüst für die XML-Datei verwenden wir eine, die in Joomla bereits vorhanden ist.

Wechseln Sie zunächst in das Verzeichnis /XAMPP/htdocs/joomla/modules und öffnen Sie dort das Verzeichnis mod_poll. Zum Ansehen öffnen Sie die Datei mod_poll.xml mit einem Editor. Die Pfade sind jetzt erst einmal nebensächlich, möglicherweise arbeiten Sie auch nicht lokal. Passen Sie die Pfade Ihrer Umgebung an.

Unsere Datei mod_hello.xml hat folgenden Inhalt:

mod_hello.xml

```
<?xml version="1.0" encoding="utf-8"?>
<install type="module" version="1.5.2">

<name>Hallo an die ganze Welt</name>
<author>Donald Duck</author>
<creationDate>11.07.2009</creationDate>
<copyright>(c) 2009 by Donald Duck</copyright>
<license>http://www.gnu.org/copyleft/gpl.html GNU/GPL</license>
<authorEmail>donald@entenhausen.com</authorEmail>
<authorUrl>http://www.donald.com</authorUrl>
<version>1.0</version>
<description>Hallo an die ganze Welt</description>

<files>
<filename module="mod_hello">mod_hello.php</filename>
</files>
<params>

// An dieser Stelle werden die Parameter festgelegt, wie sie auch später im
Backend zu sehen sind //

<param name="hello" type="textarea" cols="40" rows="15" default="
```

```
Hallo Welt auf Französisch
Bonjour à tous

Hallo Welt auf Italienisch
Ciao a tutti!

Hallo Welt auf Portugiesisch
Olá Mundo

etc.

" label="Hello" description="Text" />
   </params>
  </install>
```

Dazu kommt das eigentliche PHP-Skript, welches so aussieht:

mod_hello.php

```php
<?php
/**
* Modul "Hallo an die ganze Welt" für Joomla
*/
defined('_VALID_MOS') or die('Restricted access');
$content = "";
$hello = $params -> get('hello');
echo $hello;
?>
```

Diese beiden Dateien mod_hello.xml und mod_hello.php komprimieren Sie mit einem Archivprogramm wie z. B. Winzip. Wie Sie sehen, kann der Titel des Moduls mit /** und */ auskommentiert werden.

Die komprimierte Datei sollte anschließend mod_hello.zip heißen.

Jetzt muss die Datei nur noch über das Installationsmodul (Erweiterungen / Installation - Deinstallation) in Joomla importiert werden.

Wenn Sie nach der Installation einen Blick in das Backend werfen, werden Sie unter Erweiterungen / Module das Modul mod_hello sehen können.

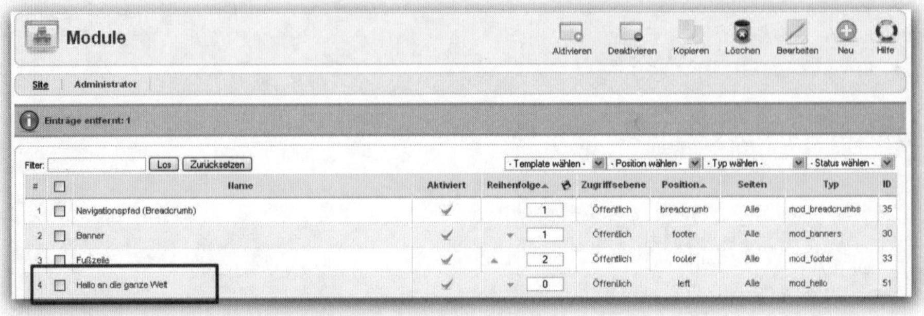

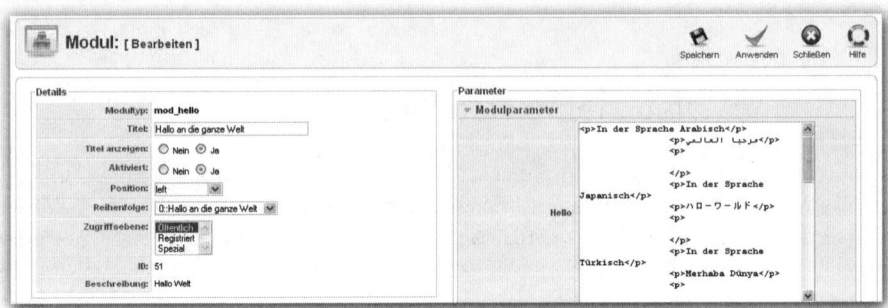

Bild 9.5: Modulübersicht im Backend

Hier sehen Sie die Parametereinstellungen im Modul selbst. Die Parameter des Moduls lassen sich nicht nur in der XML-Datei festlegen, sondern auch im Backend bearbeiten. Ohne den `params`-Eintrag in der Modul-XML wären keine Parametereinstellungen möglich.

Bild 9.6: Parameter im Modul *mod_hello*

Das Modul erzeugt nun die Botschaft »Hallo Welt« in verschiedenen Sprachen.

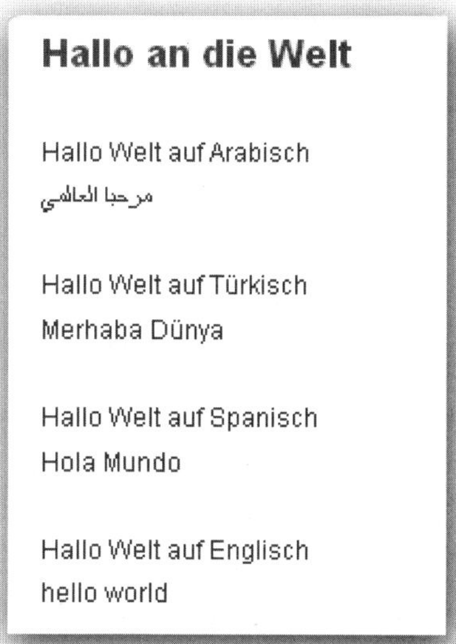

Hallo an die Welt

Hallo Welt auf Arabisch

مرحبا العالمي

Hallo Welt auf Türkisch
Merhaba Dünya

Hallo Welt auf Spanisch
Hola Mundo

Hallo Welt auf Englisch
hello world

Bild 9.7: Ausgabe des Moduls im Frontend

9.7 Eine Komponente erstellen

Zunächst sollten Sie ein leeres Joomla-CMS der Version 1.5 oder höher installieren. Versuchen Sie alles so nachzubauen, wie es in der Beschreibung erläutert ist. Vergessen Sie nie ein Backup zu erstellen – auch wenn es keine Live-Umgebung ist, ist es doch ärgerlich, wieder eine Neuinstallation durchzuführen. Die Pfadangaben sollten für das bessere Verständnis gleich sein wie hier. In diesem Beispiel lautet die URL Ihrer lokalen Joomla-Installation so:

```
http://localhost/joomla/index.php
```

Für einen besseren Überblick sollte das neue Joomla-Web ausnahmsweise ohne Beispieldaten eingerichtet werden.

Selbstverständlich sind Ihnen eigene Namen, Texte, und Verzeichnisse erlaubt. Allerdings sollten Sie sich die Verzeichnisstruktur gut überlegen, damit Sie sich auch zurecht finden.

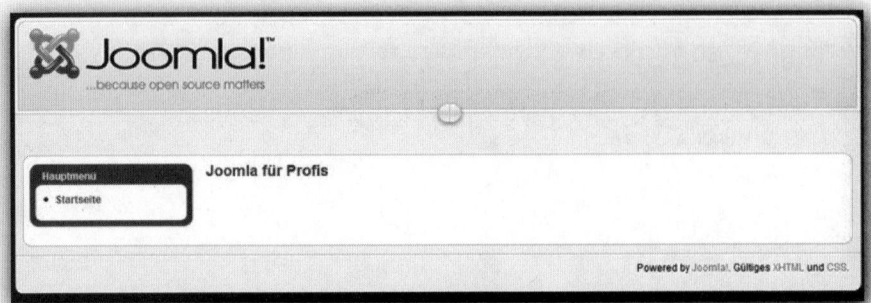

Bild 9.8: Leere Joomla-Installation

Komponenten haben als Präfix immer com_. In dieser Beschreibung zur Erstellung einer Komponente wird also das Präfix com_ vorangestellt.

Was wir benötigen, sind zwei Verzeichnisse, die im Ordner /Administrator/ components/ und im Joomla Root-Verzeichnis /components erstellt werden müssen.

Die Verzeichnisse, die wir erstellen, sollten com_pizza getauft werden.

Die korrekten Pfade wären also /Administrator/components/com_pizza sowie /components/com_pizza.

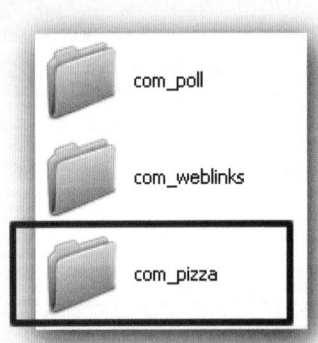

Bild 9.9: Das Verzeichnis com_pizza

Bild 9.10: Die Komponente Pizza im Joomla-Frontend

Um die Komponenten auch dem Backend bekannt zu machen, editieren wir die Datei /adminstrator/components/mod_pizza und füllen die Datei admin.pizza.php mit folgendem PHP-Code:

```php
<?php defined( '_JEXEC' ) or die( 'Restricted access' ); echo 'Pizza'; ?>
```

Dazu müssen wir allerdings erst eine leere Datei admin.pizza.php anlegen und den oberen Code einfügen. Aktualisieren Sie die Seite und das Ergebnis sollte so aussehen:

Bild 9.11: Die Pizza-Komponente im Backend

Die Datenbankabhängigkeit von Joomla hat Vor- und Nachteile. Ein deutlicher Vorteil ist, dass alles, was Joomla an Inhalten und Strukturen mitbringt, in seiner Datenbank abgebildet ist, auch Komponenten. Daher werden wir unsere kleine Komponente der Datenbank vorstellen.

Die SQL-Anweisung für unsere eben erstellte Komponente sieht so aus:

```
INSERT INTO jos_components (name, link, admin_menu_link, admin_menu_alt,
`option`, admin_menu_img, params)
VALUES ('Pizza', 'option=com_pizza', 'option=com_pizza', 'Manage Pizza',
'com_pizza', 'js/ThemeOffice/component.png', '');
```

Sie können das manuell in die Datenbank einfügen oder importieren. Der Import über das Tool phpMyAdmin geht rasch und einfach. Folgen Sie ganz einfach dieser Beschreibung.

Schritt 1:

Rufen Sie den phpMyAdmin auf.

Schritt 2:

Legen Sie eine Datenbank mit der Bezeichnung pizza an.

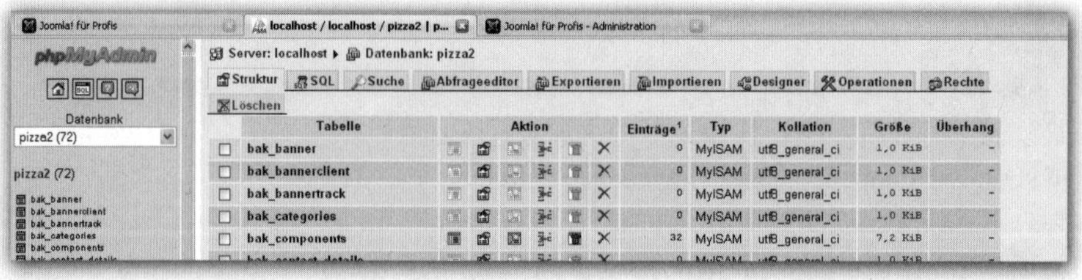

Bild 9.12: Der phpMyAdmin

Schritt 3:

Erstellen Sie eine SQL-Abfrage. Verwenden Sie diesen Code dazu:

```
INSERT INTO jos_components (name, link, admin_menu_link, admin_menu_alt,
`option`, admin_menu_img, params)
VALUES ('Pizza', 'option=com_pizza', 'option=com_pizza', 'Manage Pizza',
'com_pizza', 'js/ThemeOffice/component.png', '');
```

Fügen Sie dieses Codestück in ein leeres Textdokument ein und speichern Sie es als pizza.sql ab.

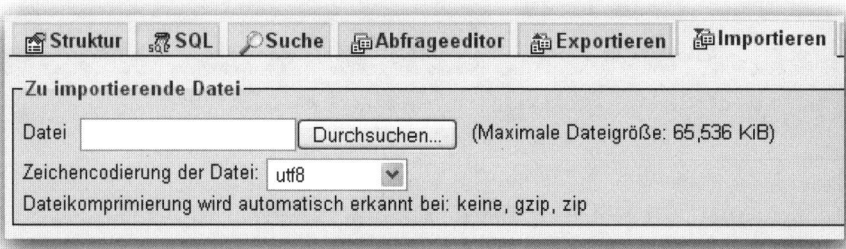

Bild 9.13: Dateiimport mit dem phpMyAdmin

Schritt 4:

Laden Sie die Datei `pizza.sql` hoch. Das Ergebnis sieht im Erfolgsfall wie unten abgebildet aus.

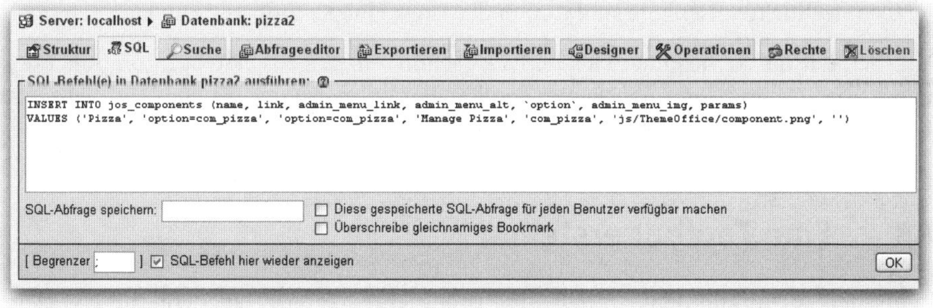

Bild 9.14: Die importierte Datei pizza.sql im phpMyAdmin

Das Ergebnis unserer Bemühungen soll die Erstellung einer Komponente sein. Wenn Sie einen Blick in das Joomla-Backend werfen und dort unter Komponenten schauen, wird Ihnen eine neue Komponente mit der Bezeichnung »Pizza« angezeigt.

Bild 9.15: Erfolgreich erzeugte Joomla-Komponente

Herzlichen Glückwunsch! Sie sind nun in der Lage, eine Komponente zu erstellen.

Natürlich hat die Sache einen Haken. Es ist schön, eine eigens erstellte Komponente zu haben, aber es sind ihr noch keine Toolbar-Funktionen zugewiesen. Das heißt, dass unter anderem das Speichern und Freigeben der Komponente nicht möglich ist.

9.8 Eine Toolbar erstellen

Komponenten funktionieren nur bedingt ohne eine Toolbar (zu deutsch: Werkzeugleiste), die wesentliche Funktionen wie das Löschen ermöglicht. Daher ist es sinnvoll, unsere Komponente mit den Funktionen einer Toolbar zu verbinden.

Bild 9.16: Verknüpfung der Toolbar mit der Komponente

Es gibt noch einige Schritte zu tun, ehe die Toolbar auch funktioniert. Erstellen Sie dazu die eine leere Datei namens `toolbar.pizza.html.php` im Verzeichnis `Administrator/Components/com_pizza` sowie eine weitere leere Datei mit dem Namen `toolbar.pizza.php`. Die letztgenannte Datei stellt die eigentlichen Toolbar-Inhalte zur Verfügung. Das

File `toolbar.pizza.html.php` dient dagegen gewissermaßen als HTML-Container für die Komponente.

Fügen Sie danach den folgenden Code in die Datei `toolbar.pizza.html.php` ein:

```php
<?php
defined( '_JEXEC' ) or die( 'Restricted access' );
class TOOLBAR_pizza {
function _NEW() { JToolBarHelper::save(); JToolBarHelper::apply();
JToolBarHelper::cancel();
}
function _DEFAULT() { JToolBarHelper::title( JText::_( Pizza' ),
'generic.png' ); JToolBarHelper::publishList();
JToolBarHelper::unpublishList(); JToolBarHelper::editList();
JToolBarHelper::deleteList(); JToolBarHelper::addNew();
} } ?>
```

Fügen Sie danach dieses Codestück in die Datei `toolbar.pizza.php` ein:

```php
<?php defined( '_JEXEC' ) or die( 'Restricted access' ); require_once(
JApplicationHelper::getPath( 'toolbar_html' ) ); switch($task) {
case 'edit':
case 'add': TOOLBAR_pizza::_NEW(); break;
default: TOOLBAR_pizza::_DEFAULT(); break;
} ?>
```

Was geschieht hier?

Jede aufgelistete Funktion entspricht einem eigenen Icon in der Symbolleiste. Die Funktion `JToolBarhelper::publishList()` ist die Funktion, die sich hinter dem Symbol "Freigeben" verbirgt. Die anderen Funktionen sprechen für sich.

`JToolBarHelper::publishList();`	Freigeben
`JToolBarHelper::unpublishList();`	Nicht Freigeben / Sperren
`JToolBarHelper::editList();`	Bearbeiten
`JToolBarHelper::deleteList();`	Löschen
`JToolBarHelper::addNew();`	Neu / Hinzufügen

Bild 9.17: Toolbar Pizza

Jetzt lässt sich die Komponente über die Symbolleiste editieren.

10 Troubleshooting – 50 gute Lösungen

Joomla ist eine erstaunlich robuste Anwendung. Die meisten Probleme lassen sich durch eine Neuinstallation der Module oder ein Update rasch lösen. In der Regel hat der Joomla-User mehr Ärger mit seinem Web-Provider und dessen Richtlinien. Sollte ein Problem tatsächlich auf Joomla selbst zurückzuführen sein, dann handelt es sich meist um PHP- oder SQL-Fehler. Diese lassen sich aber lösen und die Joomla-Community sorgt stets rasch für einen Patch mit einer Korrektur, wenn mit einem Joomla-Update das Problem nicht aus der Welt sein sollte.

Probleme habe ich in der Regel mit anderen Anwendungen (die oft proprietär und daher kostenpflichtig waren). Dennoch hat auch Joomla dann und wann seine Mucken. Ich habe die häufigsten Fehler, quasi die Top 50, zusammengestellt und würde mich freuen, wenn Sie das tun, wozu Fehler gut sind – nämlich daraus lernen.

10.1 Installationsdatei kann nicht gefunden werden

Problem:

Beim Installieren einer Erweiterung wird ein Fehler erzeugt oder sie lässt sich nicht installieren.

oder

Bei dem Versuch, eine Erweiterung zu installieren, wird die Meldung ausgegeben, dass die »Installationsdatei nicht gefunden« werden konnte.

Lösung:

Möglicherweise ist das Installationsarchiv in einem zweiten Archiv gepackt. Oft werden Erweiterungen mit Sprachdateien und Plugins zusammengefasst. Die ZIP-Dateien tragen dann z. B. den Namen

```
Modul_donald_bitte_erst_entpacken.zip
```

Entpacken Sie also zunächst das Paket und installieren Sie dann die integrierten ZIP-Files.

10.2   404 – Beitrag nicht gefunden!

Problem:

Sie erhalten die Fehlermeldung: 404 – Beitrag nicht gefunden!

Dieses Problem kann unterschiedliche Ursachen haben. Einige davon sind:

- Sie verwenden ein veraltetes Lesezeichen in Ihrem Browser.

- Eine Suchmaschine hat einen veralteten Index der Website.

- Die von Ihnen eingegebene Webadresse stimmt nicht.

- Sie haben keinen Zugriff zu dieser Seite!

Mögliche Ursache:

Falsche Systemzeit.

Lösung:

Passen Sie die Systemzeit an.

10.3   Kryptische Zeichen am Ende jeder Seite

Problem:

Am Ende jeder Seite stehen kryptische Zeichen.

Lösung:

Der Debugging-Modus ist aktiviert. Um ihn zu beenden, müssen Sie im Menüpfad `Konfiguration/System/Debug` die Option `System debuggen` auf `Nein` setzen.

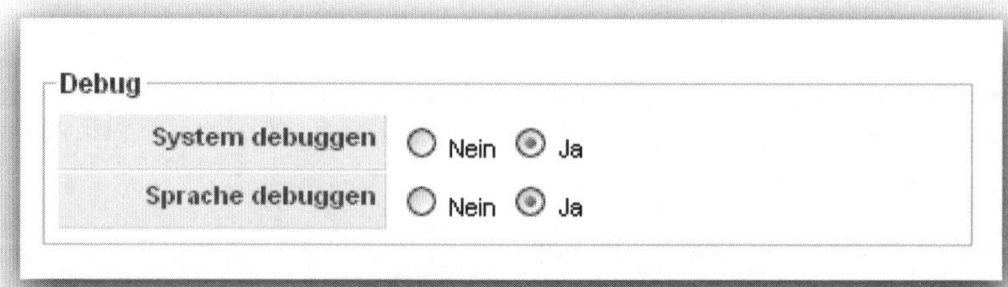

Bild 10.1: Eingeschalteter Debugging-Modus

10.4 Keine Anmeldung am Frontend möglich

Problem:

Die Anmeldung am Frontend funktioniert nicht mehr. Die Fehlermeldung lautet:

```
Fatal error: Call to undefined function: stripos() in /homepages/58/
h212539471272/htdocs/libraries/joomla/environment/uri.php on line.
```

Lösung:

Die Datei uri.php muss editiert werden. Dabei ist diese Codezeile

```
if(stripos($base, JURI::base()) !== 0 && !empty($host)) {
```

durch folgende Zeile zu ersetzen:

```
if(strpos($base,stristr($base,JURI::base())) !== 0 && !empty($host)) {
```

10.5 Der Apache-Server läuft nicht richtig

Problem:

XAMPP wurde erfolgreich installiert und auch das Control-Panel lässt sich starten. Jedoch startet der Webserver nicht. Wenn Sie auf den Start-Button im Control-Panel klicken, erscheint ein kurzes Flackern. Man könnte daher glauben, Apache sei korrekt gestartet, aber beim Aufruf im Browser wird gemeldet: "Server nicht gefunden".

Lösung:

Das Problem ist höchstwahrscheinlich darauf zurückzuführen, dass ein anderes Programm ebenfalls den Port 80 verwendet.

Oft tritt das Phänomen auf, wenn neben Apache auch Skype installiert ist. Beide Programme verwenden denselben Port. Das Problem lässt sich einfach lösen, indem Sie zuerst Apache starten und anschließend Skype.

10.6 Der Titel eines Beitrags wird nicht angezeigt

Problem:

Bei einem Beitrag wird der Titel nicht angezeigt.

Lösung:

Der Parameter für die Titelanzeige steht auf nein. Setzen Sie ihn auf Ja, dann klappt's wieder.

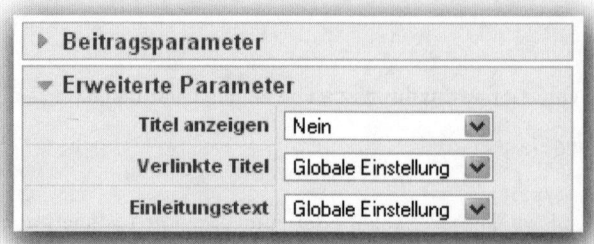

Bild 10.2:
Die Titelanzeige steht
auf »Nein«

10.7   Bei einer lokalen Installation werden keine Seiten angezeigt

Problem:

Bei einer Joomla-Installation auf einem lokalen Rechner werden keine Seiten angezeigt.

Lösungsvorschlag:

Die Joomla-Dateien liegen nicht im XAMPP-Unterverzeichnis htdocs.

10.8   Fehlermeldung beim Logout

Problem:

Beim Verlassen von Joomla über die Logout-Funktion erscheint die folgende Fehlermeldung:

```
Warning: mosMainFrame::require(/administrator/xxx.php)
[function.mosMainFrame-require]: failed to open stream: No such file or
directory in /includes/joomla.php
```

```
Fatal error: mosMainFrame::require() [function.require]: Failed opening
required '/administrator/logout.php' (include_path='.:/usr/lib/php5') in
/includes/joomla.php
```

Lösung:

Offenbar kann Joomla auf eine bestimmte Komponente nicht zugreifen, da sie als No such file or directory in ... angemahnt wird. Diese Fehlermeldung kann variieren: Je nachdem, welche Datei vermisst wird, steht in der Variablen xxx.php der Name einer Datei, die nicht gefunden werden kann.

Installieren Sie Joomla neu oder laden Sie die angemahnte Datei xxx.php nochmals hoch.

10.9 Die Seite ist temporär nicht erreichbar

Problem:

Beim Aufruf von Joomla erscheint ein weißes Fenster mit dem Text, dass die Seite temporär nicht erreichbar ist.

Lösung:

Klären Sie zunächst, ob der Fehler bei einer lokalen oder einer Internet-Installation aufgetreten ist.

Wenn lokal, dann hilft in den meisten Fällen das (erneute) Starten von XAMPP oder die Abschaltung der Firewall, um zu prüfen, ob es daran liegen kann. Eventuell ist XAMPP gar nicht aktiv.

Wenn der Fehler im Live-System im Web auftritt, ist zumeist der Webhoster schuld, der gerade Probleme hat. Das ist öfter der Fall, als man meinen mag.

Gab es von Anfang an diesen Fehler, stimmt irgendetwas in der Datei `configuration.php` nicht. Lokal öffnen, die Parameter für die Datenbank prüfen und ggf. noch einmal auf den Webspace kopieren.

10.10 Die PDF-Ausgabe funktioniert nicht

Problem:

Das Drucken über PDF-Button funktioniert nicht.

Wenn Sie unter Windows im Internet Explorer auf den PDF-Button drücken, erscheint nur ein weißer Bildschirm, aber keine Datei.

Lösung:

Klicken Sie mit der rechten Maustaste auf das PDF-Symbol und wählen Sie dann `Link öffnen` aus.

10.11 Eine Erweiterung wird nicht angezeigt

Problem:

Eine installierte Erweiterung (Modul, ein Plugin, eine Komponente) ist eingerichtet, wird aber nicht angezeigt.

Lösung:

Erweiterungen sind zwar installiert, aber nicht aktiviert. Standardmäßig ist eine neu installierte Erweiterung noch nicht aktiv. Sie muss noch aktiviert werden.

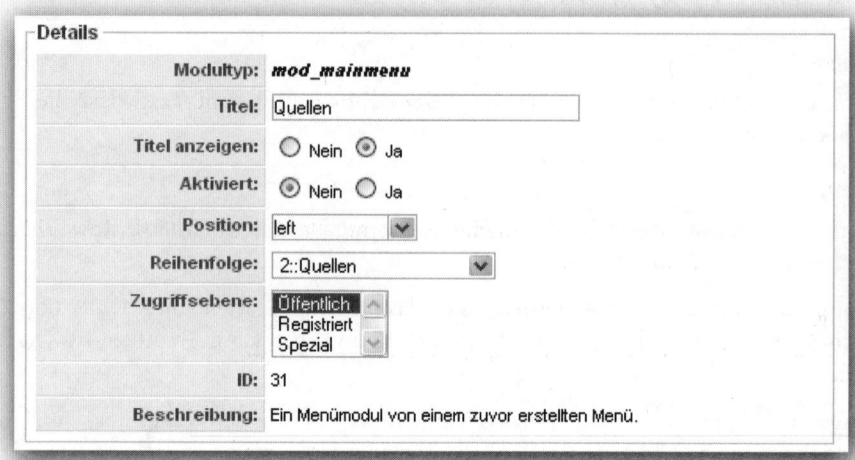

Bild 10.3: Da das Modul noch nicht aktiviert wurde, ist es nicht sichtbar

10.12 Eine Datenbank lässt sich nicht wieder einspielen

Problem:

Eine Datenbank lässt sich nicht zurückspielen.

Lösung:

Mit hoher Wahrscheinlichkeit weisen die Datenbanktabellen falsche Präfixe auf. Importieren Sie die Datenbank neu und löschen Sie über den phpMyAdmin die alte. Alternativ können Sie die alte Tabelle in der Datenbank löschen und dann die neue einspielen. Oft wird beim Einspielen angezeigt, dass die Tabellen schon vorhanden sind. In so einem Fall hilft nur das Löschen der bereits vorhandenen Tabellen.

10.13 Eine Erweiterung lässt sich nicht installieren

Problem:

Beim Installieren einer Erweiterung, z. B. eines Sprachpakets oder eines Moduls, erscheint keine Fehlermeldung. Trotzdem funktioniert es nicht.

Mögliche Ursache:

Prüfen Sie, ob Sie ausreichende Schreibrechte für die Installation der Erweiterung haben.

10.14 Kein Zugriff auf den Admin-Bereich

Problem:

Der Zugriff auf den Admin-Bereich wird trotz richtiger Username/Passwort-Kombination verweigert.

Ursache:

Es kann vorkommen, dass kein Zugang in den Admin-Bereich möglich ist, obwohl Passwort und Benutzername stimmen.

Lösung:

Löschen Sie mit Ihrem FTP-Programm den Inhalt des Ordners `Cache`.

Öffnen Sie die Datenbank mit phpMyAdmin und wechseln Sie dann zur betreffenden Tabelle `jos_session`.

Legen Sie zur Sicherheit ein Backup der Tabelle an.

Löschen Sie jetzt alle vorhandenen Einträge aus der originalen Tabelle `jos_session`.

Nun sollte der Administrationsbereich bei korrekt eingegebenen Zugangsdaten wieder zugänglich sein.

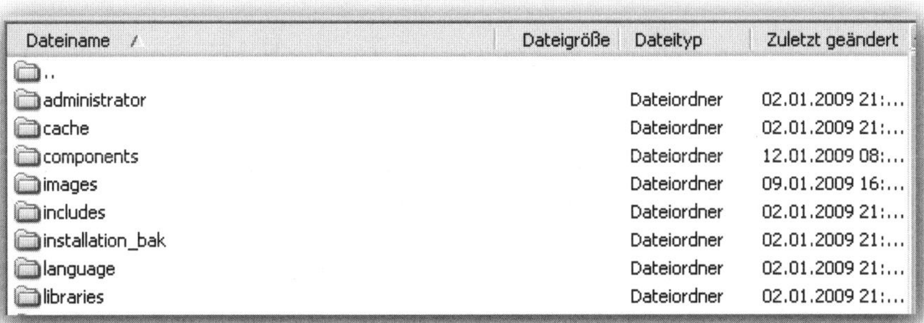

Dateiname ╱	Dateigröße	Dateityp	Zuletzt geändert
..			
administrator		Dateiordner	02.01.2009 21:...
cache		Dateiordner	02.01.2009 21:...
components		Dateiordner	12.01.2009 08:...
images		Dateiordner	09.01.2009 16:...
includes		Dateiordner	02.01.2009 21:...
installation_bak		Dateiordner	02.01.2009 21:...
language		Dateiordner	02.01.2009 21:...
libraries		Dateiordner	02.01.2009 21:...

Bild 10.4: Den Cache löschen

Bild 10.5: Die Tabelle jos_session im phpmyadmin

10.15 Falsche Sprache auf der Startseite

Problem:

Alle Spracheinstellungen von Joomla wurden auf Deutsch umgestellt. Dennoch ist die Sprache der Module und der Menüs Englisch oder eine andere Sprache.

Lösung:

Ändern Sie die Titel einfach um und anschließend ist der Titel auf Deutsch zu sehen. Den Titel können Sie über den Menüpfad Backend / Menü ändern:

Menütyp

Layout: Startseiten-Blog

Das Layout zur Anzeige von Beiträgen, die auf der Startseite im Blog-Format ausgegeben werden.

Menüeintrag Details

ID:	1
Titel:	Startseite
Alias:	home
Link:	index.php?option=com_content&view=frontpage
Anzeigen in:	Hauptmenü

Bild 10.6: Änderung des Menütitels

10.16 Zu wenig Arbeitsspeicher verfügbar

Problem:

Sie erhalten die Fehlermeldung `Fatal error: Allowed memory size of....`

Ursache:

Der vom Webhoster verfügbare Arbeitsspeicher ist zu klein eingestellt, der Provider sollte die Einstellung `memory_limit` in der Datei `php.ini` erhöhen. Das kann man allerdings auch selbst tun.

Lösung:

Legen Sie eine neue `php.ini` mit folgendem Code an:

```php
<?php
memory_limit = "16M"
?>
```

Alternativ ist folgende Einstellung möglich:

```php
<?php
memory_limit = "32M"
?>
```

Sie können in die Zeile `memory_limit` aber auch den einen größeren Wert, z. B. `64M`, eintragen. Speichern Sie die `php.ini` und laden Sie sie ins Root-Verzeichnis Ihrer Web-Domain hoch.

10.17 Fehler nach Update auf Version 1.5 oder höher (I)

Problem:

Nach dem Update auf die Version 1.5 oder höher wird dieser Fehler erzeugt:

```
Fatal error: Call to undefined function: htmlspecialchars_decode() in
/var/www/html/joomla/includes/application.php on line …
```

Lösung:

Der Webhoster arbeitet noch mit einer alten PHP-Version. Nehmen Sie mit dem Anbieter Kontakt auf oder stellen Sie (falls das möglich ist) im Kundenbereich die PHP-Version um.

10.18 Fehler nach Update auf Version 1.5 oder höher (II)

Problem:

Nach dem Update auf die Version 1.5 oder höher wird dieser Fehler ausgegeben:

```
Fatal error: Call to undefined function: josversioncheck() in
/home/www/joomla04/administrator/modules/mod_favicon.php on line…
```

Lösung:

Installieren Sie das Update nochmals.

10.19 Template-Aufruf schlägt fehl

Problem:

Beim Aufruf eines Templates über das Backend tritt die Fehlermeldung auf: `XML Parsing Error at 10:293. Error 23: EntityRef: expecting`

Ursache:

In der Datei `Index.php` des Templates befindet sich ein fehlender oder falsch codierter Link.

Es gibt zwei mögliche Lösungen:

1. Die Deinstallation und Neuinstallation des Templates im Legacy-Modus.

2. Entfernen Sie in der `Index.php` den Link zwischen den beiden Tags `<description>` und `</description>` oder entfernen Sie die ganze Zeile.

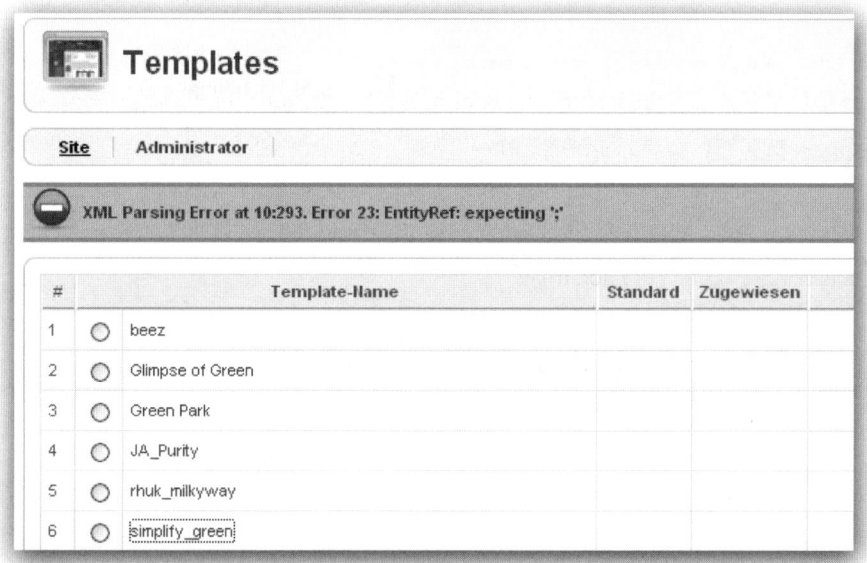

Bild 10.7: Fehler beim Aufruf eines Templates

10.20 Erfolgloser Zugriff auf die Datenbank

Problem:

Beim Datenbankzugriff wird ein Fehler erzeugt.

Ursache:

Die Parameter für den Datenbankzugriff fehlen oder wurden geändert.

Der Webhoster hat technisches Problem.

Die Datenbankparameter in der Datei configuration.php stimmen nicht.

Lösung:

Zur Behebung des Problems öffnen Sie die Datei configuration.php. Die Datei muss wie unten abgebildet aussehen (aber natürlich Ihre Daten enthalten).

Die Datenbankparameter in der configuration.php lauten:

$host="localhost"	Servername
$user="root"	Benutzername
$password=""	Passwort
$db="joomla"	Datenbankname

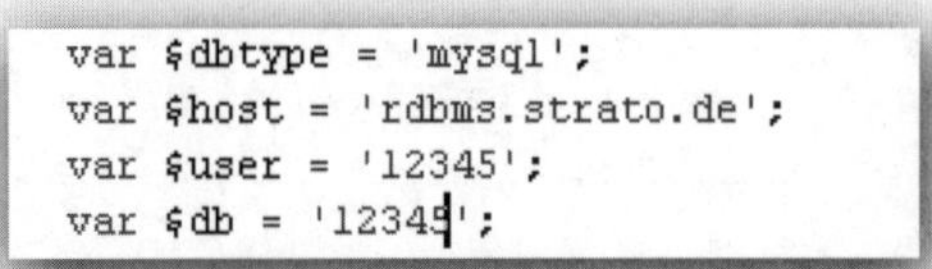

```
var $dbtype = 'mysql';
var $host = 'rdbms.strato.de';
var $user = '12345';
var $db = '12345';
```

Bild 10.8: Inhalte der *configuration.php*

Achten Sie immer besonders darauf, ob Leerzeichen in der Variablen stehen. Ein Leerzeichen vor oder nach den Anführungszeichen kann schon zu Fehlern führen.

10.21 Fehler im Backend

Problem:

Sie erhalten im Backend die Fehlermeldung: `jtablesession::store failed`

```
DB function failed with error number xx - Table...'.
\joomla159\jos_session' is marked as crashed and should be repaired.
SQL=INSERT INTO jos_session` (
`session_id`,`time`,`username`,`gid`,`guest`,`client_id` )
```

Lösung:

Die Datenbank ist abgestürzt. Rufen Sie das Werkzeug phpMyAdmin auf und reparieren Sie die betreffende Tabelle.

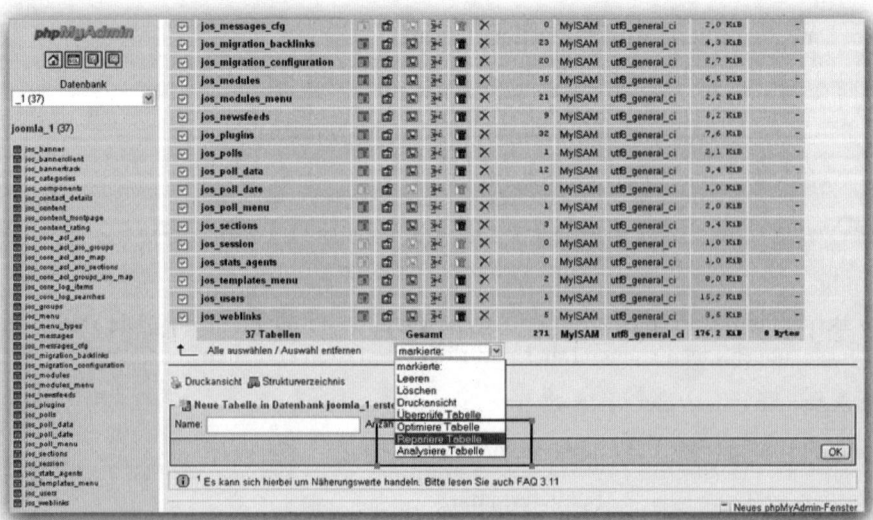

Bild 10.9: Die Reparatur der Tabelle

Bild 10.10: Die Datenbank reparieren

10.22 Sessions-Ende nach wenigen Minuten

Problem:

Sie sind im Backend angemeldet. Nach einer Untätigkeit von wenigen Minuten – vielleicht haben Sie sich einen Kaffee geholt – ist aber schon wieder eine Neuanmeldung nötig.

Lösung:

Korrigieren Sie den Wert Gültigkeit im Session-Menü.

Bild 10.11: Timeout

10.23 Fehler nach Anlegen einer .htaccess-Datei

Problem:

Nach dem Einrichten einer .htaccess-Datei lassen sich Seiten nicht mehr öffnen und Dateien nicht mehr downloaden oder ausführen. Das Löschen der .htaccess-Datei bringt keinen Erfolg. Die Fehlermeldung 403 Forbidden wird ausgegeben.

Lösung:

Laden Sie eine .htaccess-Datei mit einem Leerzeichen als Inhalt hoch und versuchen Sie es dann noch einmal.

10.24 Restricted-Access-Fehlermeldung

Problem:

Nach dem Update auf die Version 1.5 oder höher wird beim Anklicken eines Bereiches oder von Medien oder etwas Ähnlichem die Fehlermeldung Restricted Access angezeigt.

Lösung:

Aktivieren Sie den Legacy-Modus über den Menüpfad

```
Erweiterungern / Plugins / System-Legacy Mode
```

Bild 10.12: Der Legacy-Modus im Plugins-Menü

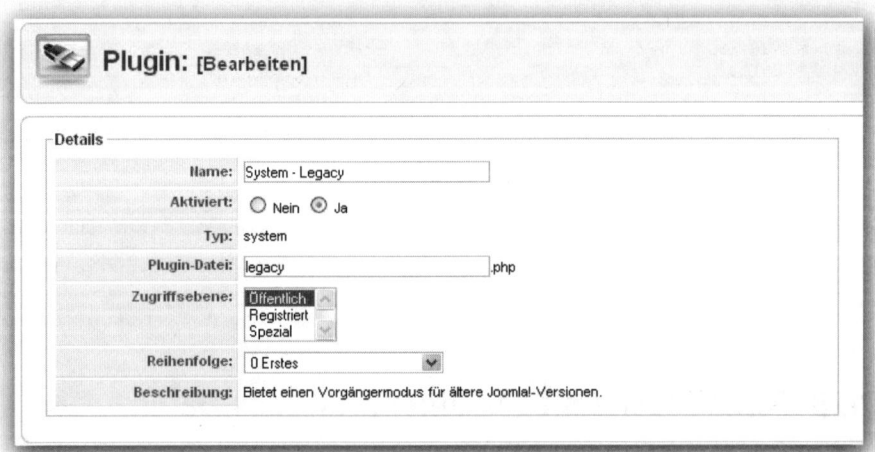

Bild 10.13: Parametereinstellungen für den Legacy-Modus

10.25 Gesperrte Seiten

Problem:

Einige Seiten sind gesperrt.

Lösung:

Gelegentlich kann es vorkommen, dass bestimmte Seiten einfach gesperrt sind. Die Gründe dafür sind nicht immer ganz klar. Das Problem lässt sich aber lösen, wenn Sie global alle gesperrten Seiten noch einmal einchecken. Zu erreichen ist diese Funktion über Werkzeuge / Globales Einchecken. Einzige Voraussetzung ist, dass nur Sie und sonst keiner an diesem Dokument arbeitet.

Bild 10.14: Globales Einchecken

10.26 Internal Server Error 500

Problem:

Die Fehlermeldung Internal Server Error 500 tritt auf.

Ursache:

Die Meldung tritt in den meisten Fällen nach dem Umbenennen der Datei htaccess.txt auf. Das bedeutet, die Datei wurde außerhalb von Joomla editiert, umbenannt und wieder auf den Server geladen.

Lösung:

1. Falls Sie eine Datei mit dem Namen `htaccess.txt` auf Ihrem Webspace haben, dann laden Sie sie auf Ihren lokalen Rechner und löschen Sie anschließend die Datei auf dem Webserver.

2. Benennen Sie die `htaccess.txt` in `.htaccess` um (die Datei meckert ein wenig – ignorieren Sie dies einfach).

3. Laden Sie die Datei wieder auf den Webserver hoch. Jetzt sollte alles wieder funktionieren.

10.27 Invalid Token

Problem:

Beim Versuch, sich ins Backend einzuloggen, erscheint die Meldung `Invalid Token`.

Lösung:

Das Problem lässt sich lösen, indem der Browser-Cache sowie die im Cache gespeicherten Cookies gelöscht werden. Dann sollte es wieder klappen

10.28 Falsch dargestellte Umlaute (I)

Problem:

Im Internet Explorer werden die Umlaute der Startseite nur als Kästchen angezeigt. Auf anderen Joomla-Seiten scheint es aber zu funktionieren.

Ursache:

In diesem Fall war das Einfügen von MS-Office-Formatierungen der Fehler. So etwas kann passieren, wenn Inhalte in Microsoft Word erstellt werden und 1:1 in Joomla kopiert werden.

Lösung:

Benutzen Sie einen anderen Texteditor. Alternativ sollten Sie vor dem Upload der Word-Datei den Code anschauen und Überflüssiges löschen. Eine andere Variante wäre es, das Word-Dokument in einem HTML-Editor wie z. B. Dreamweaver zu öffnen und den HTML-Quelltext neu erzeugen zu lassen.

10.29 Falsch dargestellte Umlaute (II)

Problem:

Die Ausgabe einer neu installierten Erweiterung erscheint zwar auf Deutsch, aber alle Umlaute werden mit einem kästchenförmigen Symbol dargestellt.

Lösung:

Die Sprachdateien müssen in UTF-8 kodiert sein, dann klappt das auch. Am besten befolgen Sie die Schritte, die hier als Bilder zu sehen sind (es handelt sich bei den Bildern um Beispiele). Als ersten Schritt sollten Sie im Joomla-Verzeichnis den language-Ordner lokalisieren und öffnen.

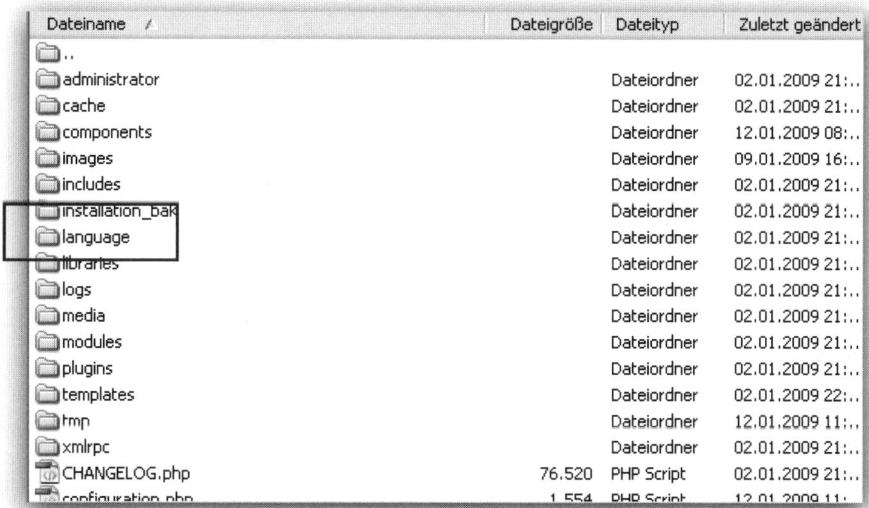

Bild 10.15: Erster Schritt – lokalisieren Sie den language-Ordner

Dort finden Sie mehrere Verzeichnisse. Öffnen Sie nun den Ordner de-DE.

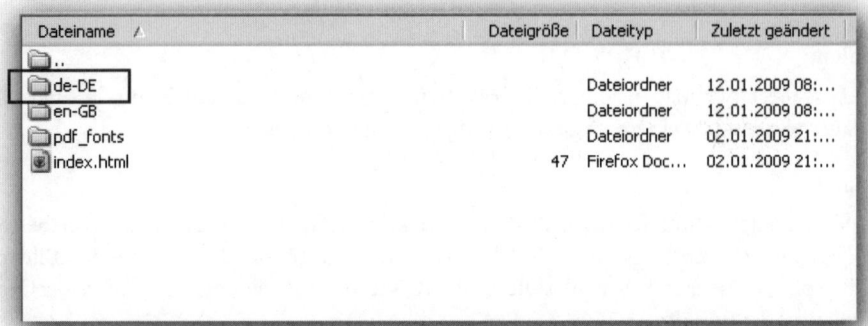

Bild 10.16: Der Unterordner de-DE

Öffnen Sie nun die Dateien mit der Endung .ini in einem Texteditor.

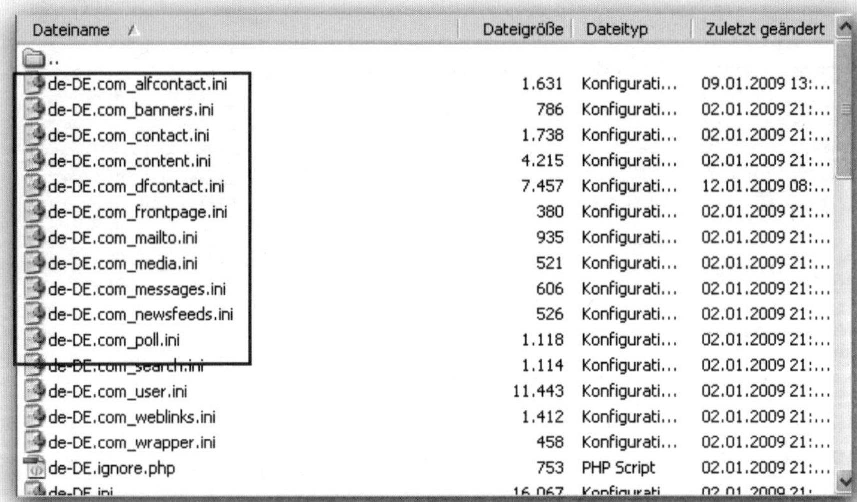

Dateiname ⋀	Dateigröße	Dateityp	Zuletzt geändert
..			
de-DE.com_alfcontact.ini	1.631	Konfigurati...	09.01.2009 13:...
de-DE.com_banners.ini	786	Konfigurati...	02.01.2009 21:...
de-DE.com_contact.ini	1.738	Konfigurati...	02.01.2009 21:...
de-DE.com_content.ini	4.215	Konfigurati...	02.01.2009 21:...
de-DE.com_dfcontact.ini	7.457	Konfigurati...	12.01.2009 08:...
de-DE.com_frontpage.ini	380	Konfigurati...	02.01.2009 21:...
de-DE.com_mailto.ini	935	Konfigurati...	02.01.2009 21:...
de-DE.com_media.ini	521	Konfigurati...	02.01.2009 21:...
de-DE.com_messages.ini	606	Konfigurati...	02.01.2009 21:...
de-DE.com_newsfeeds.ini	526	Konfigurati...	02.01.2009 21:...
de-DE.com_poll.ini	1.118	Konfigurati...	02.01.2009 21:...
de-DE.com_search.ini	1.114	Konfigurati...	02.01.2009 21:...
de-DE.com_user.ini	11.443	Konfigurati...	02.01.2009 21:...
de-DE.com_weblinks.ini	1.412	Konfigurati...	02.01.2009 21:...
de-DE.com_wrapper.ini	458	Konfigurati...	02.01.2009 21:...
de-DE.ignore.php	753	PHP Script	02.01.2009 21:...
de-DE.ini	16.067	Konfigurati	02.01.2009 21:

Bild 10.17: UTF8

Speichern Sie die Dateien nun erneut. Achten Sie dabei darauf, dass im Feld Codierung die Option UTF-8 ausgewählt ist.

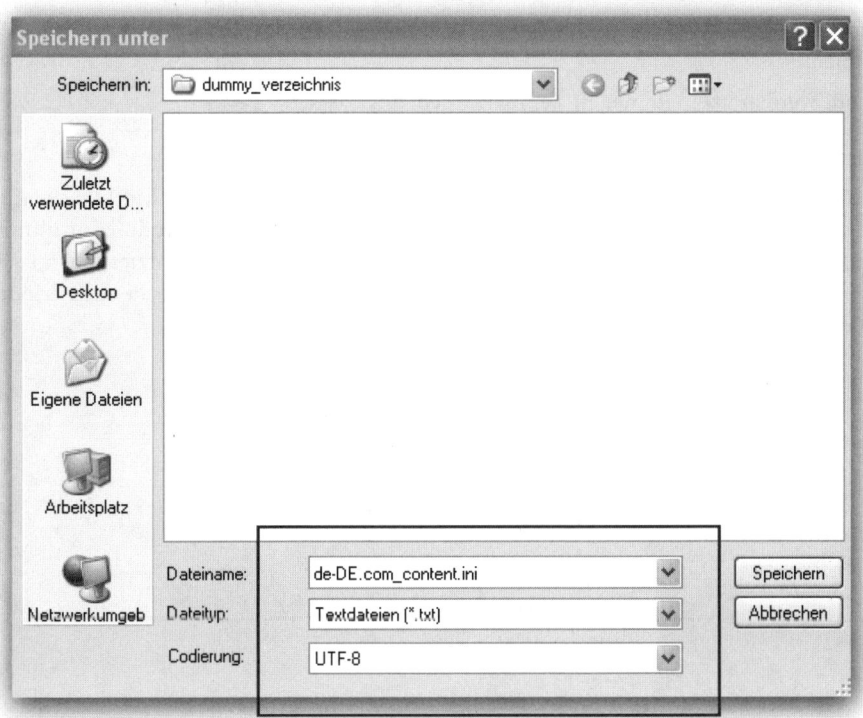

Bild 10.18: Speichern der .ini-Dateien mit der UTF-8-Kodierung

10.30 Falsch dargestellte Umlaute (III)

Problem:

Umlaute werden durchgängig nicht richtig angezeigt.

Lösung:

Die Datenbank wurde von UTF-8 importiert oder auch umgekehrt. Dadurch wurden alle Umlaute der Datenbank verändert. Richten Sie im phpMyAdmin die richtige Kodierung ein. In diesem Fall dürfte es diese Kollation sein: `utf8_general_ci`.

10.31 Menü wird nicht angezeigt

Problem:

Menüs werden in einem neuen Template nicht angezeigt.

Mögliche Ursache:

Nach der Neuinstallation des Templates haben sich die Positionen der Module eventuell verschoben oder wurden geändert. Überprüfen Sie, wie die Menü-Module positioniert sind. Ändern Sie ggf. die Position und versuchen Sie es erneut. Die Platzierungen lassen sich über die Position-Einstellung der Parametermenüs der entsprechenden Module festlegen:

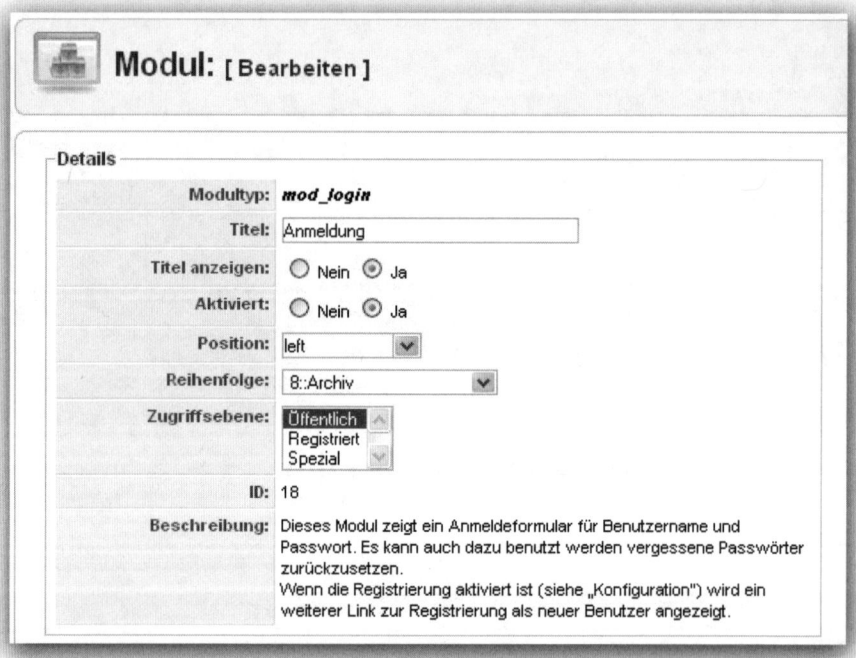

Bild 10.19: Positionierung von Menü-Modulen

10.32 Defekte Links nach der SEO-Aktivierung

Problem:

Sie haben die Suchmaschinenoptimierung (Search Engine Optimization, SEO) aktiviert und in der Webseite einige Links kopiert. Als der URL-Cache geleert wurde, funktionierte kein Link mehr.

Lösung:

Erstellen Sie keine Links in externen Editoren, um sie dann in die Webseite zu kopieren. Verwenden Sie dafür das Windows-Notepad oder den in Joomla enthaltenen Editor.

10.33 MySQL funktioniert nicht

Problem:

Die Datenbank MySQL läuft nicht. Zwar wurde XAMPP unter Windows erfolgreich installiert, trotzdem startet die Datenbank über das XAMPP-Control-Panel nicht.

Lösung:

Möglicherweise startet MySQL nicht, weil es bereits als Dienst gestartet wurde.

Überpüfen Sie dies, indem Sie in Windows auf `Start / Ausführen` klicken und den Befehl `services.msc` eintippen. Alternativ finden Sie unter `Systemsteuerung / Verwaltung / Dienste` eine Liste der gestarteten Services.

Falls dort ein laufender MySQL-Dienst gefunden wird, beenden Sie ihn mit der rechten Maustaste. Rufen Sie MySQL anschließend nochmals über das XAMPP-Control-Panel auf.

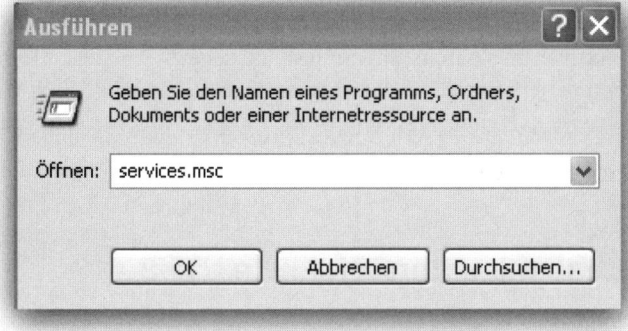

Bild 10.20:
Manueller Aufruf
der aktiven Dienste

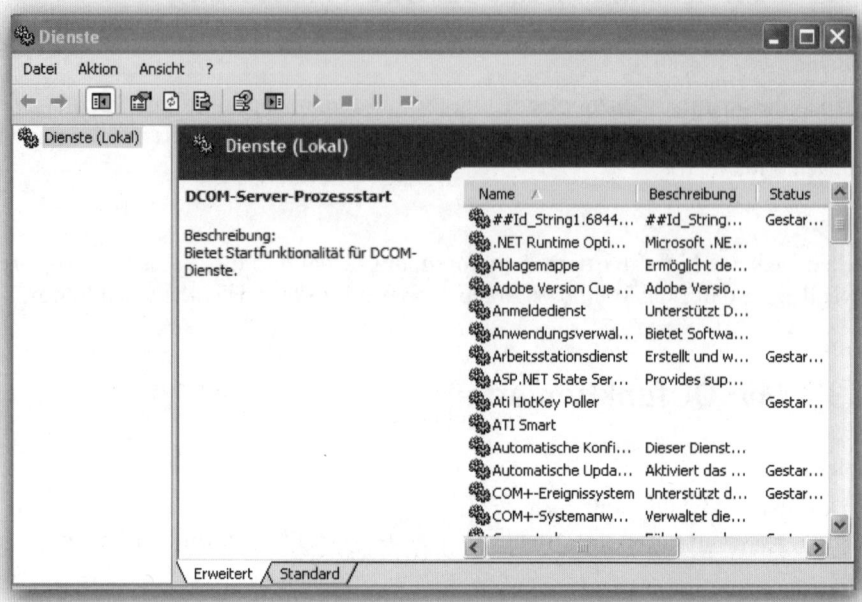

Bild 10.21: Das Dienste-Menü der Windows-Systemsteuerung

10.34 Ein Modul wird im Frontend nicht angezeigt

Problem:

Ein Modul wurde in der Modulverwaltung aktiviert. Im Frontend wird es jedoch nirgends angezeigt.

Lösung:

Module sind nach ihrer Aktivierung bereits Menüpunkten zugewiesen. Die Module werden auch angezeigt, wenn der entsprechende Menüpunkt angeklickt wird.

Überprüfen Sie in der Menüauswahl etwaige Modulzuweisungen und lösen Sie diese bei Bedarf auf.

10.35 MySQL-Datenbank unterstützt kein UTF-8

Problem:

Die MySQL-Datenbank unterstützt die UTF-8-Kodierung nicht.

Tipp:

Installieren Sie das aktuelle XAMPP-Paket. Dort sind die neuesten Versionen von MySQL und Apache eingepackt.

10.36 Modulinstallation nach Serverumzug

Problem:

Nach einem Serverumzug lässt sich kein Modul mehr installieren.

Lösung:

Vermutlich liegt ein Rechteproblem vor. Am besten laden Sie die Datei mit einem FTP-Programm wie Filezilla noch einmal hoch und Sie überprüfen anschließend, ob ausreichende Rechte zur Bearbeitung der Datei gesetzt sind.

10.37 Module werden nicht angezeigt

Problem:

Nach der Installation von Joomla 1.5 oder höher werden zwar die Menüs im Front- und Backendbereich angezeigt, es sind aber keine Module zu sehen.

Mögliche Ursache:

Beim Installieren von Joomla wurden die Beispieldateien nicht mit installiert.

Lösung:

Führen Sie ein erneutes Setup aus und installieren Sie dabei auch die Beispieldateien.

10.38 Parsing-Fehler bei Legacy-Komponente

Problem:

Nach dem Aufruf einer im Legacy-Mode konfigurierten Komponente tritt die Fehlermeldung `PHP 4 is not supported, switch to PHP 5` auf.

```
Parse error: syntax error, unexpected T_STRING, expecting T_OLD_FUNCTION or
T_FUNCTION or T_VAR or '}' in
/homepages/59/st762547817/htdocs/start/administrator/components
```

Lösung:

Der Webspace unterstützt die PHP-Version 4 nicht. Skripte bzw. Dateien müssen die Endung `.php5` tragen, damit sie über einen PHP5-Parser richtig gelesen werden können. Alternativ können eine Datei mit dem Namen `htaccess.txt` anlegen und diesen Code in die Datei kopieren:

```
AddType x-mapp-php5 .php
AddHandler x-mapp-php5 .php
```

Speichern Sie die Datei und laden Sie sie auf den Webspace. Benennen Sie anschließend die Datei htaccess.txt in .htaccess (ohne Endung) um.

Jetzt sollte es klappen.

10.39 Vergessenes Passwort

Problem:

Ein Anwender-Passwort neu zu setzen ist für den Administrator kein Problem. Schwieriger wird es, wenn es sich um das Administrator-Passwort handelt.

Lösung:

Da alle User-Daten sind in der Tabelle jos_users gespeichert sind, kann man sie über das Werkzeug phpMyAdmin editieren. In der Tabelle jos_users finden Sie auch das Passwort.

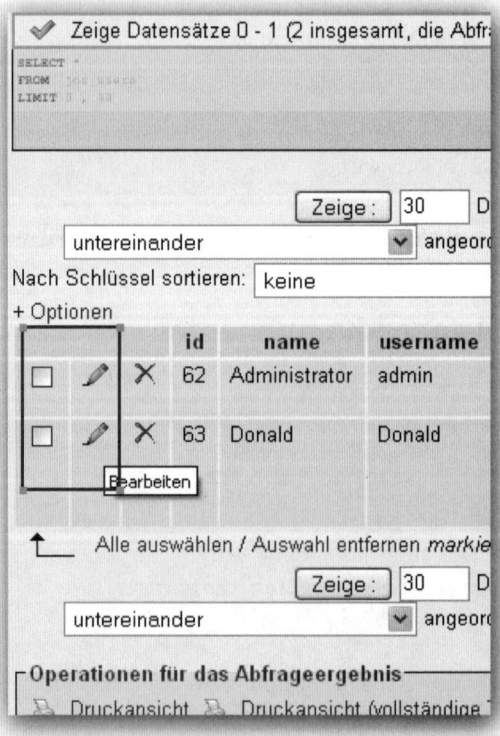

Bild 10.22: Die Administrator-Daten im phpMyAdmin

Öffnen Sie den phpMyAdmin, selektieren Sie die Tabelle `jos_user` und editieren Sie diese mit dem Stiftsymbol.

Feld	Typ	Funktion	Null	Wert
id	int(11)			63
name	varchar(255)			Donald
username	varchar(150)			Donald
email	varchar(100)			donald@franzis.de
password	varchar(100)			8c014101a48351f115ed33e46f9e4de4:slCiGc
usertype	varchar(25)			Author
block	tinyint(4)			0
sendEmail	tinyint(4)		☐	0
gid	tinyint(3) unsigned			19
registerDate	datetime			2009-01-15 11:53:39
lastvisitDate	datetime			2009-01-21 11:03:13
activation	varchar(100)			dad034b0aeed3d9de61f37e64083fc9f
params	text			admin_language= language=de-DE editor=tinymce helpsite= timezone=0

Menüleiste: Anzeigen · Struktur · SQL · Suche · Einfügen · Exportieren · Importieren · Operationen

Bild 10.23: Das Passwort in der Datenbank

Auf der rechten Seite des Bildes, blau umrandet, sieht man das alte Passwort in verschlüsselter Form. Geben Sie hier ein neues Passwort ein.

10.40 Problem mit Verzeichnisrechten

Die klassischen Fehler, die etwas mit Berechtigungen und Verzeichnisrechten zu tun haben, sind auf das `wwwrun`-Problem zurückzuführen. Zum Glück gibt es relativ selten einen `wwwrun`-Fehler, doch wenn er auftritt sind dem Joomla-Anwender fast alle Hände gebunden. Das Problem ist beim Webhoster zu suchen und zu finden.

Es geht um Folgendes:

Damit Daten bearbeitet werden können, sollte man auch die Berechtigung dafür haben. Im Joomla sind die Rechte geregelt und auch im phpMyAdmin sieht alles gut aus. Trotzdem fehlt Ihnen die Berechtigung, auf die Verzeichnisse zuzugreifen. Das ist, wie schon erwähnt, ein Providerproblem. Was man tun kann, ist Folgendes:

Mit Hilfe des Joomla-eXtplorers, eines Dateimanagers, der aus dem Backend aufgerufen werden kann, lassen sich alle Berechtigungen konfigurieren. Installieren Sie diesen (siehe auch den Abschnitt 8.5).

Der Vorteil des eXtplorers ist, dass er genau wie Web-FTP auf dem Server arbeitet. Weil damit auch die Rechte gesetzt werden können, sollte dieser Trick funktionieren.

10.41 Fremdsprachige Erweiterungen

Problem:

Die Sprache ist in einer neu installierten Erweiterung nicht Deutsch.

Ursache:

Falsche Sprachdatei.

Lösung:

Ersetzen Sie bei allen Dateien, deren Dateiname den Bestandteil »german« enthält, diesen durch »germanf« oder »germani«. Anschließend sollte das Modul in deutscher Sprache zu sehen sein.

Eventuell liegt für ein Modul gar kein deutsches Sprachpaket vor. In der unteren Abbildung lässt sich gut erkennen, welche Sprachdatei für welches Modul installiert ist.

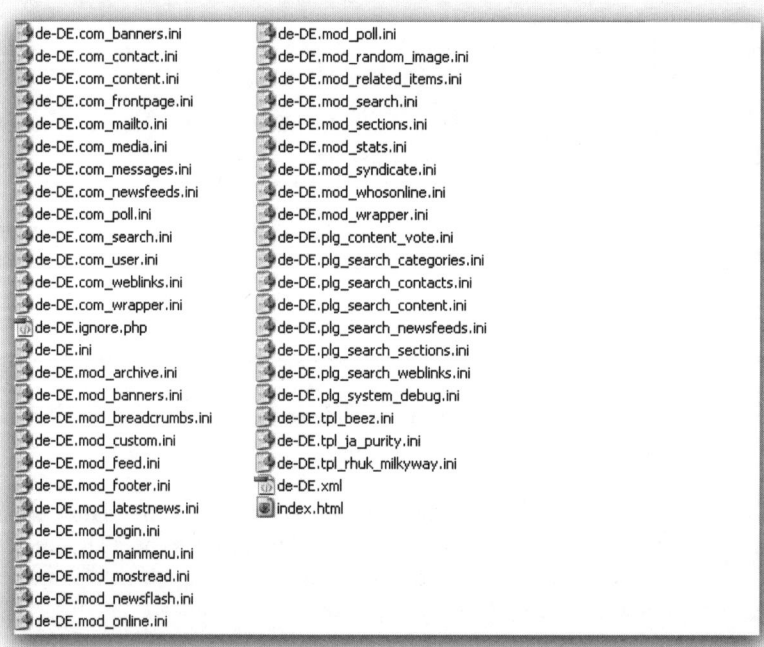

Bild 10.24: Sprachdateien der einzelnen Module

10.42 Time-Out beim Hochladen von Bildern

Problem:

Das Hochladen von Bildern wird wegen eines Time-Outs abgebrochen.

Mögliche Ursache:

Eventuell ist im Backend die Dateigröße zu klein eingestellt oder die Datei ist einfach zu groß. Die Uploadgröße ist im folgenden Menüpfad festgelegt:

```
Konfiguration System / Medien / Maximale Größe
```

Lösung:

1. Ändern Sie die maximale Dateigröße im Admin-Bereich.

2. Eventuell beschränkt der Webhoster die Größe der Dateien. Nehmen Sie Kontakt mit ihm auf.

10.43 Unable to determine pagelink

Problem:

Die Fehlermeldung `Unable to determine pagelink` wird angezeigt.

Ursache:

Der Fehler erscheint, wenn suchmaschinenfreundliche URLs aktiviert sind, der Server diese Funktion aber nicht unterstützt.

Lösung:

Öffnen Sie die Datenbank mit dem phpMyAdmin, wählen Sie die Tabelle `configuration` aus und stellen Sie die Option `SEARCH_ENGINE_FRIENDLY_URLS` zurück auf `false`.

Alternativ sollte die Änderung auch hier funktionieren:

Bild 10.25: Suchmaschinenfreundliche URLs

10.44 Datenbankverbindung schlägt fehl

Problem:

Bei der Joomla-Installation wird unmittelbar nach der Eingabe von Passwort und Benutzername der Fehler angezeigt: `unable to connect to the database: Could not connect to MySQL`.

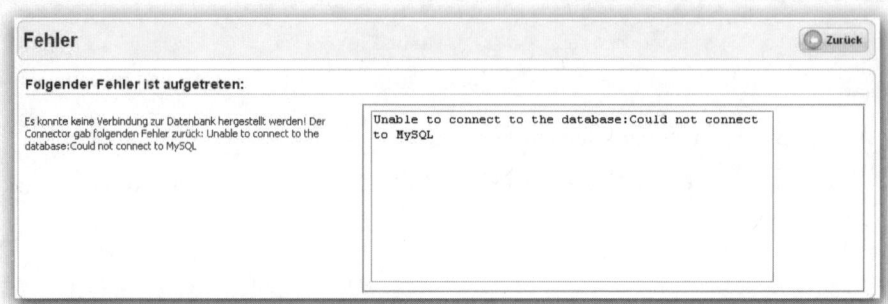

Bild 10.26: Fehler während der Installation

Lösung:

Hinter dem Passwort oder dem Benutzernamen oder bei beiden ist ein Leerzeichen enthalten.

10.45 Upload von Bildern und Medien geht nicht

Problem:

Der Upload von Bildern und Medien schlägt fehl. In der Medienverwaltung ist es nicht möglich, Dateien hochzuladen. Es wird zwar beim Upload ein Ladebalken angezeigt, aber die Dateien werden nicht angezeigt bzw. ausgeführt.

Mögliche Lösungen:

- Keine Schreibrechte auf das Verzeichnis `images`. Ändern Sie die Schreibrechte.

- Möglicherweise wird der Dateityp aufgrund der Serverkonfiguration nicht richtig erkannt. Die Dateiprüfung können Sie hier abschalten:

  `Konfiguration / System / Medien`

- Im Bereich `Medien` setzen Sie die die beiden Optionen `Hochladen beschränken` und `Prüfe MIME-Type` auf `Nein`. Dann sollte es klappen.

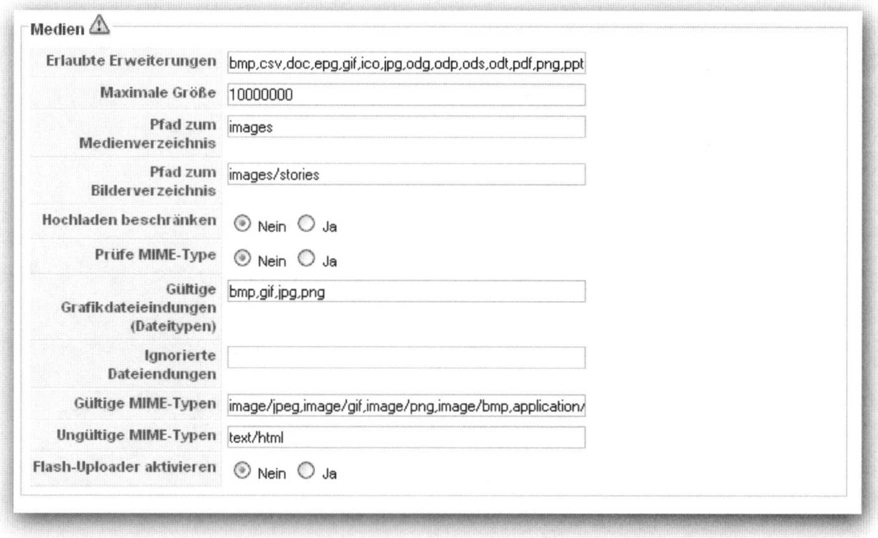

Bild 10.27: Im Medienbereich lassen sich Hindernisse für den Upload von Bildern aufheben.

10.46 ini_set() wurde deaktiviert

Problem:

Sie erhalten die Fehlermeldung: `Warning: ini_set() has been disabled for security reasons.`

Ursache:

Der Provider hat die Funktion `ini_set` auf dem Server aus Sicherheitsgründen gesperrt.

Lösung:

Der Fehler dürfte eigentlich heutzutage gar nicht kaum mehr auftreten. Falls doch, muss der Provider/Webhoster die Sperre aufheben.

10.47 Warning: argument 7 for editcontent() in ...

Problem:

Beim Update der Version 1.5.8 auf 1.5.9 wird folgender Fehler angezeigt:

```
Warning: Missing argument 7 for editcontent() in /srv/www/vhosts/httpdocs/
administrator/components/com_content/Fatal error: Call to a member function
on a non-object in /srv/www/
```

Lösung:

Beim Upload der Joomla-Datei ist ein CRC-Fehler aufgetreten. Löschen Sie die alte Joomla-Installation vom Server und laden Sie sie erneut hoch.

10.48 Session Cookies (I)

Problem:

Sie erhalten die Fehlermeldung: `Cannot send session cookie headers already sent ...`

Lösung:

In `abc.php` (abc steht hier für einen beliebigen Dateinamen) befindet sich in der Zeile 1 vor dem <? ein Zeichen, welches einen Fehler verursacht. Dieses Zeichen vor dem <? muss entfernt werden. Verwenden Sie hierzu möglichst einen einfachen Texteditor wie etwa das Windows-Notepad.

10.49 Session Cookies (II)

Problem:

Nach der Neuinstallation stoßen Sie im Admin-Bereich auf folgende Fehler:

`Warning: session_start() [function.session-start]: Cannot send session cookie - headers already ...`

`Warning: session_start() [function.session-start]: Cannot send session cache limiter - headers ...`

`Warning: Cannot modify header information - headers already sent by (output started at ...`

Ursache:

Die Datei `configuration.php` ist falsch kodiert.

Lösung:

1. Löschen Sie in der `configuration.php` alles vor dem <- und nach dem >-Tag.

2. Öffnen Sie die Datei in einem einfachen Texteditor wie Notepad und kodieren Sie sie als UTF-8.

3. Speichern Sie die Datei als Textdatei mit der Codierung `ANSI`.

4. Benennen Sie die Datei danach in `configuration.php` um und spielen Sie sie wieder ein.

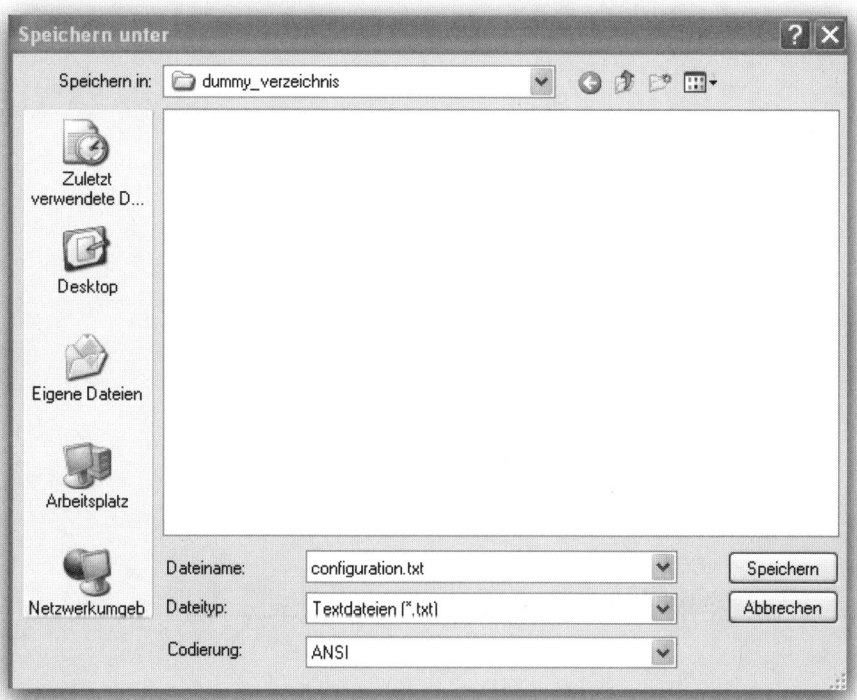

Bild 10.28: Speichern der Datei configuration.php

10.50 XML-Datei fehlt

Problem:

Beim Installieren einer Erweiterung erhalten Sie die Meldung: `xml file not found in package`

Lösungsvorschläge:

Dieser Fehler taucht normalerweise beim Installieren von Erweiterungen auf, die keine XML-Steuerdatei enthalten. Das kann, muss aber nicht stimmen, denn der Fehler kann auch an anderer Stelle auftreten.

`xml file not found in package` bedeutet, dass die XML-Datei im jeweiligen Zip-Archiv, welches versucht wurde hochzuladen, nicht gefunden wurde.

Es kann sich aber auch um eine Erweiterung für eine Joomla-Version 1.0.x handeln. Falls ja, sollten Sie die Datei nochmals im System-Legacy-Modus installieren.

Kontrollieren Sie auch, ob es sich um ein echtes Zip-Archiv handelt. Falls nein, entpacken Sie alle Dateien und packen Sie sie erneut als Zip-Datei.

11 Sicherheit

11.1 Grundregeln zum Thema Sicherheit

Es ist noch nicht lange her, als Onlinebanking-Nutzer Angst vor Betrügern und leer geräumten Konten haben mussten. Gauner bauten täuschend echt aussehende Webseiten einiger Banken nach. Durch eine Schwachstelle in den den BOH's (Browser Helper Objects) des Internet Explorers wurde die URL der Bank durch eine andere URL ersetzt.

Der Kunde bemerkte während einer Geld-Transaktion zuerst nichts davon. Erst bei der Eingabe der PIN und einer TAN wurde eine Fehlermeldung erzeugt, die den Anwender darüber informierte, die Seite stehe temporär nicht zur Verfügung. Diese Zwangspause wurde von den Betrügern genutzt, um an die PIN und an eine TAN zu kommen. Der Anwender hat dies meist zu spät bemerkt. Das Konto war anschließend leer geräumt, das Geld wurde auf eine asiatische Bank geleitet. Die Chance, das Geld zurückzuholen, war minimal. Die meisten Schäden wurden allerdings von den betroffenen Banken bezahlt. Diese Methode nennt sich »Phishing«.

Auch mit Joomla erstellte Seiten können damit konfrontiert werden. Vor allem dann, wenn Joomla nicht auf dem aktuellsten Stand ist. Der Angreifer könnte über Foren und Gästebücher bösartigen Code einschleusen. Ein Backup der Datenbank sowie aktuelle Versionen von Joomla und MySQL sind das A und O für die Sicherheit im kleinen und im großen Netz.

Prinzipiell sollten alle relevanten Software-Installationen auf dem neuesten Stand sein. Es spielt mit Sicherheit keine Rolle, ob ein Grafikprogramm aktuell ist oder nicht – ein Grafikprogramm hat in der Regel keine sicherheitsrelevanten Funktionen. Immer auf dem neuesten Stand sollten dagegen der Browser und der Virenscanner sein. Auch eine Firewall und ein möglichst aktuelles Betriebssystem sind sinnvolle Maßnahmen für die bestmögliche Sicherheit.

11.2 Sicherheit auf dem Webserver

Sicherheit wird auf dem Webserver durch durchdachte Rechtevergabe für die Ordner und Dateien in Joomla erreicht.

Das ist wichtig und wird oft vergessen oder falsch gemacht. Die Bezeichnung CHMOD meint »change mode« und legt die Rechte für den Zugriff auf Ordner und Dateien fest. Dies ist Aufgabe des Betreibers der Webseite und nicht Aufgabe des Webhosters. Dieser

Aufgabe können Sie auch sehr einfach nachkommen: Mit jedem guten Editor oder FTP-Programm lassen sich Dateiattribute leicht ändern.

Wenn alle Verzeichnisse und Ordner den Berechtigungsschlüssel 777 (jeder darf alles) hätten, wäre das ein großes Risiko für die eigene Page. Sinnvoll sind die Rechteschlüssel 755 für Verzeichnisse und 644 für Dateien, wobei auf Unixservern 444 bevorzugt werden sollte. Die Abbildungen weiter unten zeigen die Berechtigungen von Dateien, die schon beim Host liegen und übrigens auch jederzeit geändert werden können.

Wie kommt man zu diesen Zahlen?

Die Berechtigungen sind aufgeteilt in User und Gruppen und allen anderen Usern auf der Welt. Wenn wir jedem User und jeder Gruppe und allen anderen Personen die Berechtigung geben, Inhalte zu lesen und zu schreiben sowie Dateien auszuführen, lautet das Ergebnis 777.

Dieses schlüsselt sich wie folgt auf:

User   = Die erste Zahl steht für den Benutzer.

Group   = Die zweite Zahl ist die Gruppe.

Others   = Die dritte Zahl repräsentiert alle anderen.

Die Rechte, die jemand an einer Datei/einem Ordner haben kann, können folgende Ausprägungen annehmen:

r – die Datei zu lesen

w – die Datei zu verändern

x – die Datei auszuführen

Nicht in Zahlen, aber in Buchstaben ausgedrückt (siehe Bild als Beispiel), sähe eine Vollberechtigung so aus: -rwxrwxrwx.

📁 tmp		Dateiordner	12.01.2009 11:...	drwxr-xr-x	ftp ftp
📁 xmlrpc		Dateiordner	02.01.2009 21:...	drwxr-xr-x	ftp ftp
📄 CHANGE...	76.520	PHP Script	02.01.2009 21:...	-rwxrwxrwx	ftp ftp
📄 configur...	1.554	PHP Script	12.01.2009 11:...	-rwxrwxrwx	ftp ftp

Bild 11.1: Volle Berechtigung

So wie oben abgebildet sollte kein CHMOD auf die Datei `configuration.php` aussehen.

Die richtige Rechtevergabe ist wichtig. Normale Anwender sollten zum Beispiel keine Schreibrechte auf Dateien haben.

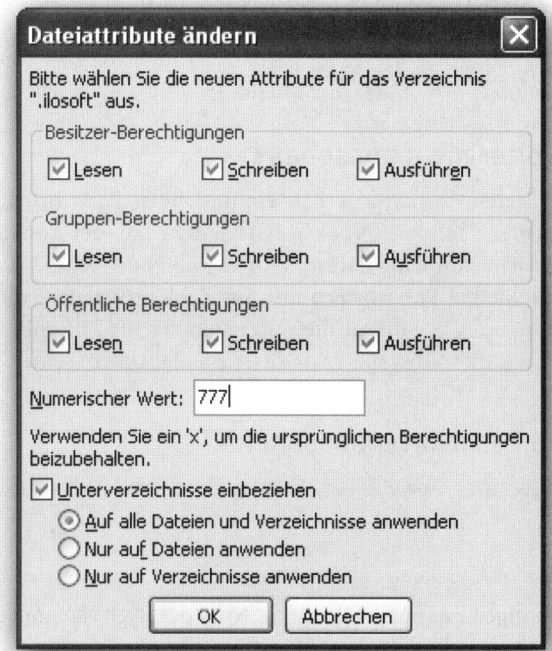

Bild 11.2: Jeder hat Zugriff auf alle Dateien – so sollte es nicht sein

11.3 Unsichere Passwörter vermeiden

Ein leicht zu entschlüsselndes Passwort ist ein Sicherheitsrisiko für das gesamte Netzwerk. Eine lokal installierte Joomla-Website ist davon zwar nicht betroffen, weist aber potenziell andere Sicherheitslücken auf. In der Realität sind viele Webserver einfach zu missbrauchen, weil die Passwörter zu leicht sind. Seien Sie ehrlich zu sich selbst: Welchen Benutzernamen und welches Passwort haben Sie Ihrer lokalen Installation gegeben? Vielleicht »Admin«, »admin« oder »joomla« oder ähnliche, leicht zu erratene Passwörter? Das ist auch in großen Netzen leider oft der Fall. Administratoren sind oft nicht sehr erfinderisch, wenn es um Passwörter und Benutzernamen geht.

Der Ruf von Joomla in Sachen Sicherheit ist nicht immer der beste gewesen. Heute ist das System um einiges besser und sicherer geworden, als es mal war. Die Gefahren liegen heute eher in der MySQL-Datenbank und der Sprache PHP als in Joomla selbst.

Surfen Sie doch ein bisschen im Internet. Suchen Sie sich Joomla-Webseiten und erweiterrn Sie die URL in der Adresszeile um z. B. `www.beispiel.de/installation_bak` oder `www.beispiel.de/installation_admin` oder `www.beispiel.de/installation_neu`. Wenn Sie eine Joomla-Seite vorfinden, die diese Sicherheitslücke aufweist, informieren Sie den Webmaster der Seite. Andere Dinge sollten Sie damit nicht tun. Für die Suche nach Sicherheitslücken gibt es entprechende Tools. Manchmal ist es auch möglich, schadhaften Code über ein Eingabefeld einzuschleusen. Die Kriterien, nach denen ein Hacker seine Opfer-Seiten aussucht, liegen zum Einen in der Wichtigkeit der Daten, die in der Datenbank zu fnden sind, oder in die Art der Verbindung und der Bandbreite des Backbones, der zum Spamming verwendet werden kann.

11.3.1 Wie sollten Passwörter nicht aussehen?

Vermeiden Sie personenbezogene Daten. Vorname + 1 ist ein unsicheres Passwort (z. B Harald1). Nummern, Telefonnummer, Handy-PIN, Geburtstage der Frau, der Tochter, des Sohnes oder der eigene sind nicht empfehlenswert. Wörter wie Haus, Auto, Stadt etc. sollten Sie vermeiden. Denken Sie bei Passwörtern, die aus Zahlen bestehen, nicht an 852 oder 456 oder 741 etc. Das sind die Ziffern, die untereinander im Ziffernblock stehen. Sie sind leicht zu erraten. Zu kurz sollten die Passwörter ebenfalls nicht sein.

11.3.2 Wie sollten sichere Passwörter aussehen?

Sichere Passwörter sollten eine Mischung aus Zahlen, Großbuchstaben, Kleinbuchstaben und Sonderzeichen sein.

Beispiel: `//Harald134abc&%SIMONE`

Dieses Passwort stellt selbst für heutige Computer eine harte Nuss dar. Der Nachteil ist, dass man sich so ein Passwort merken muss!

Bauen Sie sich daher eine Eselsbrücke, anhand derer Sie Ihr Passwort entwickeln. Ein mögliches Beispiel:

- Der Name meiner ersten großen – längst verflossenen – Liebe ist Nicole.

- Das war im Jahre 1989.

- Damals wohnte ich in Ingolstadt.

- Das Kennwort könnte demnach so lauten: `Nicole1989Ingolstadt`.

Dieses Kennwort ist vergleichsweise sicher, obwohl es ohne Sonderzeichen auskommt – wenn Sie eine Möglichkeit finden, Sonderzeichen hier noch unterzubringen, sollten Sie es tun! Dafür ist es ein langes Kennwort. Selbstverständlich werden Ihre Passwörter anders aussehen. Sie können die einzelnen Bestandteile durchaus variieren – `Ingolstadt1989Nicole` funktioniert genauso gut. Es kommt im Grunde nur darauf an, ein Passwort zu wählen, welches einerseits sicher und andererseits leicht zu merken ist.

11.4 Sicherheit für den localhost

Manch einer mag sich fragen ob Sicherheit auch für eine lokale Joomla-Installation überhaupt wichtig ist. Nun, das ist es! Es kann ja vorkommen, dass Joomla als Plattform für eine Community oder für ein Intranet verwendet wird.

Mit der Eingabe Ihrer IP-Adresse und des Pfades `localhost` kann jeder im Netz auf die Webseiten zugreifen. Verhindern können Sie dies beispielsweise, indem Sie eine virtuelle Maschine einrichten und XAMPP darauf laufen lassen. Das kostenlose Programm »Virtual PC« von Microsoft ist zum Beispiel für Windows-Benutzer eine gute Möglichkeit. Sie können es unter der Webadresse `http://www.microsoft.com/windows/downloads/virtualpc/default.mspx` herunterladen.

Linux-Benutzer könnten dagegen die Opensource-Software Xen (`www.xen.org`) ausprobieren.

Wie geht das?

Im Grunde lässt sich eine virtuelle Maschine ziemlich einfach einrichten. Hier versuchen wir es am Beispiel der Microsoft Software Virtual PC.

- An erster Stelle steht natürlich die Installation der Software auf dem Host. Unter Host ist immer der Rechner zu verstehen, der die Umgebung, das Betriebsystem bereitstellt. Der »localhost« ist demnach der Gastrechner.

- Wurde Virtual PC auf dem Host installiert...

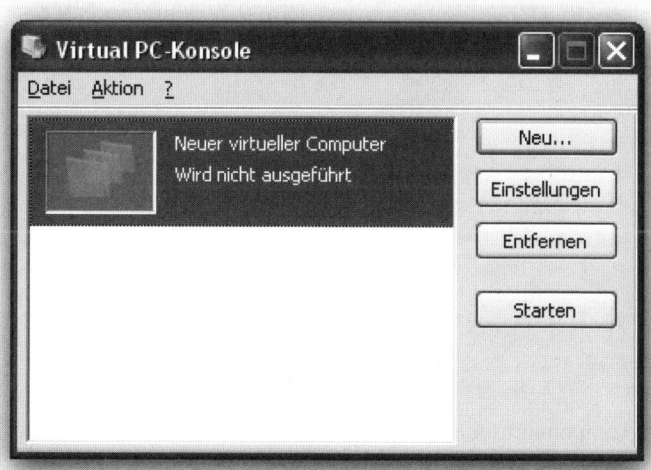

Bild 11.3: Virtual PC

- ... muss selbstverständlich ein Betriebssystem installiert werden.

Nach dessen Installation arbeitet das Betriebssystem in der virtuellen Maschine wie ein ganz eigener Rechner, auf dem Sie dann noch XAMPP und Joomla installieren müssen. Dann kann es losgehen.

11.5 Joomla-Sicherheitsmodule

Es gibt zahlreiche sicherheitsrelevante Joomla-Erweiterungen. Dazu zählen solche, die das Backup erleichtern (sowohl lokal wie auch auf dem Server), aber auch Erweiterungen gegen Spam und andere.

JoomlaPack ist zum Beispiel eine Komponente zum Sichern der kompletten Website für Joomla 1.5 und höher inklusive der Datenbank. Dabei kann ausgewählt werden, ob die ganze Seite oder nur die Datenbank gesichert werden soll. Der Clou an der Sicherung mit JoomlaPack ist, dass ein Installer in die Sicherung integriert wird, was das Wiedereinspielen zum Kinderspiel macht. Hier im Beispiel habe ich die JoomlaPack Version 2. Spezial verwendet, die unter dieser URL zu finden ist:

`www.joomla-downloads.de.`

Ich habe diese Variante gewählt, weil sie auch lokal funktioniert und einige Extra-Features eingebaut sind. Leider ist es nicht möglich, zeitlich festgelegte Backups anzulegen. Es ist aber möglich, ein Makro zu erstellen, welches diese Aufgabe erfüllen könnte.

11.5.1 Backup über die Komponente JoomlaPack

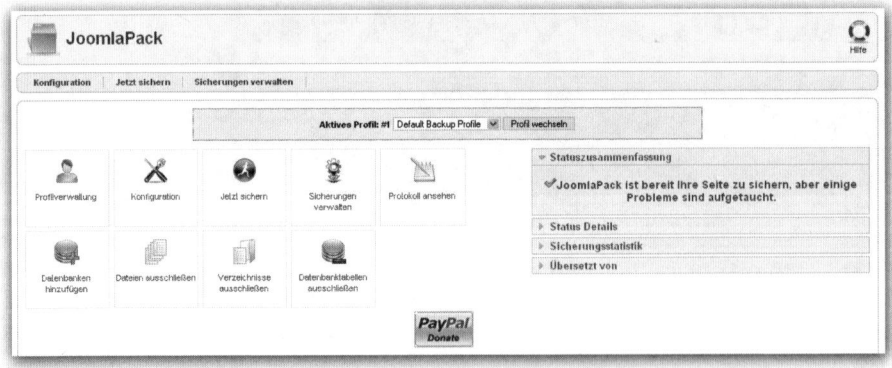

Bild 11.4: Backup mit der Komponente JoomlaPack (siehe auch Kapitel 8)

Diese Version ermöglicht es, bestimmte Elemente bei der Datensicherung auszuschließen.

Im Hauptmenü kann die Datensicherung nach eigenem Gusto konfiguriert werden. Dateien, die nicht mitgesichert werden sollen, lassen sich über diese Funktionen festlegen:

- Dateien ausschließen,
- Verzeichnisse ausschließen,
- Verzeichnisinhalt ausschließen,
- Datenbanktabellen ausschließen.

Bild 11.5: Ausschluss von Dateien

Das ist ganz praktisch, da es nicht immer nötig ist, alles zu sichern. Wenn z. B. nur ein neues Modul installiert wurde und gesichert werden soll, können Sie alle anderen Dateien ausschließen. Das Backup über JoomlaPack verläuft nicht inkrementell, sondern es wird jeweils ein neues vollständiges Backup angelegt.

Um den Sicherungsvorgang zu starten, klicken Sie entweder auf den Link `Jetzt sichern` oder auf den Button `Jetzt sichern`.

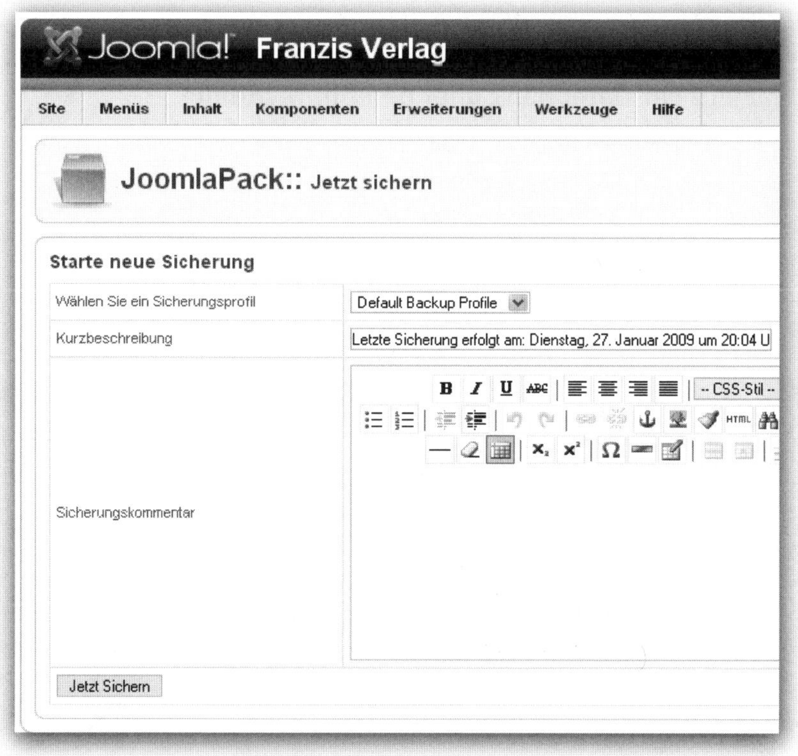

Bild 11.6: Start der Datensicherung

Die Sicherung läuft nun und wirft beim Abschluss eine Erfolgsmeldung aus. Zur besseren Übersicht über die angelegten Backups können Sie die Funktion Sicherungen verwalten aufrufen. Übersichtlich und nach Zeit und Datum sortiert sind die Backups dort aufgelistet. In diesem Bereich lassen sich auch die Datensicherungen wiederherstellen, löschen oder downloaden.

Bild 11.7: Übersicht angelegter Backups

Da das vollständige Backup in einem Ordner im Webverzeichnis abgelegt wird, sollte der Ordner mit einer .htaccess-Datei geschützt werden.

11.5.2 Backup der Datenbank über den phpMyAdmin

Rufen Sie als erstes das Werkzeug phpMyAdmin auf.

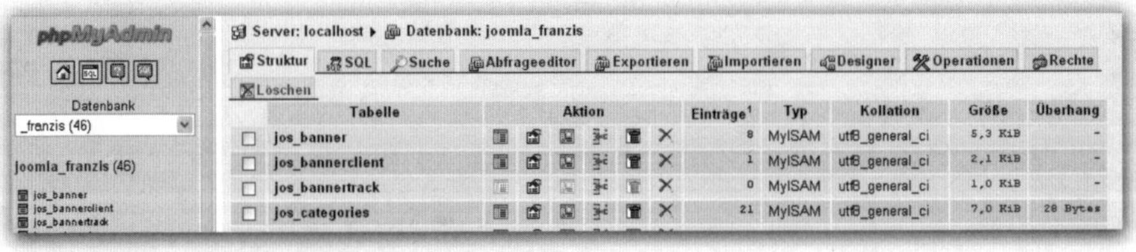

Bild 11.8: Start des phpMyAdmin

Wählen Sie als Nächstes die Datensätze aus, die Sie sichern wollen. Im Zweifelsfall entscheiden Sie sich für die Option Alle auswählen.

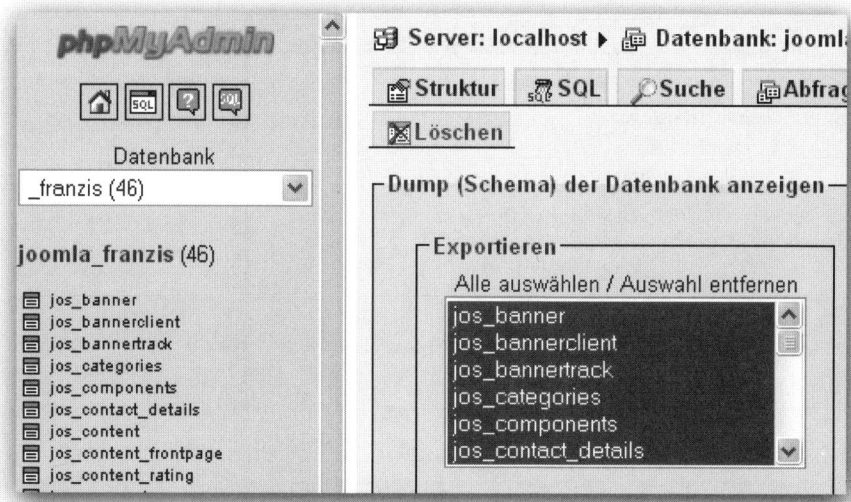

Bild 11.9: Auswahl der Datenbank

Setzen Sie nun einen Haken bei der Option Senden und bestätigen Sie Ihre Auswahl mit OK.

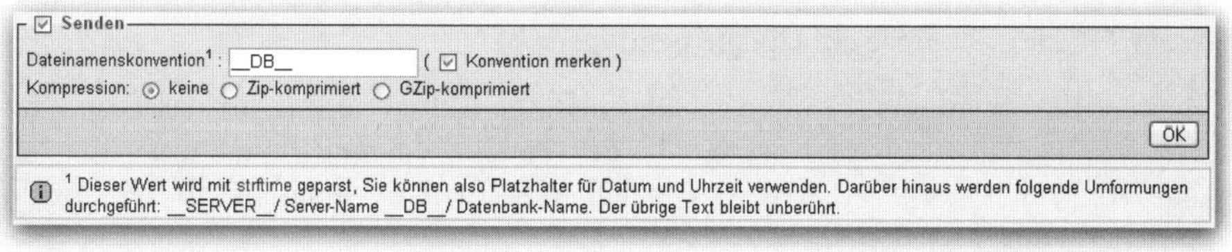

Bild 11.10: Die Datenbank senden

Speichern Sie nun die Datenbank ab.

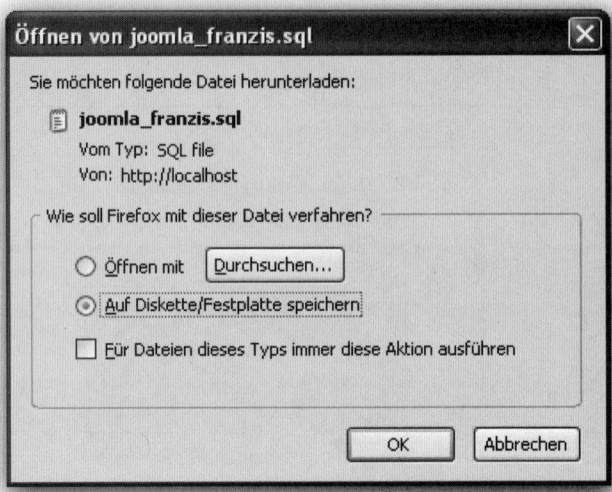

Bild 11.11: Abspeichern der Datenbank

11.6 Den Joomla-Versionsstand überprüfen

Im Kontrollzentrum des Joomla-Backends können Sie leicht prüfen, ob die Installation noch aktuell ist oder ob Sie ein Update benötigen.

Das untere Bild zeigt, dass in unserem Beispiel eine Aktualisierung für das Front- und Backup vorliegt. Der einzige Nachteil: In der Version 1.5 und höher muss man das Update von Hand herunterladen und installieren. In den Versionen ab 1.6 soll dies automatisch vonstatten gehen.

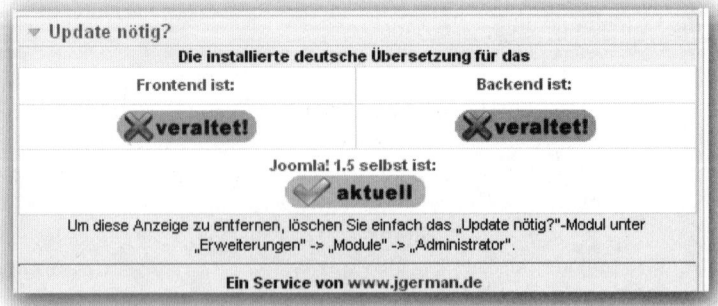

Bild 11.12: Updateprüfung im Backend

In der Version 1.5.9 von Joomla ist der sogenannte »Joomla Security Newsfeed« integriert worden. Dieser informiert die Anwender über aktuelle Risiken und liefert auch einen Weblink zu dem jeweiligen Beitrag.

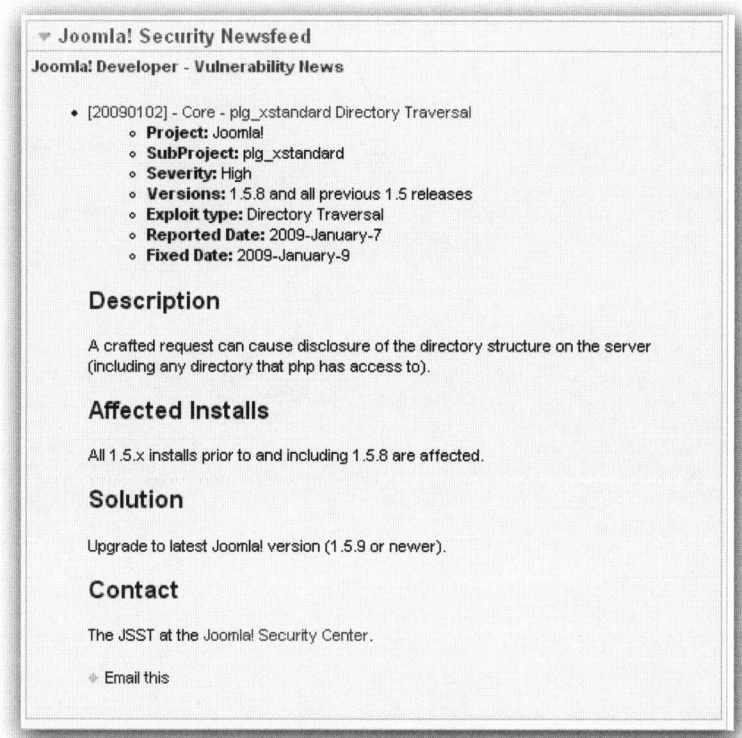

Bild 11.13: Security-Informationen frei Haus

11.7 Spam-Schutz mit CAPTCHA

Fast jeder, der im Web unterwegs ist, kennt die kleinen Buchstaben und Ziffern, die in ein Feld eingegeben werden müssen, um eine Anfrage zu senden. Diese sogenannten Captchas sind zum Beispiel auf Online-Banking-Seiten gang und gäbe, es gibt sie aber auch bei Internetforen und ähnlichen Seiten. Das Kunstwort Captcha ist eine Abkürzung, die für »Completely Automated Turing Test To Tell Computers and Humans Apart« steht. Grob übersetzt handelt es sich also um einen automatisch ausgeführten Test, mit dem festgestellt werden soll, ob ein Mensch (erwünscht) die Eingabe vornimmt oder ein Computer (unerwünscht).

Diese Buchstaben-Zahlen Abfrage dient als Spam-Schutz für den Betreiber der Webseite. So etwas gibt es für Joomla auch. Ein Tipp: Installieren Sie es und Sie können sicher sein, dass die Joomla-Website nicht für Spam-Mails missbraucht werden kann.

Für Joomla gibt es Module, die eine Captcha-Abfrage ermöglichen. Zum einen gibt es das Modul EasyCaptcha, welches recht kompliziert einzurichten ist. Ein weiteres Captcha-Modul ist Jollom. Auch Jollom ist nicht einfach zu installieren, es bietet aber im Gegenzug viele Funktionen an.

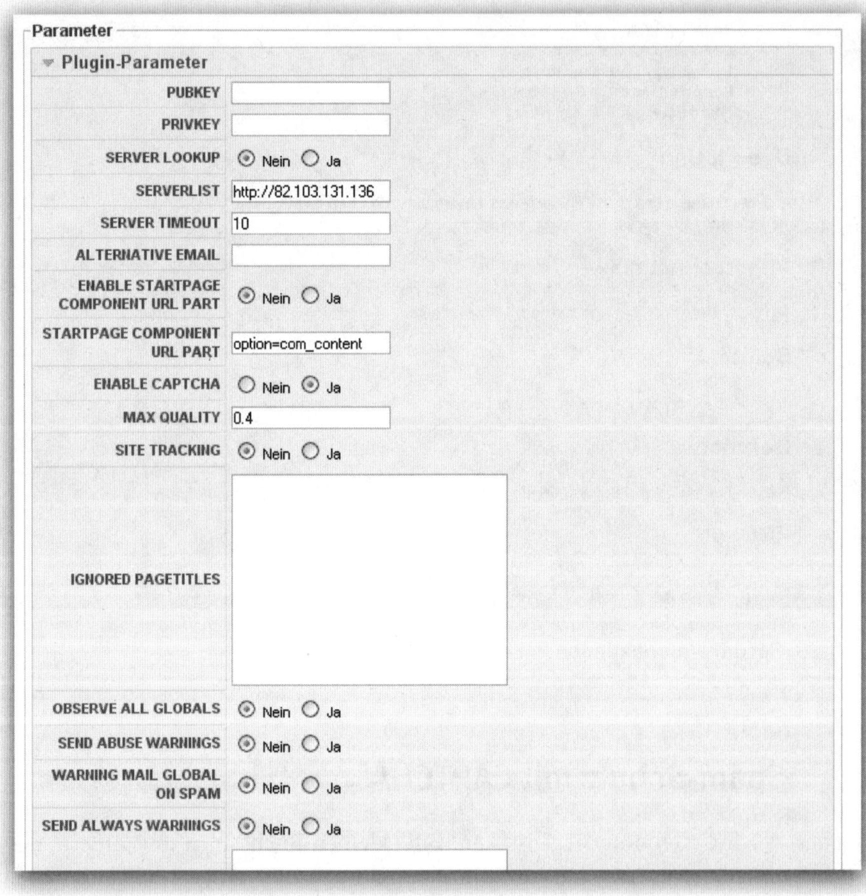

Bild 11.14: Jollom Captcha

Hier ein Beispielfoto von EasyCaptcha! Das Werkzeug ist nicht übel, aber die Installation ist recht schwierig.

Bild 11.15: EasyCaptcha

Ich persönlich habe mich für das Antispam-Tool ReCaptcha entschieden. Wie die beiden erstgenannten Captcha-Modulen ist auch Recaptcha über diverse Webseiten wie z. B. `www.joomlaos.de` erhältlich. Die Installation ist relativ einfach, denn es ist lediglich nötig, einige Dateien in Joomla zu kopieren. Die gewohnte Installationsprozedur über `Erweiterungen / Installieren - deinstallieren` steht hier leider nicht zur Verfügung. Das Archiv muss entpackt werden und die darin enthaltenen Verzeichnisse und Dateien müssen in die namensgleichen Ordner im Joomla-Verzeichnis kopiert werden.

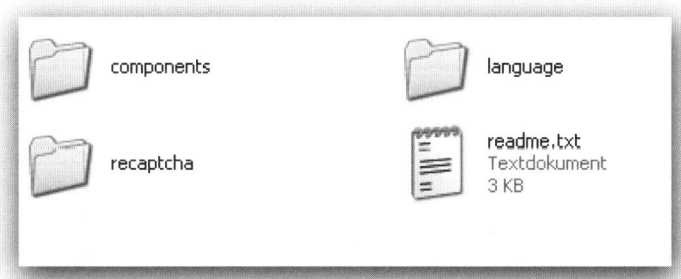

Bild 11.16: Die ReCaptcha-Dateiinhalte, die kopiert werden müssen

ReCaptcha wirkt direkt bei der Benutzerregistrierung. Nur derjenige, der neben seinen persönlichen Daten auch die Buchstaben-Zahlen-Kombinationen richtig eingibt, kann sich anmelden.

Bild 11.17: ReCaptcha im Einsatz

12 Die Joomla-Trickkiste

12.1 Module versteckt positionieren

Die Joomla-Module lassen sich in verschiedene Bereiche verschieben bzw. verlinken. Wenn zum Beispiel das Modul Umfrage nicht auf der linken Seite, sondern auf der rechten platziert weden soll, genügt es, die Option Position im Parametermenü des Moduls (zu finden über den Backend-Menüpfad Erweiterungen/Module) zu verändern. Das Modul »Umfrage« steht nun im Frontend auf der rechten Seite.

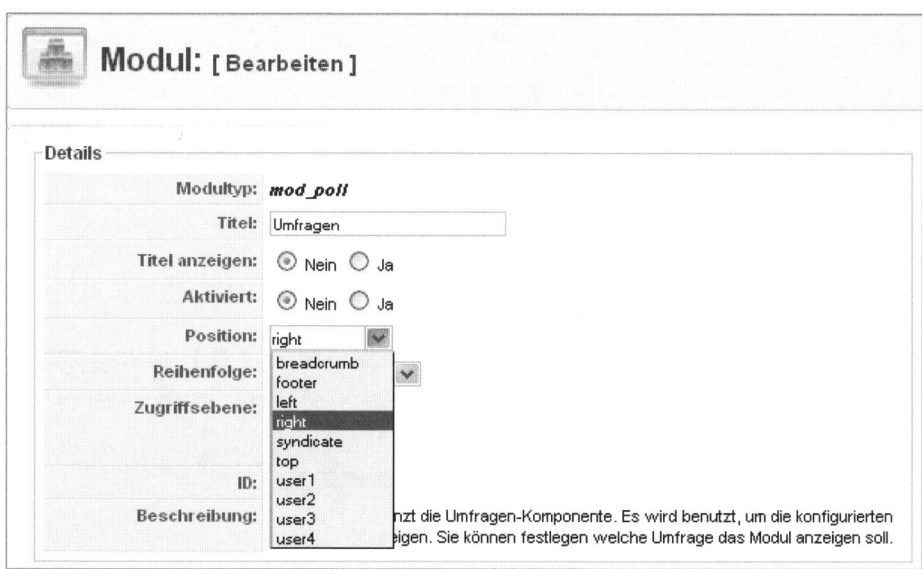

Bild 12.1: Positionierung des Moduls »Umfrage«

Aber das ist noch nicht alles. Module lassen sich auch einzelnen Menüpunkten zuordnen. Das bedeutet, dass ein Modul nur dann erscheint, wenn der Benutzer einen bestimmten Menüpunkt auswählt. In diesem Beispiel geht es um das Anmeldemodul. Dieses soll nur dann sichtbar sein, wenn der Anwender die Option »Über Joomla« auswählt. Wenn Sie (unter Erweiterungen/Module) das Anmeldemodul zum Bearbeiten anklicken, finden Sie im unteren Bereich des Browserfensters die Auswahl Menüzuweisung. Dort können Sie entscheiden, ob das Modul allen Menüs, keinem oder einem bestimmten Menüpunkt zugeordnet wird.

Wenn Sie letzteres wünschen, markieren Sie den Radio-Button Aus Liste auswählen und selektieren Sie in der Liste das Menü oder die Menüs, denen das Modul zugewiesen wird. In unserem Beispiel wird so das Anmeldemodul dem Menüpunkt »Über Joomla« zugeordnet.

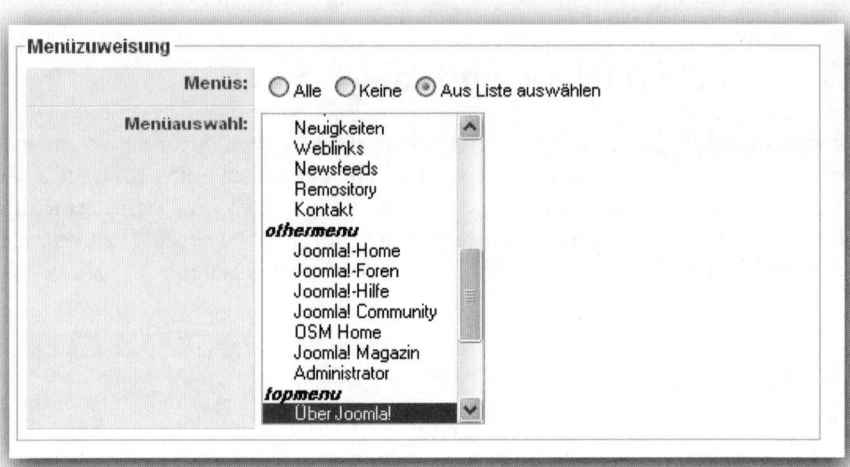

Bild 12.2: Menüzuordnung

Über einen Klick auf »Über Joomla« ist nun das Anmeldemenü erreichbar:

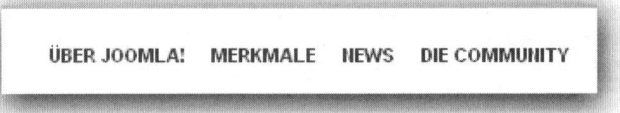

Bild 12.3: Wer sich anmelden will, muss »Über Joomla« anklicken.

Bild 12.4: Das Modul Anmeldung – versteckt positioniert

12.2 Mehrere Domains mit einer Datenbank verwalten

Alle Hosting-Provider haben Webspace-Pakete mit PHP inklusive einer MySQL-Datenbank zu günstigen Preisen im Angebot. Da liegt der Gedanke nahe, dass ein Kunde, der mehr als eine Datenbank will oder benötigt, sein Paket upgraden muss. Er würde dann in ein Paket mit mehr Datenbanken wechseln müssen. Aber es gibt eine andere Möglichkeit.

Durch die gestaffelten Angebote wird dem Kunden suggeriert, dass für jede Website eine separate Datenbank nötig ist. Ist das aber grundsätzlich so? Wenn mehr als eine Joomla-Installation verwaltet werden soll, ist dann auch immer eine neue Datenbank und als Ergebnis der Überlegung auch ein größeres Webhosting-Paket nötig?

Eine MySQL-Datenbank lässt sich ohne große Mühe in vier, fünf oder mehr Datenbanken aufsplitten. Wie viele Datenbanken sich letztendlich in die MySQL-Instanz quetschen lassen, hängt davon ab, wie groß der Datenbankspeicher sein darf. Merkwürdigerweise wird die Kapazität einer Datenbank in den Hosting-Angeboten nie erwähnt, lediglich der zur Verfügung stehende Webspace – vermutlich weil die Datenbank sehr groß sein kann.

Los geht's! Denken Sie aber bitte daran, vorab ein Backup Ihrer Seite zu machen.

Schritt 1:

Öffnen Sie das Werkzeug phpMyAdmin und suchen und exportieren Sie die Datenbank mit dem Präfix jos_. Den Export können Sie über den Reiter »Exportieren« vornehmen. Wir benötigen die komplette Datenbank – klicken Sie daher auf den Button Alle auswählen und auf das Format SQL.

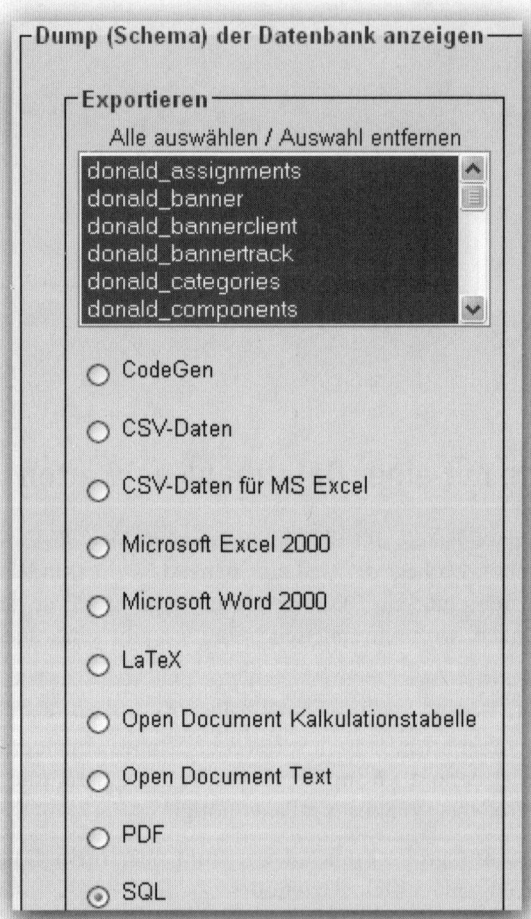

Bild 12.5: Datenexport mit phpMyAdmin – Auswahl der Daten

Schritt 2:

Setzen Sie nun für den Export einen Haken bei der Option Senden und bestätigen Sie Ihre Wahl mit OK.

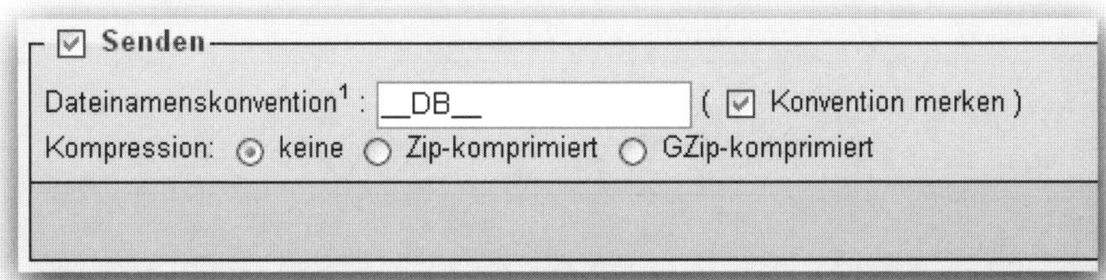

Bild 12.6: Datenbank exportieren

Schritt 3:

Öffnen Sie die so exportiere SQL-Datenbank (die Datei sollte die Endung .sql aufweisen) über einen einfachen Editor. Ersetzen Sie nun das Präfix jos_ durch donald_. Speichern Sie im Anschluss daran die Datei unter den Namen donald.sql.

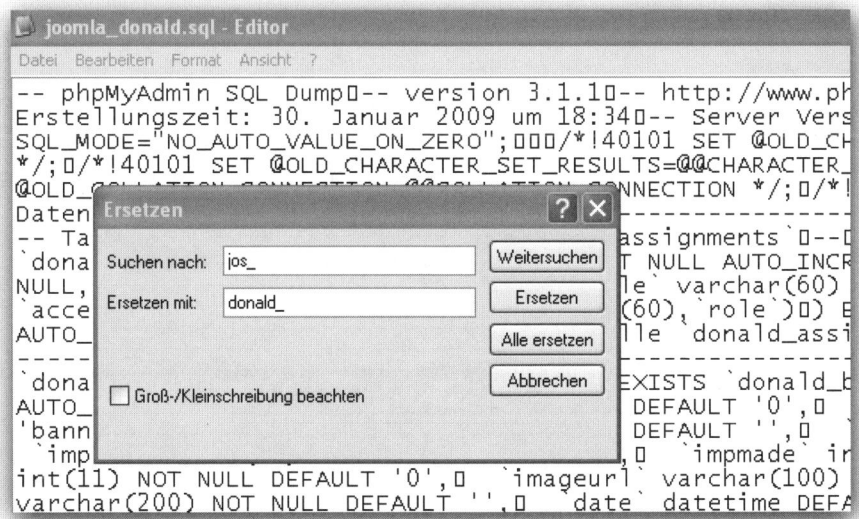

Bild 12.7: Ersetzen des Präfixes jos_ durch donald_

Schritt 4:

Importieren Sie nun wiederum die neue Datenbank über phpMyAdmin. Das Ergebnis sollte eine zweite Datenbank mit dem Präfix donald_ sein.

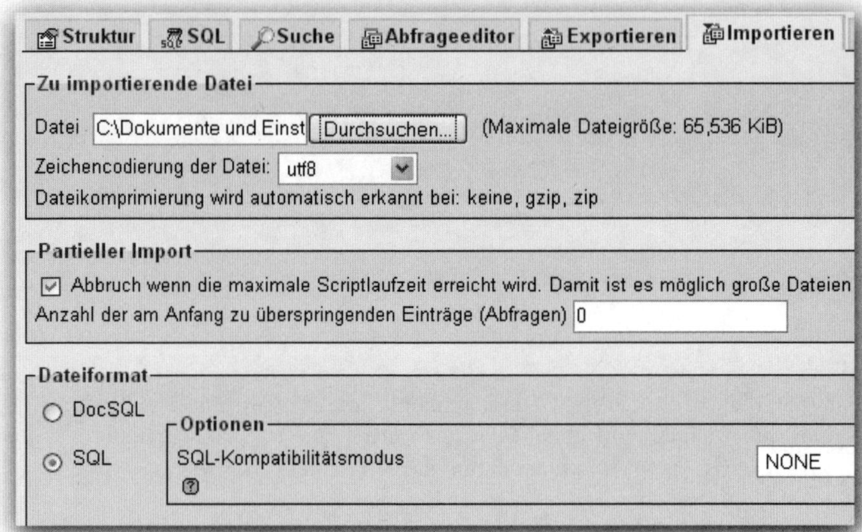

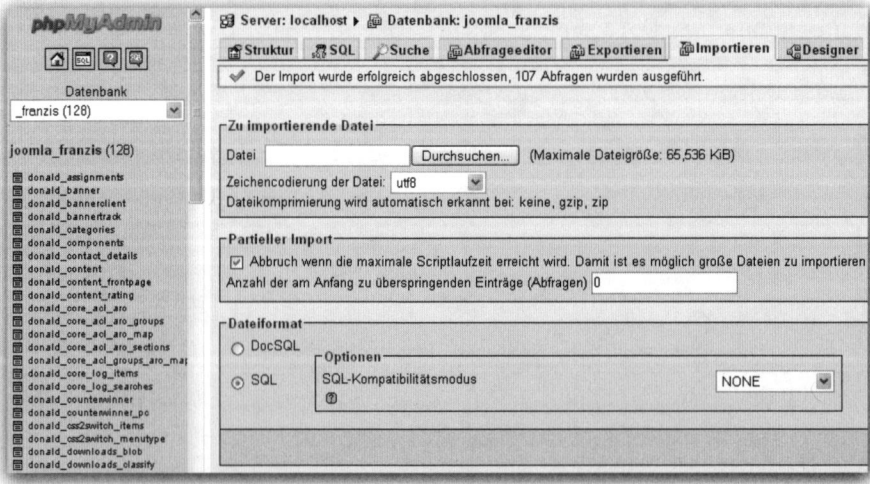

Bild 12.8: Datenimport über den phpMyAdmin

Bild 12.9: Erfolgreicher Datenimport

Als Ergebnis existieren nun zwei Datenbanken – eine mit dem alten Präfix jos_ und eine mit dem Vorzeichen donald_.

Bild 12.10: Übersicht über zwei Datenbanken

Schritt 5:

Ändern Sie nun die Präfixe im Backend unter Konfiguration / Datenbank und beenden Sie den Vorgang mit Speichern.

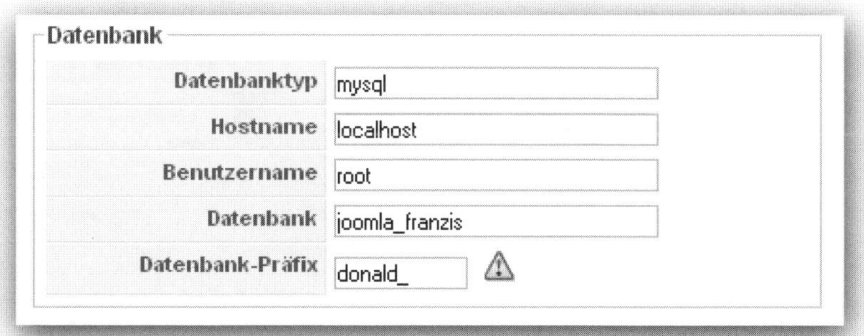

Bild 12.11: Änderung der Präfixe in der Systemkonfiguration

Im letzten Schritt wurde das alte Präfix jos_ auf das neue donald_ geändert. Überprüfen Sie das, indem Sie einen neuen Benutzer in Joomla anlegen und ihn anschließend über den phpMyAdmin in der Tabelle donald_users suchen. Wenn der neue Benutzer in der Datenbank vorhanden ist, dann hat alles funktioniert und Sie können damit beginnen, Inhalte einzufügen.

12.3 Favicons erstellen

Ein Favicon (Kurzwort für Favourite Icon) ist ein kleines Logo, meist 16x16 Pixel groß, welches im Browser links in der Adressleiste neben der URL angezeigt wird.

Das kleine Logo hilft dem Benutzer, die Übersicht zu behalten. Denn wenn mehrere Browserfenster gleichzeitig geöffnet sind, steht das Favicon der jeweiligen Seite im Karteikartenreiter am oberen Seitenrand. Zudem werden Seiten, die mit einem Favicon ausgestattet sind, in einer Bookmark-Liste mit dem kleinen Icon angezeigt. Auch dies dient als Orientierungshilfe. Darüber hinaus wirkt das kleine Bild wie das i-Tüfelchen einer gelungenen Website. Übrigens: Auch animierte GIFs können Favicons sein.

Um Favicons zu generieren, empfiehlt sich der kostenlose Online-Dienst auf der Seite `http://www.favicon.cc`.

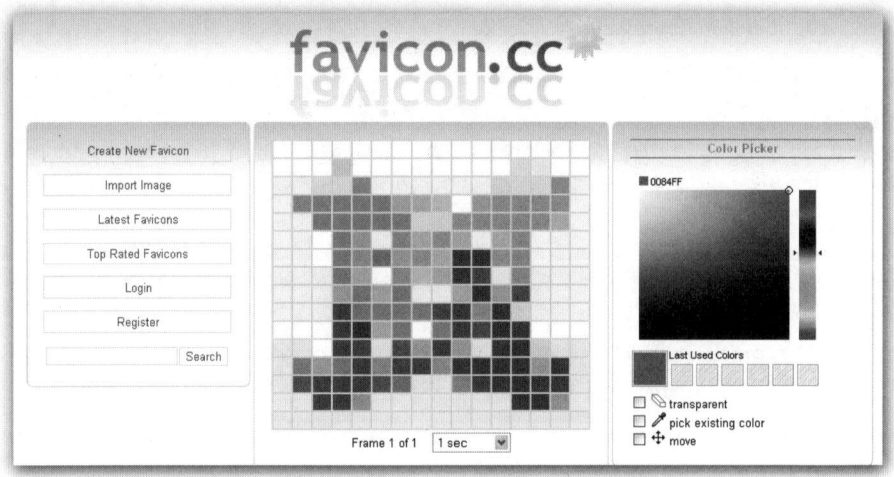

Bild 12.12: Ein Favicon erstellen lassen

Der Dienst funktioniert sehr einfach. Sie müssen lediglich ein Bild oder Logo, das sich auf Ihrer Festplatte befindet, auswählen und hochladen. Wenn das Icon erstellt wurde, lässt es sich einfach wieder herunterladen.

12.4 Texte für Systemmeldungen verändern

Wer die Standardtexte für Registrierungs-Mails, vergessene Passwörter und andere Systemmeldungen nach eigenem Geschmack oder Bedarf ändern möchte, kann dies problemlos umsetzen.

Die deutschen Texte liegen in einer Datei mit dem Namen `de-DE.com_user.ini`. Diese muss geöffnet werden, am besten mit einem simplenTexteditor wie Notepad. Bevor Sie etwas speichern und auf den Server packen, sollten Sie an eine Sicherheitskopie denken.

Schritt 1

Die Datei `de-DE.com_user.ini` befindet sich im Joomla-Verzeichnis im Ordner `language\de-DE`. Öffnen Sie die Datei.

Bild 12.13: Die Datei de-DE.com_user.ini

Schritt 2

Um den Text der Registrierungs-Mail ändern zu können, müssen Sie in der Datei `de-DE.com_user.ini` danach suchen. Im letzten unteren Drittel steht er. Oder Sie suchen einfach über die Suchfunktion.

```
SEND_MSG=Hallo %s,\n\nVielen Dank für Ihrer Registrierung auf %s.\n\nSie können sich jetzt auf
"%s" mit Ihrem Benutzernamen und Passwort anmelden.
SEND_MSG_ACTIVATE=Hallo %s,\n\nHallo Donald, vielen Dank für die Registrierung auf "%s". Ihr
Benutzerkonto wurde angelegt und muss aktiviert werden, bevor Sie es nutzen können.\nUm Ihr
Benutzerkonto zu aktivieren, klicken Sie bitte auf folgenden Link oder kopieren ihn per
Kopieren/Einfügen in Ihren Browser:\n%s\n\nNach der Aktivierung können Sie sich auf "%s" mit
folgenden Benutzerdaten anmelden:\n\nBenutzername - %s\nPasswort - %s
```

Bild 12.14: Den Originaltext finden

Schritt 3

Editieren Sie den Text einfach in Ihrem Texteditor und speichern Sie ihn. Vor der Änderung lautete der Text für die Registrierungs-Mail folgendermaßen:

```
SEND_MSG=Hallo %s,\n\nVielen Dank für Ihre Registrierung auf %s.\n\nSie
können sich jetzt auf "%s" mit Ihrem Benutzernamen und Passwort anmelden.
SEND_MSG_ACTIVATE=Hallo %s,\n\nVielen Dank für die Registrierung auf "%s".
Ihr Benutzerkonto wurde angelegt und muss aktiviert werden, bevor Sie es
nutzen können.\nUm Ihr Benutzerkonto zu aktivieren, klicken Sie bitte auf
folgenden Link oder kopieren ihn per Kopieren/Einfügen in Ihren
Browser:\n%s\n\nNach der Aktivierung können Sie sich auf "%s" mit folgenden
Benutzerdaten anmelden:\n\nBenutzername - %s\nPasswort - %s
```

Wir wollen den Text ein wenig persönlicher formulieren. Unsere abgewandelte Version lautet:

```
SEND_MSG=Hallo %s,\n\Vielen Dank für Ihrer Registrierung auf %s.\n\nSie
können sich jetzt auf "%s" mit Ihrem Benutzernamen und Passwort anmelden.
SEND_MSG_ACTIVATE=Hallo %s,\n\nHallo Donald, vielen Dank für die
Registrierung auf "%s". Dein Benutzerkonto wurde angelegt, muss aber noch
aktiviert werden, bevor Du es nutzen kannst.\nUm Dein Benutzerkonto zu
aktivieren, klicke bitte auf folgenden Link oder kopiere ihn per
Kopieren/Einfügen in Deinen Browser:\n%s\n\nNach der Aktivierung kannst Du
"%s" mit folgenden Benutzerdaten anmelden:\n\nBenutzername - %s\nPasswort -
%s
```

Vor der Änderung wurde der Text folgendermaßen dargestellt:

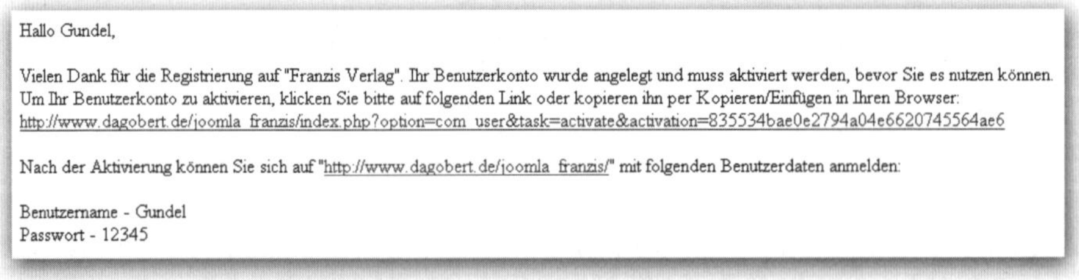

Hallo Gundel,

Vielen Dank für die Registrierung auf "Franzis Verlag". Ihr Benutzerkonto wurde angelegt und muss aktiviert werden, bevor Sie es nutzen können. Um Ihr Benutzerkonto zu aktivieren, klicken Sie bitte auf folgenden Link oder kopieren ihn per Kopieren/Einfügen in Ihren Browser:
http://www.dagobert.de/joomla_franzis/index.php?option=com_user&task=activate&activation=835534bae0e2794a04e6620745564ae6

Nach der Aktivierung können Sie sich auf "http://www.dagobert.de/joomla_franzis/" mit folgenden Benutzerdaten anmelden:

Benutzername - Gundel
Passwort - 12345

Bild 12.15: Die alte Fassung

Nach der Änderung wird die Mitteilung etwas länger:

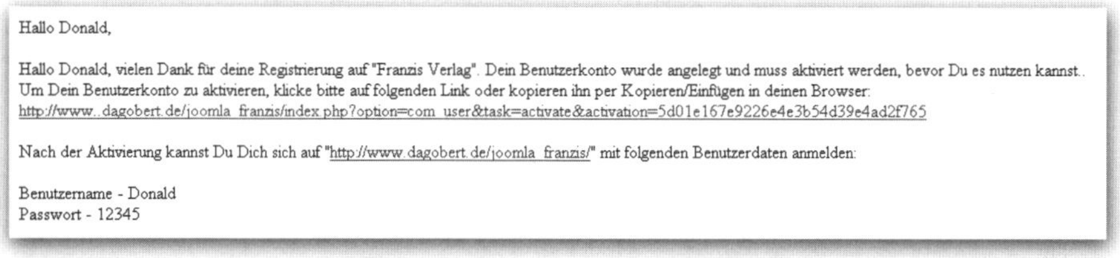

Hallo Donald,

Hallo Donald, vielen Dank für deine Registrierung auf "Franzis Verlag". Dein Benutzerkonto wurde angelegt und muss aktiviert werden, bevor Du es nutzen kannst.. Um Dein Benutzerkonto zu aktivieren, klicke bitte auf folgenden Link oder kopieren ihn per Kopieren/Einfügen in deinen Browser: http://www..dagobert.de/joomla_franzis/index.php?option=com_user&task=activate&activation=5d01e167e9226e4e3b54d39e4ad2f765

Nach der Aktivierung kannst Du Dich sich auf "http://www.dagobert.de/joomla_franzis/" mit folgenden Benutzerdaten anmelden:

Benutzername - Donald
Passwort - 12345

Bild 12.16: Text nach der Änderung

Zum Überprüfen der neuen Texte melden Sie sich bitte als neuer User im Frontend an.

12.5 Externe Editoren verwenden

12.5.1 HTML editieren

TinyMCE ist der integrierte Editor für die Bearbeitung von Inhalten wie Texten und das Einstellen von Medieninhalten innerhalb von Joomla. Das Problem mit diesem Editor ist seine Handhabung. Da die Bearbeitung der Inhalte innerhalb der Joomla-Website erfolgt, lassen sich Änderungen weniger komfortabel vornehmen als in einem externen Editor. Daher mein Tipp: Kopieren Sie Beiträge, die Sie ändern wollen, in einen lokalen Editor. Speichern Sie diese ab und fügen Sie diese später wieder in Joomla ein. Dabei spielt es keine Rolle, welcher externe Editor verwendet wird.

Verwenden wir als Beispiel eine einfache Tabelle. Vermutlich wird das Einfügen von Tabellen nicht allzu oft in einer Joomla-Website nötig sein, aber es muss ja nicht bei einer Tabelle bleiben. Der hier vorgestellte Tipp soll vor allem als Hinweis darauf dienen, welche Aufgaben ein externer Editor besser lösen kann. Bevor wir anfangen, sollten Sie ein Backup anlegen.

Der TinyMCE-Editor bringt viele Funktionen mit. Das Einfügen von Tabellen, Medien, Farben und Links ist ohne Weiteres möglich. Aber die Benutzung fühlt sich insgesamt unkomfortabel an. Das Erstellen von Formularen, Tabellen etc. ist in einem externen Editor wesentlich leichter. Ich verwende für diesen Zweck den HTML-Editor Golive von Adobe. Aber natürlich sind andere Editoren wie Dreamweaver, Phase5, Aptana, Namo oder NetObjects Fusion genauso gut für diesen Zweck geeignet.

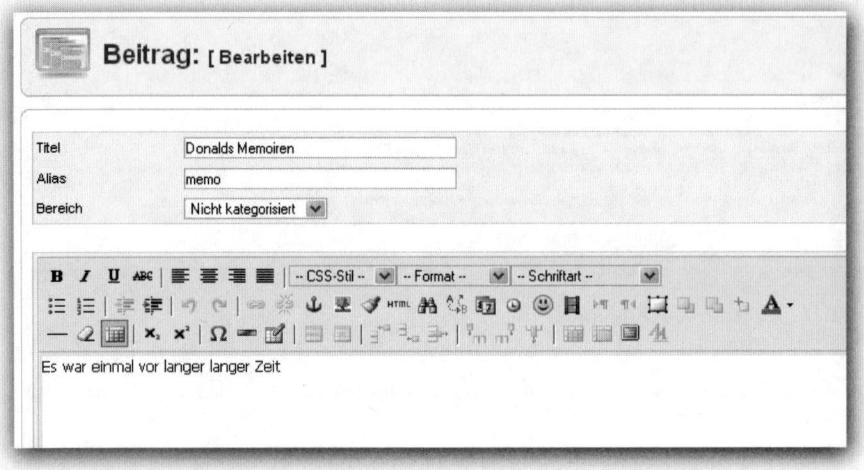

Bild 12.17: Der in Joomla integrierte TinyMCE-Editor

Erstellen Sie eine Tabelle in einem externen Editor. Fügen Sie dann den HTML-Code der Tabelle einfach nach der Methode Copy & Paste den Editor TinyMCE ein. Dazu müssen Sie allerdings voher im TinyMCE in die HMTL-Codeansicht umschalten (in der Menüleiste des TinyMCE finden Sie dazu einen kleinen HTML-Button). Das Layout einer einfachen Tabelle sieht folgendermaßen aus:

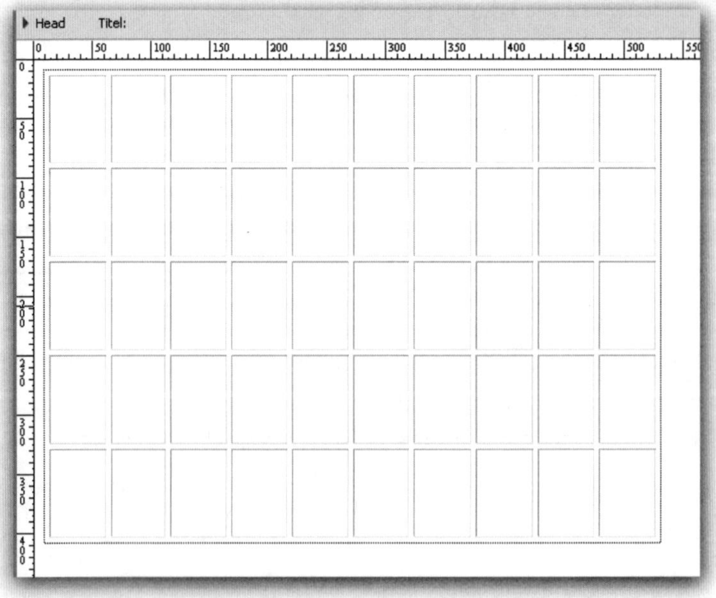

Bild 12.18: Layout einer Tabelle

Schalten Sie nun über den HTML-Quelltext-Button in den HTML-Quelltexteditor um.

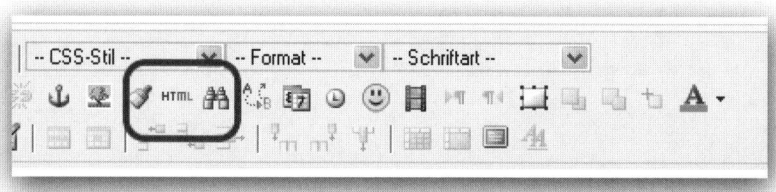

Bild 12.19: Der HMTL-Quelltext-Schalter im Joomla-Editor

Im HTML-Quelltext-Editor sieht der Code der angefangenen Tabelle folgendermaßen aus:

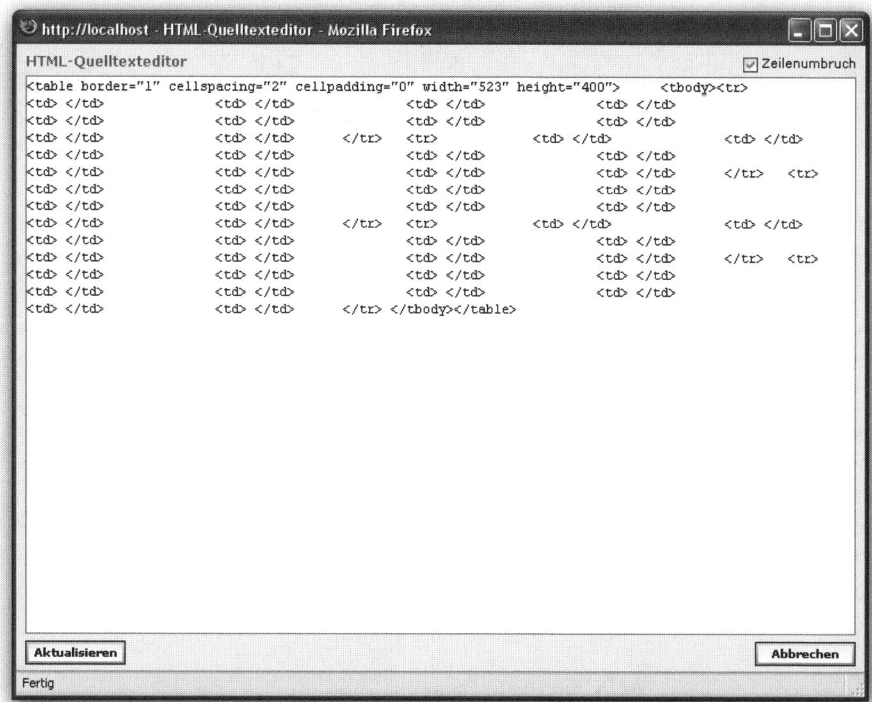

Bild 12.20: Der HTML-Quelltext im Editor

Klicken Sie nun im HTML-Editor unten links auf den Button `Aktualisieren`. Sie erhalten nun folgende Ansicht:

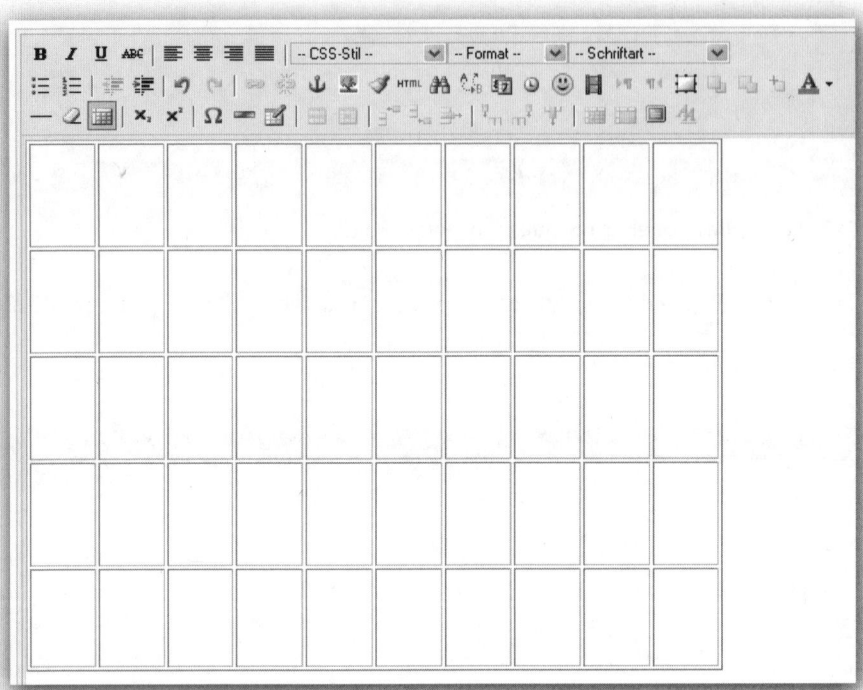

Bild 12.21: Layout-Ansicht

> **Hinweis:** Wie schon erwähnt, geht es bei diesem Tipp um etwas mehr als nur darum, wie man eine externe Tabelle in Joomla einfügt. Vielmehr will ich damit demonstrieren, dass es grundsätzlich möglich ist, extern Daten zu erstellen und in Joomla einzufügen. Das geht sogar mit CSS-Dateien. Ebenso praktisch ist es, ein CSS-Dokument nicht in Joomla zu editieren, sondern in einem externen Editor mit all seinen Vorteilen zu bearbeiten.

12.5.2 Cascading Stylesheets editieren

CSS sind meiner Meinung nach entscheidend einfacher in einem externen Editor zu editieren. In Joomla jedenfalls ist das sehr umständlich. Sehen wir uns als Beispiel das mit Joomla mitgelieferte Standard-Template »rhuk_milkyway« an.

Das »Haupt-Stylesheet« in diesem Template ist die Datei `template.css`. Im Backend von Joomla führt der Weg zur CSS über `Erweiterungen / Templates / rhuk_milkyway`.

Markieren Sie nun diese Auswahl und klicken Sie auf Bearbeiten. Wenn sich das Bearbeiten-Menü geöffnet hat, klicken Sie auf das Symbol für CSS Bearbeiten und wählen Sie template.css aus.

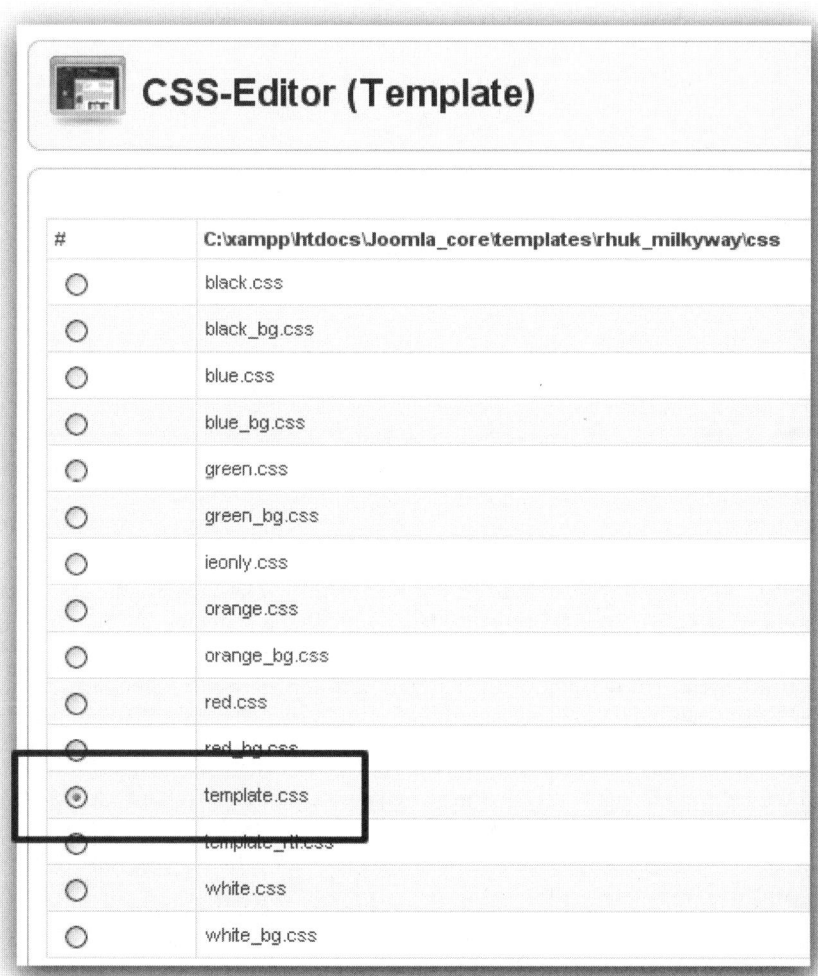

Bild 12.22: Auswahl der Datei template.css im Backend

Das Stylesheet stellt sich folgendermaßen dar:

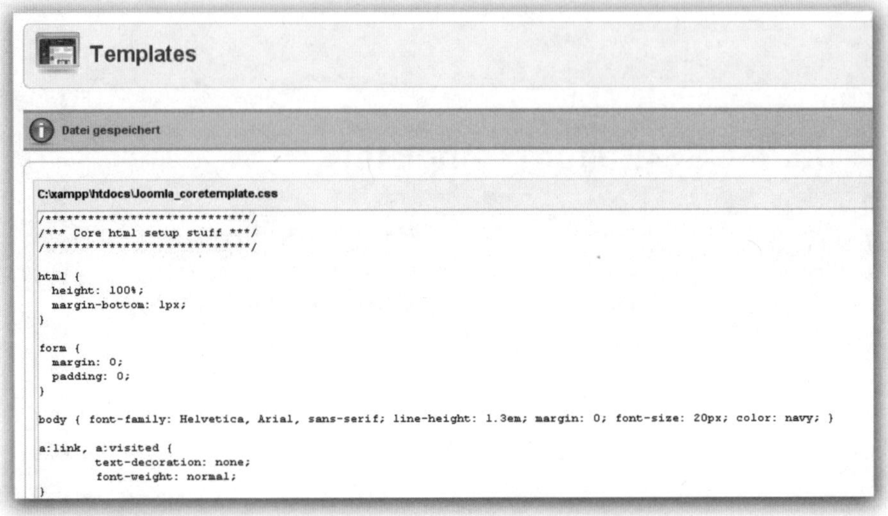

Bild 12.23: CSS-Code

Um die CSS-Datei lokal bearbeiten zu können, kopiert man das Stylesheet und fügt es in einem Texteditor in ein leeres Textdokument ein. Natürlich können Sie die Datei auch direkt in einem HTML-Editor bearbeiten. Benennen Sie die Datei in template.css um und speichern Sie sie. Im lokalen HTML-Editor ist es anschließend einfach, den CSS-Code zu bearbeiten. Am Beispiel eines Beitrages auf der Startseite lassen sich die CSS Vorgaben leicht nachbilden und bearbeiten.

Der Seitentext vor Änderung der CSS: Der Text ist unformatiert, als Schriftart ist als Standard Times New Roman und als Farbe Schwarz gewählt. Der Link, der im Code angegeben ist, zeigt auf einen Pfad in Joomla auf dem Webserver und greift hier natürlich nicht, weil ja lokal auf dem Rechner und nicht auf dem Server gearbeitet wird.

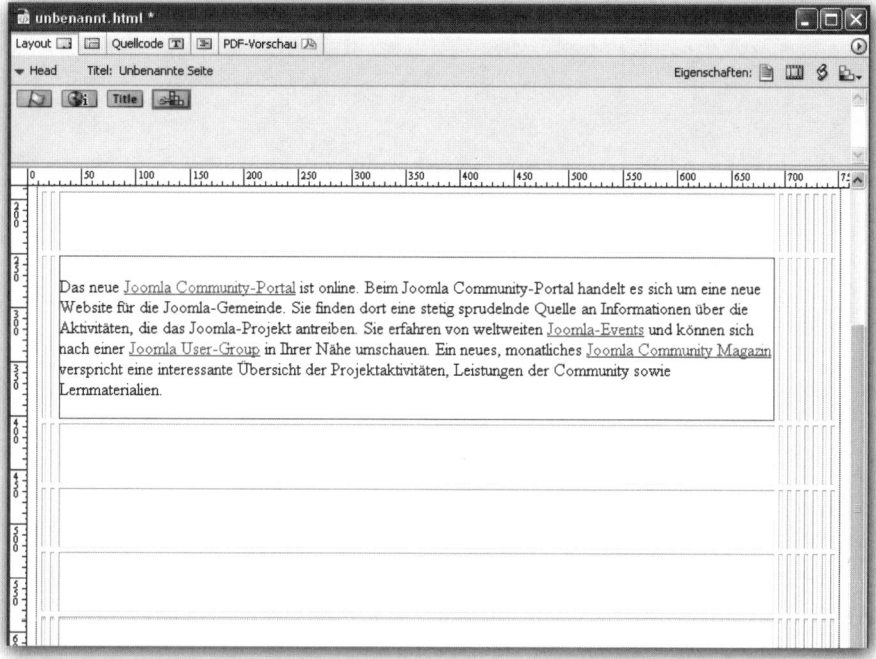

Bild 12.24: Text ohne Formatierung

Im nächsten Schritt weisen wir dem Text das Stylesheet `template.css` zu, welches vorhin erstellt wurde. Da das CSS dasselbe wie im Joomla auf dem Webserver ist, kann man Änderungen lokal ausprobieren, ohne direkt auf dem Server arbeiten zu müssen.

Die gespeicherte `template.css` weisen wir der Seite zu. Das kann extern oder intern geschehen. Wenn das Stylesheet `template.css` der Seite hinzugefügt wurde, liegt ihr im Anschluss das gleiche Design zugrunde wie im Joomla. Das Ergebnis sollte so aussehen:

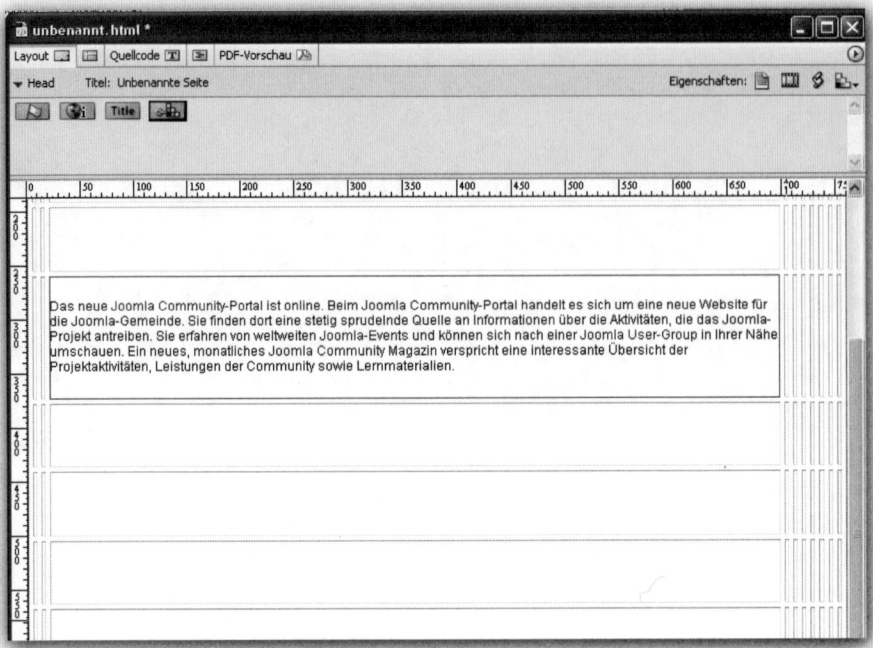

Bild 12.25: Zugeordnetes Stylesheet template.css

Die Zuweisung der template.css ist über verschiedene Wege möglich.

Beispiel 1

Sie legen ein Verzeichnis an und kopieren die HTML-Seite und die `template.css` hinein. Der Verweis auf die `template.css` im Kopfbereich der HTML-Seite lautet wie folgt:

```
<head>
  <meta http-equiv="content-type" content="text/html;charset=utf-8" />
  <meta name="generator" content="Adobe GoLive" />
  <title>Unbenannte Seite</title>
  <link href="templates.css" rel="stylesheet" type="text/css" media="all" />
</head>
```

Beispiel 2

Sie legen ein Verzeichnis mit dem Namen z. B. `template` an und ein weiteres mit dem Namen `css`. Die Datei `template.css` kopieren Sie in das Verzeichnis `css` und die HTML-Seite in das Verzeichnis `template`.

Das ist die gängigste Methode. Sie bietet sich insbesondere an, um einen besseren Überblick zu behalten.

Der Code im Header der Seite sieht dann so aus:

```
<head>
  <meta http-equiv="content-type" content="text/html;charset=utf-8" />
  <meta name="generator" content="Adobe GoLive" />
  <title>Unbenannte Seite</title>
  <link href="css/templates.css" rel="stylesheet" type="text/css"
media="all" />
  </head>
```

Beispiel 3

Sie verzichten auf eine externe CSS-Datei und fügen das CSS direkt in den Head-Bereich der Seite ein. Somit fällt eine Datei weg und der Stylesheet-Code ist lesbar innerhalb der HTML-Seite. Das würde dann so aussehen:

```
<style type="text/css">
<!--
.shop {

    margin-top: 60px;
}
.header {
   font-family: Verdana, Arial, Helvetica, sans-serif;
   font-size: 12px;
   font-style: normal;
   line-height: normal;
   font-weight: bold;
   height: 30px;
   color: #000000;
   text-align: left;
   vertical-align: middle;
   position:absolute;
   top: 0px;
   left: 0px;
   width: 100%;
   z-index: 50;
   background-color: #CCCCCC;
   border-bottom-width: 2px;
   border-bottom-style: solid;
   border-bottom-color: #000000;


}
.header a {
   font-family: Verdana, Arial, Helvetica, sans-serif;
   font-size: 10px;
```

```
    font-style: normal;
    line-height: normal;
    font-weight: bold;
    color: #333333;
}
.header a:hover {
    font-family: Verdana, Arial, Helvetica, sans-serif;
    font-size: 10px;
    font-style: normal;
    line-height: normal;
    font-weight: bold;
    color: #000000;
}
.shoplogo {
    background-image: url(http://www.xtc-.de/images/headerlogo.png);
    height: 30px;
    width: 68px;
    z-index: 50;
    position:absolute;
    top: 0px;
    left: 0px;
}
.shopheader {
font-family: Verdana, Arial, Helvetica, sans-serif;
    font-size: 16px;
    font-weight: bold;
    color: #000000;
    position:absolute;
    top: 5px;
    left: 75px;
}
.info {
    font-family: Verdana, Arial, Helvetica, sans-serif;
    font-size: 12px;
    font-weight: bold;
    color: #000000;
    position:absolute;
    top: 6px;
    left: 300px;
}
.dropdown {
    position:absolute;
    vertical-align: middle;
    top: 5px;
    left: 370px;
```

```
}
.dropdown select{
   font-family: Verdana, Arial, Helvetica, sans-serif;
   font-size: 10px;
   height:20px;
   width:180px;
}
.templatelink {
   font-family: Verdana, Arial, Helvetica, sans-serif;
   font-size: 10px;
   font-weight: bold;
   color: #000000;
   position:absolute;
     top: 17px;
   left: 900px;
}
.languagelink {
   font-family: Verdana, Arial, Helvetica, sans-serif;
   font-size: 10px;
   font-weight: bold;
   color: #000000;
   position:absolute;
     top: 17px;
   left: 530px;
}
.language {
     position:absolute;
     top: 5px;
   left: 530px;
}
-->
</style>
```

Im Original-CSS war die Schriftgröße 12px und die Schriftfarbe war schwarz. Im unteren Bild sind beide Einstellungen zu sehen.

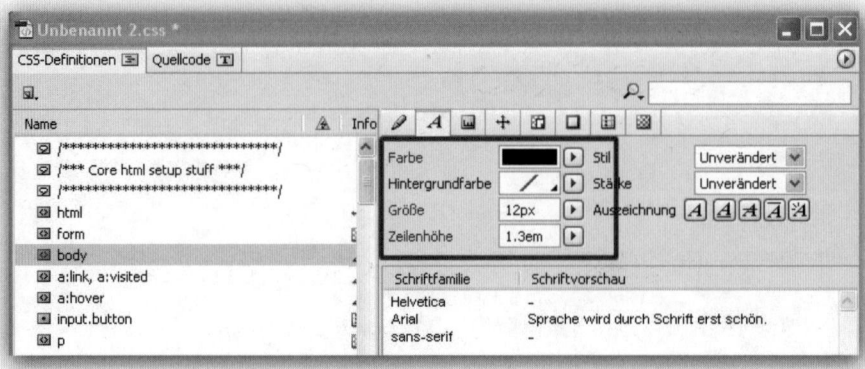

Bild 12.26: Einstellungen in der template.css

Ändern wir die Einstellungen in Blau für die Schriftfarbe und 20px für die Schriftgröße. Speichern wir dies und sehen uns die Vorschau an:

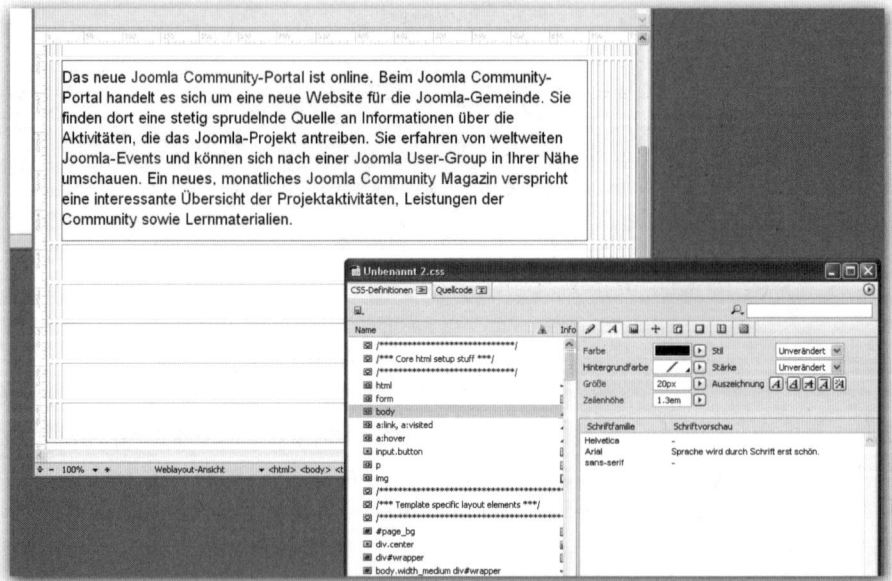

Bild 12.27: Änderung der Schriftgröße und -farbe

In der Vorschau ist die Schrift nun sehr groß (20px) und blau.

Bild 12.28: Auswirkungen des geänderten Stylesheets

Die nun geänderte CSS-Datei ließe sich in Joomla einfügen und speichern und das Joomla-Frontend würde als Folge davon genau so aussehen. Natürlich ist dies nur ein Beispiel. Es soll einfach zeigen, dass das lokale Bearbeiten eines Joomla-CSS mit einem externen Editor wesentlich komfortabler und schneller möglich ist.

12.6 Dreamweaver-Extension

Es existiert eine praktische Dreamweaver-Erweiterung für Joomla 1.5 und höher. Erhältlich ist sie – wie so vieles andere – auf der Webseite `www.joomlaos.de`.

Die genaue Bezeichnung der Erweiterung lautet Joomla 1.5 Templatebuilder für Dreamweaver.

Laden Sie die Erweiterung herunter und integrieren Sie sie mit Hilfe des Extension Managers in Dreamweaver.

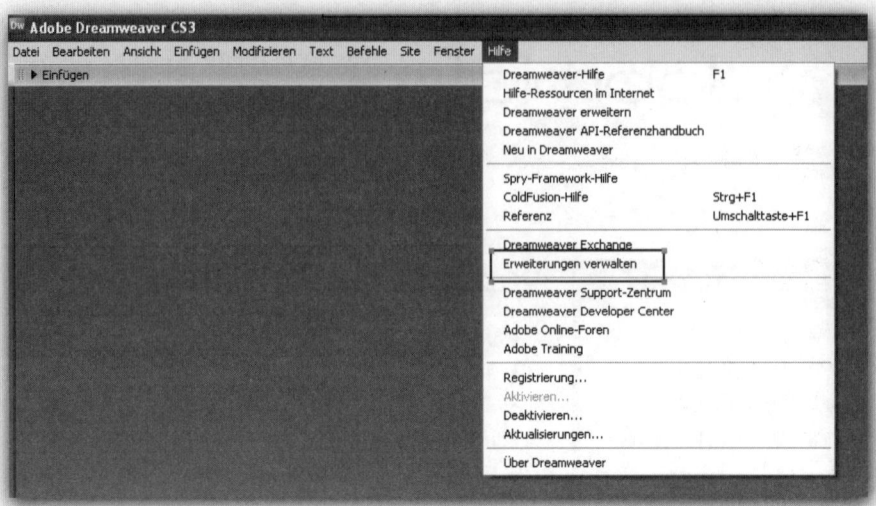

Bild 12.29: Auswahl des Extension Managers in Dreamweaver

Um die Erweiterung einzurichten, wählen Sie über das Menü Hilfe / Erweiterungen verwalten den Adobe Extensions Manager aus. Klicken Sie dort auf Datei/Öffnen, suchen Sie die heruntergeladene Erweiterung auf der Festplatte suchen und installieren Sie sie in Dreamweaver.

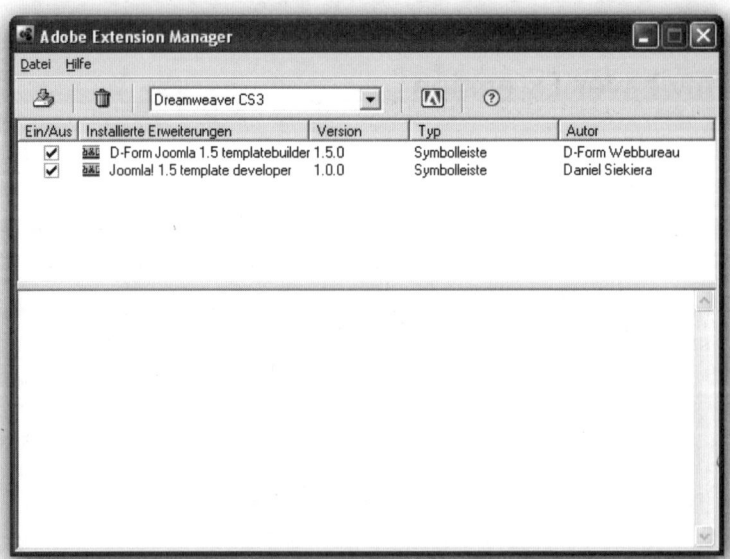

Bild 12.30: Adobe Dreamweaver Extension Manager

Über einen Klick lassen sich Code-Snippets einfügen. Auf diese Weise wird die Erstellung von Joomla-Templates stark erleichtert.

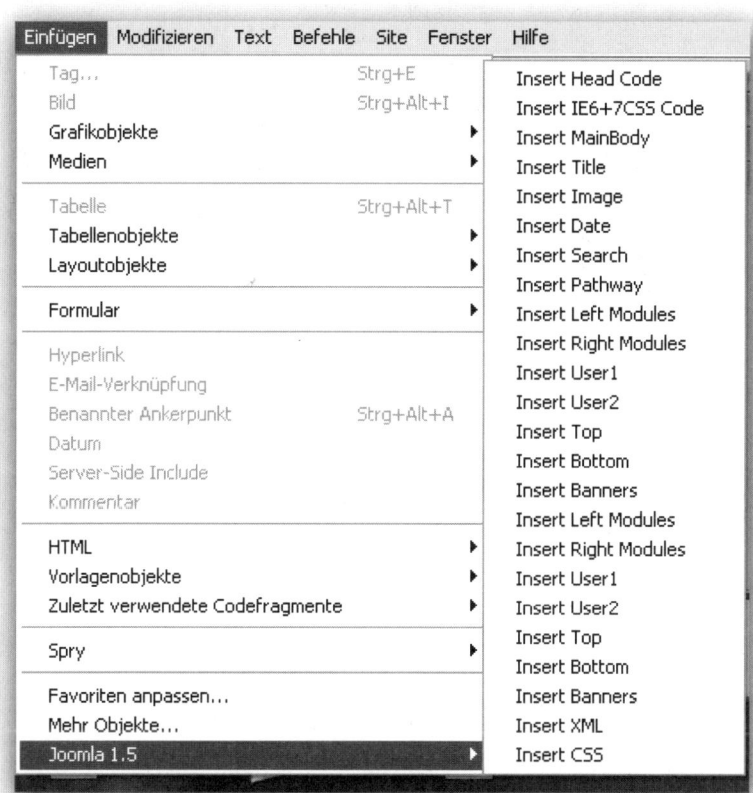

Bild 12.31: Der Dreamweaver-Template Builder für Joomla

Mit diesem Tool lassen sich somit ganze Template-Bereiche per Klick in die Seite kopieren und richtig positionieren. Daher ist es bestens für jeden Template-Entwickler geeignet. Es kann für Joomla-Versionen von 1.5 an aufwärts genutzt werden.

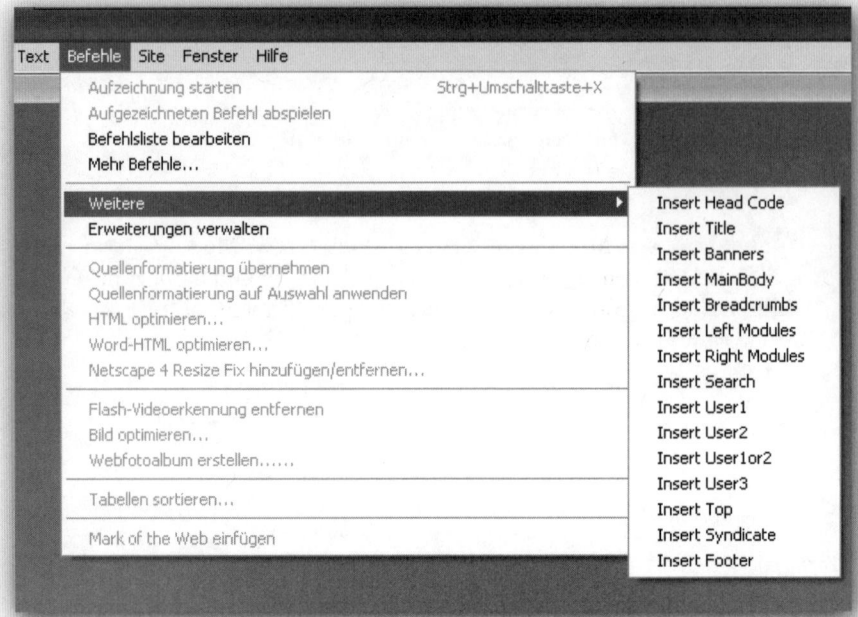

Bild 12.32: Joomla 1.5 Template Developer

12.7   Die Joomla 1.5 Template Toolbar

Die Joomla 1.5 Template Toolbar ist eine Hilfe zur Erstellung von Templates. Neben einigen ähnlich guten kostenpflichtigen Programmen ist dieses Programm völlig gratis. Die aktuelle Version zum Zeitpunkt der Drucklegung war 0.8.4.

Alle Joomla-relevanten Codes, die zur Entwicklung eines Templates benötigt werden, sind in der Template Toolbar enthalten. Sie werden per Klick in die Zwischenablage kopiert und können so an entsprechender Stelle im verwendeten HTML-Editor eingefügt werden.

Zur Erstellung der CSS-Datei steht ein Grundgerüst mit allen von Joomla verwendeten Klassen zur Verfügung.

Ein weiteres Feature ist der integrierte XML-Generator, womit sich in Sekundenschnelle die XML-Datei zum Template erstellen lässt. Downloadbar ist die Template Toolbar auf diversen Webseiten wie etwa `www.joomlaos.de`.

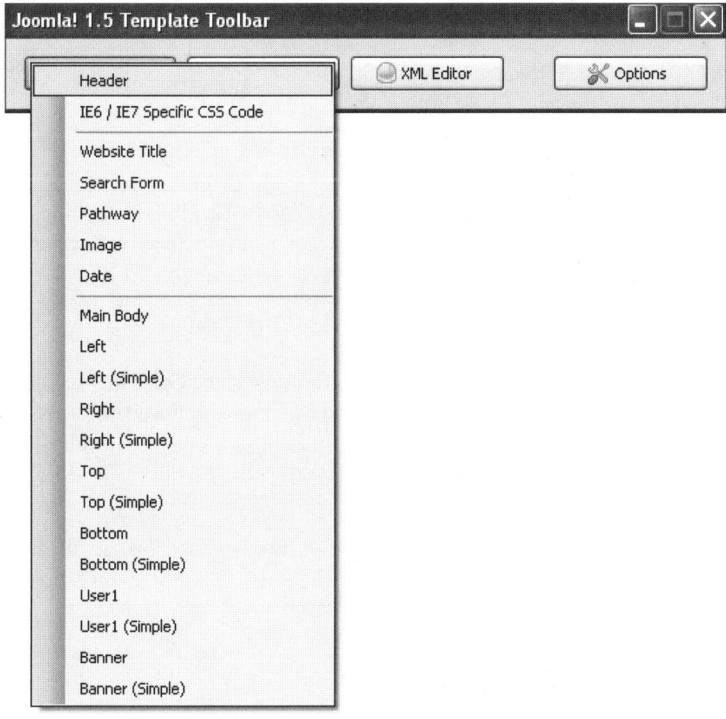

Bild 12.33: Joomla Template Toolbar

Mit der Funktion »Insert Module« lassen sich Module bzw. Modulpositionen an entsprechender Stelle einfügen. Klicken Sie auf Insert Module und dann zum Beispiel auf Datei. Nichts hat sich getan. Doch wenn Sie im Kontextmenü auf Einfügen klicken, wird Ihnen folgender Code angezeigt:

```
<?php echo JHTML::Date($this->date_field, "%A, %d. %B %Y"); ?>
```

Das Einfügen eines Bildes (über Insert Module / Image) sieht folgendermaßen aus.

```
<img src="templates/<?php echo $this->template
?>/images/CHANGE_THIS_TO_YOUR_IMAGE_FILENAME" alt="" title="" />
```

Die Template Toolbar bietet somit viele Funktionen, mit denen sich Zeit und Arbeit sparen lassen.

Bild 12.34: Joomla Template Toolbar

12.8 Web Developer Toolbar für Firefox

Auch auf dieses Werkzeug sollte ein Joomla-User nicht verzichten. Die Web Developer Toolbar für Firefox ist nach außen hin nur eine harmlos aussehende Leiste unterhalb der Menüleiste. Was sich allerdings dahinter verbirgt, ist ein mächtiges Werkzeug zum Bearbeiten der aktuellen im Browser angezeigten Webseite. Die Web Developer Toolbar ist damit schon fast ein voll funktionsfähiger HTML-Editor. Die zahlreichen Funktionen hier zu beschreiben würde den Rahmen sprengen. Probieren Sie es! Das Werkzeug ist zum Beispiel über folgende Webadresse zu beziehen:

```
http://www.erweiterungen.de/detail/Web_Developer/
```

Einige Anwendungsbeispiele:

- HTML und CSS Elemente lassen sich validieren (auf Gültigkeit prüfen).
- HTML, CSS und Quelltext lassen sich bearbeiten.
- Grafiken lassen sich deaktivieren, speichern und hervorheben.
- Die Webseite lässt sich in verschiedenen Auflösungen testen.

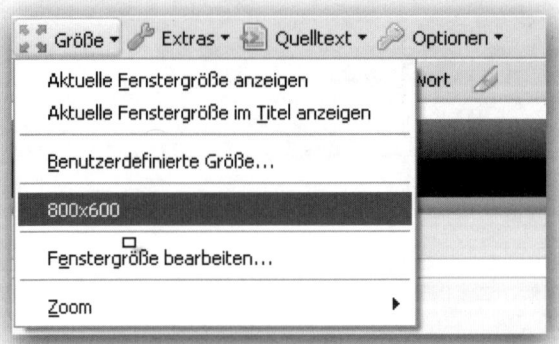

Bild 12.35: Test einer Webseite in verschiedenen Auflösungen

Sie können auch einen Blick in das CSS der angezeigten Seite werfen. Oder Sie können testen, wie die Webseite ohne CSS aussieht. Das erreichen Sie über die Funktion Styles deaktivieren. Sie können das in der geöffneten Seite hinterlegte CSS kopieren oder Ihr eigenes hinzufügen.

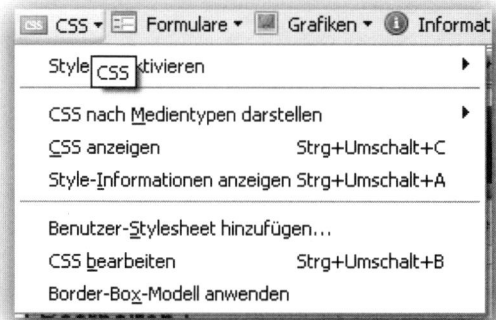

Bild 12.36: Die Toolbar erlaubt Ihnen, Stile zu deaktivieren

Für die eigene Sicherheit lassen sich Passwörter in Formularen und Logins anzeigen. Mit der Funktion `Passwörter anzeigen` ist dies möglich. Das betrifft selbstverständlich nur Ihre eigenen.

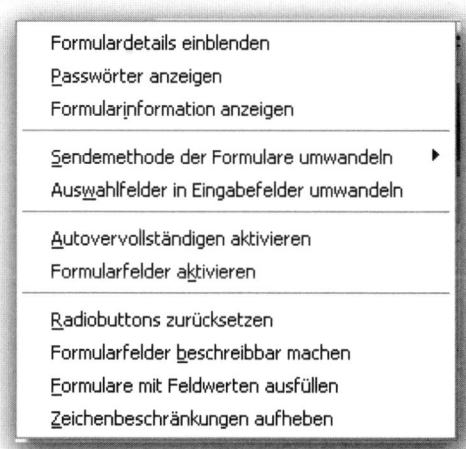

Bild 12.37: Horchen Sie Ihre eigenen Passwörter aus

Auch der Umgang mit Bildern und Grafiken ist eine Stärke der Web Developer Toolbar: Grafken können ausgeblendet, Bilder können vergrößert und hervorgehoben werden. Darüber hinaus gibt es viele weitere interessante Möglichkeiten.

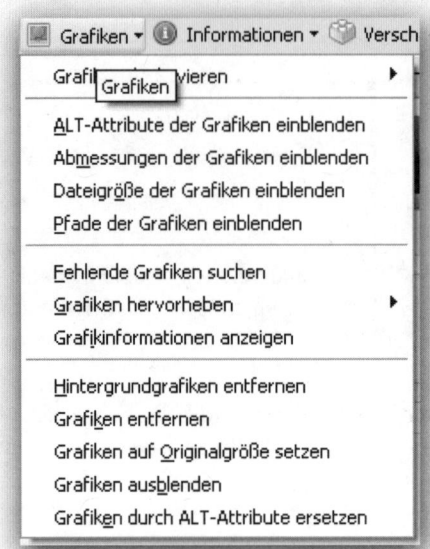

Bild 12.38: Web Developer Toolbar

12.9 Beispieldaten installieren oder nicht?

Während der Joomla-Installation werden Sie an Schritt 5 gefragt, ob die Beispieldaten installiert werden sollen oder nicht. Die Antwort lautet: Das sollte man machen. Das Warum ist ganz einfach erklärt. Die erste Abbildung zeigt eine Installation ohne Beispieldaten und die zweite Abbildung zeigt Joomla mit installierten Beispieldaten. Ohne die Integration von Beispieldaten lässt sich mit Joomla nicht experimentieren. Auswirkungen von CSS-Änderungen lassen sich ohne Beispieldateien nicht nachvollziehen, weil der Content fehlt, auf den die CSS zielen könnte.

Bild 12.39: Joomla-Installation ohne Beispieldaten

Welchen Effekt die installierten Beispieldateien haben, sehen Sie hier:

Bild 12.40: Joomla-Installation mit Beispieldateien

12.10 Upgrade von Mambo nach Joomla 1.0.x

Der folgende Abschnitt liefert eine Anleitung zur Migration von Mambo 4.5.2 nach Joomla 1.0.x. Wenn Sie eine ältere Version von Mambo haben, muss diese erst auf die Version 4.5.2 aktualisiert werden.

Falls Sie Ihre Seite auf Joomla 1.5 oder höher aktualisieren möchten, führen Sie zuerst die wie folgt beschriebenen Schritte durch, um zu Joomla 1.0.x zu migrieren. In einer zweiten Etappe nehmen Sie dann die Aktualisierung auf Joomla 1.5 oder höher vor, die im Abschnitt 2.2 dieses Buches beschrieben ist.

Für das Upgrade von Mambo zu Joomla kopieren Sie alle Mambo-Templates, Komponenten, Module, Mambots sowie Sprachdateien in namensgleiche Verzeichnisse in Ihrem neu angelegten Joomla- Verzeichnis.

Beispiel:

```
components\com_user in Mambo
```

müssen in

```
components\com_user im neuen Joomla
```

So geht's Schritt für Schritt:

1. Fertigen Sie ein Backup des gesamten Systems, Kopie von Mambo, MySQL Datenbank, an. Es ist immer ratsam, eine Sicherung anzulegen

2. Kopieren Sie die Joomla-Dateien (z. B. per FTP) in ein neues Verzeichnis im Root-Verzeichnis. Selbstverständlich nicht bei einer lokalen Migration. Das Verzeichnis können wir Joomla nennen. Alles, was in diesem Verzeichnis an Dateien vorhanden ist, liegt im Wurzelverzeichnis, auch als Root-Verzeichnis bekannt.

3. Das Verzeichnis Joomla/installation muss wie bei jeder Installation gelöscht werden.

4. Kopieren Sie die Datei configuration.php von Mambo in Ihre Joomla-Installation auf den Server. Die Pfade lauten bei Mambo und Joomla gleich (Pfad joomla/includes/configuration.php).

5. Ändern Sie die Variablen $mosConfig_absolute_path und $mosConfig_live_site entsprechend der neuen Konfiguration.

Die Pfadangaben lauten in Mambo folgendermaßen:

```
$mosConfig_absolute_path = '/usr/local/www/mywebspace/mambo';

$mosConfig_live_site = 'http://www.meineseite.de/mambo';
```

Im neuen Verzeichnis könnte sich folgende Variante anbieten:

```
$mosConfig_absolute_path = '/usr/local/www/mywebspace/joomla'

$mosConfig_live_site = 'http://www.meineseite.de/joomla';
```

6. Wenn alles geklappt hat, archivieren Sie Ihre bisherige Site und verschieben das Joomla-Verzeichnis an die ursprüngliche Position.

7. Rufen Sie dann Joomla in Ihrem Browser auf.

Kopieren Sie die folgenden Dateien bitte nicht. Es handelt sich um Mambo-Dateien, die nicht kompatibel zu Joomla sind. Sie würden die Joomla-Core-Dateien mit den Mambo-Core-Dateien ersetzen, welches eine Neuinstallation zur Folge hätte.

Templates:

```
* mambo_admin (Administrator only)

* mambo_admin_blue (administrator only)

* rhuk_solarflare_ii
```

Komponenten:

```
* com_admin (administrator only)

* com_banners

* com_categories (administrator only)
```

* com_checkin (administrator only)

* com_config (administrator only)

* com_content

* com_frontpage

* com_installer (administrator only)

* com_languages (administrator only)

* com_mambots (administrator only)

* com_massmail (administrator only)

* com_media (administrator only)

* com_menumanager (administrator only)

* com_menus (administrator only)

* com_messages

* com_login

* com_modules (administrator only)

* com_newsfeeds

* com_poll

* com_rss

* com_search

* com_contact

* com_sections (administrator only)

* com_statistics (administrator only)

* com_syndicate (administrator only)

* com_templates (administrator only)

* com_trash (administrator only)

* com_typedcontent (administrator only)

* com_user

* com_users (administrator only)

* com_weblinks

* com_wrapper

* com_registration

Module:

* mod_archive

* mod_banners

* mod_components (administrator only)

* mod_fullmenu (administrator only)

* mod_latest (administrator only)

* mod_latestnews

* mod_logged (administrator only)

* mod_login

* mod_mainmenu

* mod_mosmsg (administrator only)

* mod_mostread

* mod_online

* mod_pathway

* mod_poll

* mod_popular (administrator only)

* mod_quickicon (administrator only)

* mod_random_image

* mod_related_items

* mod_rssfeed

* mod_search

* mod_sections

* mod_stats

* mod_templatechooser

* mod_toolbar (administrator only)

* mod_unread (administrator only)

* mod_whosonline

* mod_wrapper

Mambots:

* content/geshi

* content/legacybots

```
* content/moscode

* content/mosemailcloak

* content/mosimage

* content/mosloadposition

* content/mospaging

* content/mossef

* content/mosvote

* editors/none

* editors/tinymce

* editors-xtd/mosimage.btn

* editors-xtd/mospage.btn

* search/categories.searchbot

* search/contacts.searchbot

* search/content.searchbot

* search/newsfeeds.searchbot

* search/sections.searchbot

* search/weblinks.searchbot
```

Sprache:

```
* english
```

Wenn alles geklappt hat, archivieren Sie Ihre bisherige Site und verschieben das Joomla-Verzeichnis an seine ursprüngliche Position.

13   Joomla 1.6 – ein Ausblick

13.1   Wann kommt Joomla 1.6?

In der Software-Welt ist der Wandel die einzige Konstante: Die Entwicklung von Joomla geht einerseits weiter, andererseits wird der Support für den 1.0.x-Versionsstamm am 22. Juli 2009 beendet.

Zum Zeitpunkt der Drucklegung dieses Buchs ist die Entwicklung von Joomla 1.6 in vollem Gange. Als möglicher Starttermin der fertigen Version wird allenthalben das erste Halbjahr 2009 genannt. Wie bei vielen freien Softwareprojekten ist dieses Datum jedoch mit einer Prise Vorsicht zu genießen, da hier die Funktionalität und Stabilität des Produkts in der Regel Vorrang gegenüber der Einhaltung eines bestimmten Termins genießen. So war für Joomla 1.6 anfangs auch zum Beispiel ein Release-Datum gegen Ende des Jahres 2008 im Gespräch, das dann aber nicht zustande kam.

13.2   Was gibt es Neues in der Version 1.6?

Joomla 1.6 wird mit großer Spannung von den Anwendern und Fans erwartet. Vorabversionen zeigen, dass sich an der grundsätzlichen Benutzerführung so gut wie nichts ändern wird. Der Sprung von 1.5 zu 1.6 wird sich für den Anwender also sanfter gestalten als der Wechsel von der 1.0er-Generation zum 1.5-Versionsstamm.

Die Veränderungen bei 1.6 finden daher vor allem unter der Haube statt. Unter anderem scheint sicher, dass der Legacy-Modus wegfallen soll, mit dem Erweiterungen aus Joomla 1.0.x auch unter den Versionsstamm 1.5 und höher funktionierten. Diese Betriebsart ist nämlich eng mit der bisherigen Benutzerverwaltung verknüpft. Da diese für Joomla 1.6 gründlich überarbeitet wird, wird es den Legacy-Modus in dieser Version voraussichtlich nicht mehr geben. Für alle Anwender, die damit noch ältere Extensions betreiben, ist das eine schlechte Nachricht.

Bisher ist bekannt, dass folgende Features in Joomla 1.6 neu eingeführt oder stark überarbeitet werden:

- Das unflexible Rechteschema mit seinen vorgegebenen Benutzerrechten von Administrator, Publisher, Autor, Redakteur etc. lässt sich im Versionsstamm 1.5 und höher nicht fein genug an die Bedürfnisse der Benutzer anpassen. In der Version 1.6 schon!

- Joomla lässt sich automatisch aktualisieren. Sicherheitslücken werden automatisch durch Updates geschlossen.

- Auch Erweiterungen lassen sich mit wenigen Klicks aktualisieren.

- Aus Sicherheitsgründen wird Joomla 1.6 nur noch mit PHP in der Version 5.2 und höher kompatibel sein.

- Es wird möglich sein, den Inhalt der Website zu versionieren. Bestimmte Stände einer Version können gespeichert und wieder hergestellt oder mit einer aktuelleren Version abgeglichen werden.

Tipp: Auf den Webseiten `http://www.joomla.de/neuigkeiten` und `http://forum.joomla.org/` finden Sie aktuelle Informationen darüber, welche Richtung die Weiterentwicklung von Joomla nehmen wird. Das Nachschauen lohnt sich!

13.3 Die Benutzerverwaltung im Versionsvergleich

Um die Benutzer- und Rechteverwaltung in Joomla 1.6 mit ihren neuen Funktionen besser zu verstehen, lohnt ein kurzer Blick in die Anwenderverwaltung von Joomla 1.5.9. Bisher wurden die User strikt in Anwender für das Frontend und Anwender für das Backend getrennt. Für einen Autor und für alle anderen User-Gruppen galten starre Richtlinien mit wenig Spielraum bei der Verwaltung bestehender und neuer Benutzer.

Erinnern wir uns: Die derzeitige Verwaltung in Joomla sieht im Frontend die folgenden Benutzergruppen vor:

- Registriert

- Autor

- Editor

- Publisher

Im Backend gibt es die drei Usertypen:

- Manager

- Administrator

- Superadministrator

Benutzer, die momentan angelegt werden können, sind damit zwar quasi einer Gruppe zugeordnet. Mit den Benutzergruppen, wie sie in anderen Softwarelösungen und Content-Management-Systemen vorgesehen sind, hat dies jedoch wenig zu tun. Gruppenrichtlinien, wie etwa gruppenweite Zugriffsrechte auf einzelne Kompontenten und Module, fehlten bislang. Dadurch ist die Rechteverwaltung in Joomla derzeit relativ starr und unflexibel: Ein Anwender hat entweder zu wenige oder zu viele Möglichkeiten. Bislang ist es unmöglich, einem Benutzer genau die Zugriffsrechte zuzuweisen, die er für seine tägliche Arbeit braucht.

Die bisherigen Rechte sahen folgendermaßen aus:

Registrierte Benutzer:

Normale Besucher, die sich auf der Website tummeln, können Beiträge und Menü-Einträge lesen. Auch wenn sie registriert sind, besitzen sie dennoch keine Rechte für die Bearbeitung und das Erstellen von Artikeln.

Autoren:

Diese Benutzergruppe kann neue Artikel für die Zulassung im Frontend einstellen. Ein Editor oder ein noch höher angesiedelter Anwender muss die Beiträge jedoch genehmigen. Bestehende Artikel kann ein Autor oder eine Autorin nicht bearbeiten.

Editor:

Diese Benutzergruppe kann Artikel erstellen, und bearbeiten. Änderungen müssen aber von einem Publisher oder höher genehmigt werden.

Publisher:

Ein Publisher kann sowohl neue Artikel erstellen als auch bearbeiten und genehmigen.

Manager:

Ein Manager darf im Hinblick auf Autorenbeiträge alles (also auch editieren und genehmigen). Er ist aber im Backend eingeschränkt. Er darf Accounts von Frontend-Mitarbeitern verwalten, kann aber z. B. keinen Administrator- oder Superadministrator-Account löschen, sperren oder entsperren.

Administratoren und Super-Administrator:

Diese beiden Typen können und dürfen alles, im Frontend wie im Backend. Der einzige Unterschied zwischen Administrator und Super-Administrator besteht darin, dass der Super-Administrator dem Administrator ein neues Passwort vergeben kann.

Im Backend wurden die Benutzergruppen bisher über ein relativ spartanisches Menü bearbeitet. Anders ausgedrückt: Eine echte Benutzergruppen-Verwaltung gab es in Joomla bisher noch nie.

Eine der bedeutendsten Neuerungen in Joomla 1.6 ist daher die Implemention einer verbesserten Gruppen- bzw. Mitgliederverwaltung.

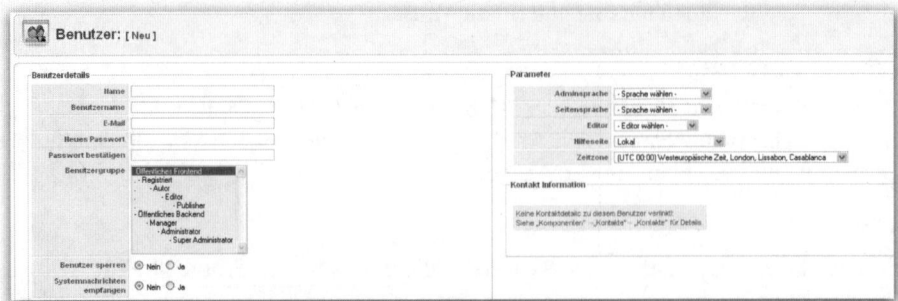

Bild 13.1: Die bestehende Benutzerverwaltung in Joomla 1.5.9

13.3.1 Die Zugriffssteuerungsliste (ACL)

Die Entwickler setzen in der Version 1.6 auf eine Zugriffssteuerungsliste (Access Control List, ACL). Zugriffssteuerungslisten ähnlicher Art werden zum Beispiel in Linux und einigen Microsoft-Betriebssystemen eingesetzt.

Bei der ACL handelt es sich um eine Software-Technik, mit der Betriebssysteme und Anwendungsprogramme Zugriffe auf Daten und Funktionen eingrenzen können. Eine ACL legt kurz gesagt fest, welcher Benutzer welche Dienste und Dateien nutzen darf.

Im Unterschied zu einfachen Zugriffsrechten – typischerweise sind das Administrator- und Benutzerrechte – sind ACLs feiner einstellbar. So können etwa für eine Datei unterschiedlich ausgeprägte Rechte für mehrere Benutzer und Gruppen vergeben werden.

13.3.2 Optische Neuerungen

In der Benutzerverwaltung im Control Panel wurden einige Elemente neu positioniert und sortiert. Es bleibt abzuwarten, welche weiteren optischen Neuerungen hier einge- führt werden.

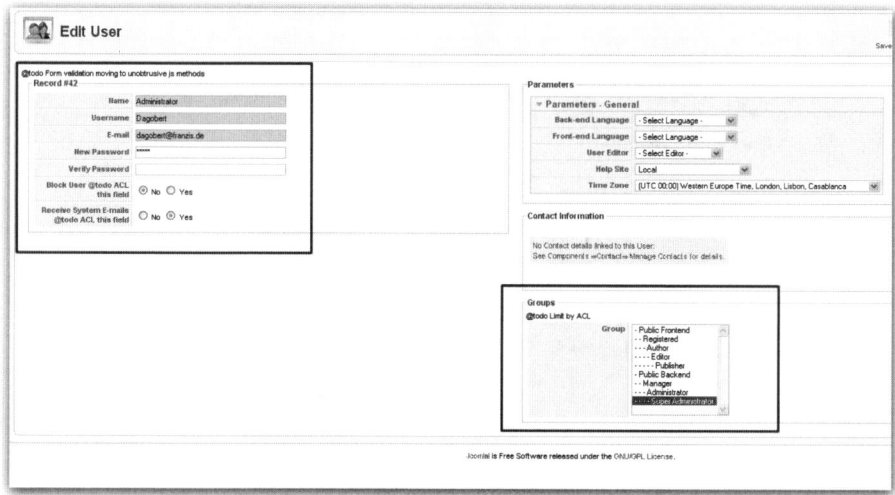

Bild 13.2: Benutzerverwaltung über die Systemsteuerung

Im neuen Backend befinden sich bereits kleine Hinweise, die auf Richtung ACL hindeuten:

Bild 13.3: ACL-Hinweis im Backend einer Vorversion von Joomla 1.6

13.3.3 Die neue Benutzerverwaltung

Mit Joomla 1.6 bricht ein neues Zeitalter in der Benutzer- und Rechteverwaltung an: Aus Usern werden jetzt Members, Anwender werden somit Mitglieder. Profile können spezieller, also stärker auf die Gruppe ausgerichtet werden. Zudem lassen sich nun individuelle Rechte für den Zugriff auf Plugins und Komponenten einrichten. Und so sieht der erste Eindruck aus:

Im Komponentenmenü im Backend findet sich jetzt der neue Menüpunkt `Members` (Mitglieder). Bei Redaktionsschluss dieses Buchs waren lediglich englischsprachige Vorabversionen von Joomla 1.6 verfügbar.

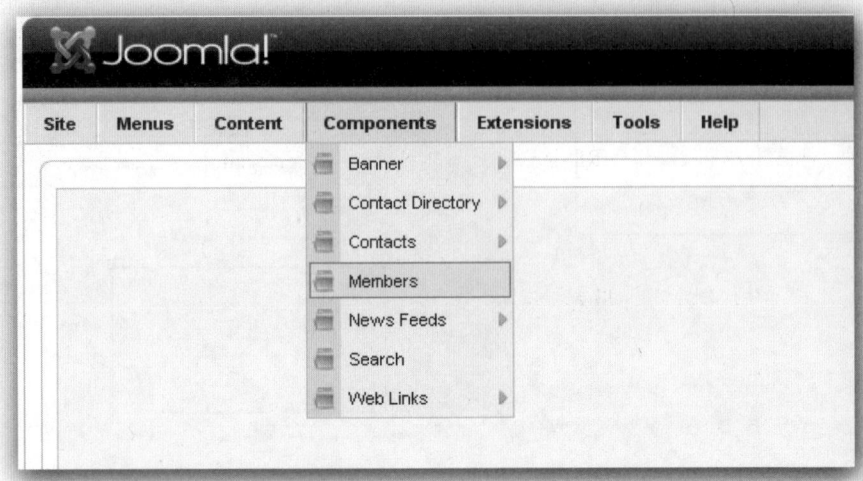

Bild 13.4: Die Members-Komponente im Backend

Verschaffen wir uns einen Überblick über die Komponente: Die neue Mitglieder-Komponente ist im typischen Joomla-Look gehalten und in drei Bereiche unterteilt.

Deutlich ist im Parametermenü die Unterteilung in Members, Groups und Levels zu erkennen. Darüber hinaus ist es über den Punkt Update möglich, vorhandene Benutzer anderen Gruppen hinzuzufügen oder auch zu löschen.

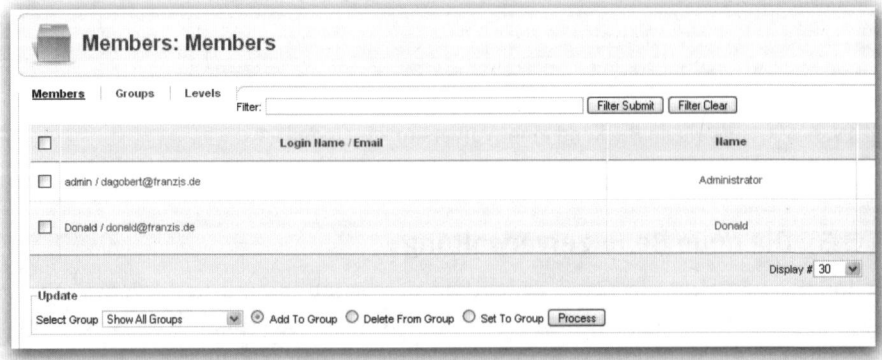

Bild 13.5: Übersicht der überarbeiteten Mitgliederverwaltung

1. Der erste Punkt »Members«

Das Einrichten und Editieren eines neuen oder vorhandenen Mitglieds läuft folgendermaßen ab: Über new wird ein neues Mitglied angelegt. Die Benutzerverwaltung in Joomla 1.6 lässt es wie bisher zu, die üblichen Parameter-Einstellungen wie etwa die

Sprache des Backends oder des Frontends festzulegen, bietet aber darüber hinaus mehr Möglichkeiten zur Erweiterung der Profildaten eines Members an. Ähnlich wie in anderen Redaktionssystemen, Community-Seiten und Foren kann der Registrierte sein persönliches Profil durch eine Reihe von Zusatzinformationen über seine Person einstellen. In Version 1.6 lassen sich etwa neben der Adresse auch die Telefonnummer und (falls vorhanden) auch die URL der eigenen Webseite hinterlegen.

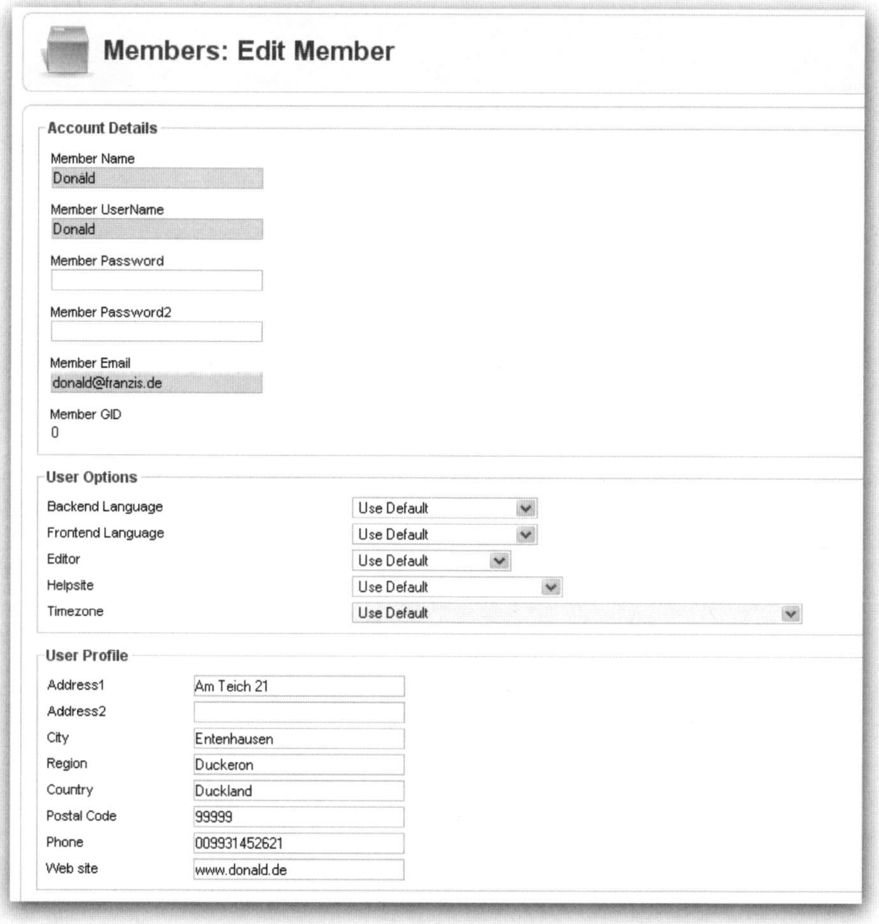

Bild 13.6: Profilerweiterung in der Joomla- Version 1.6

Die rechte Seite sieht wie in der folgenden Abbildung aus. Zu welchen Gruppen soll der neue Benutzer gehören? Dies lässt sich über das Feld `Assigned Groups` festlegen. Die Rechte bzw. die Gruppenrichtlinien sind editierbar.

Assigned Groups

☑ Public

☑ - Donald

☑ - Registered

☑ - - Author

☑ - - - Editor

☑ - - - - Publisher

☑ - - Manager

☑ - - - Administrator

☑ - - - - Super Administrator

Bild 13.7: Assigned Groups

2. Groups – Gruppen

Ebenfalls neu ist die Anzeige Members in Group der Mitglieder einer Benutzergruppe. Zugriffsberechtigte können durch dieses Feature erkennen, wie viele Mitglieder sich in einer bestimmten Gruppe angemeldet haben bzw. registriert sind. In den Versionen zuvor war dies nur über eine SQL-Abfrage oder durch das Zählen der Datensätze möglich.

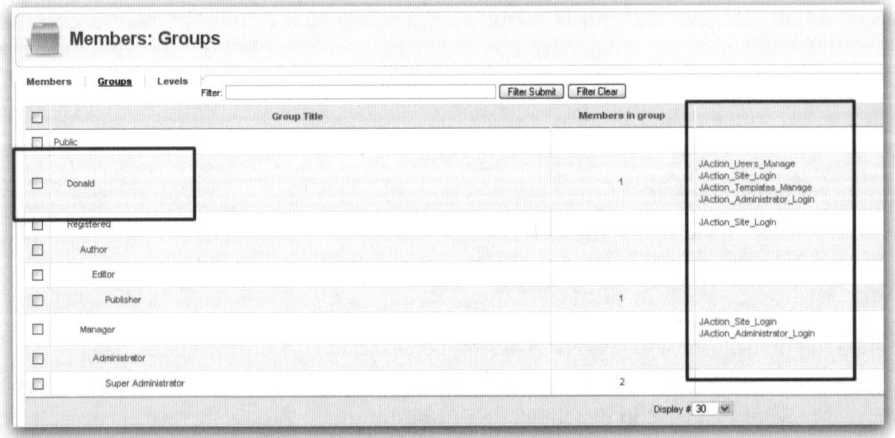

Bild 13.8: Gruppenansicht mit Anzahl der Mitglieder und Komponenten

Was sofort auffällt, sind die Module, die einer Gruppe zugeordnet wurden. In Joomla 1.6 ist es möglich, individuelle Rechte auf einzelne Module und Erweiterungen zu vergeben. Im Beispiel oben ist dies deutlich zu sehen. In der finalen Version 1.6 dürfte allerdings anstatt des Bezeichners `JAction_Site_login` wahrscheinlich eher `Login` stehen. Denn in der endgültigen Ausgabe werden dort voraussichtlich die Namen der Plugins stehen und nicht die Klassenbezeichnungen der Komponenten.

Die Möglichkeit, eine bestimmte Komponente einem Mitglied oder einer Gruppe zuordnen zu können, ist ein wesentlicher Bestandteil der neuen Benutzerverwaltung.

Merkmale bzw. Eigenschaften einer Gruppe können darüber hinaus vererbt werden. Das bedeutet, dass eine neue Gruppe angelegt werden kann, die die Eigenschaften der übergeordneten Gruppe übernimmt. Das vereinfacht vieles – unter anderem müssen für eine neue Gruppe B, die sich nur wenig von einer bestehenden Gruppe A unterscheidet, nicht alle Eigenschaften neu vergeben werden. Die Gruppe B kann stattdessen von der Gruppe A erben. Die wenigen Merkmale, die den Unterschied ausmachen, können dann von Hand festgelegt werden. Das funktioniert, denn über die Vererbung hinaus lassen sich der neuen Gruppe einzelne Zugriffsregelungen zuweisen. Eine sehr gute Sache. In Joomla 1.5 war dies nicht vorstellbar.

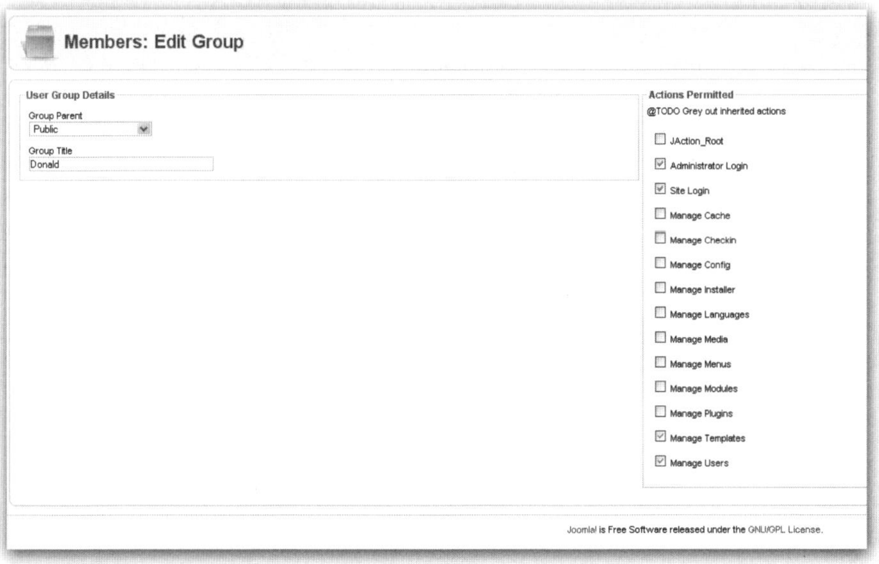

Bild 13.9: Festlegung von Rechten für bestimmte Module

3. Levels – Zugriffsebene

Zugriffsebenen werden sich Gruppen zuordnen lassen. Hier handelt es sich um erste Eindrücke der Version 1.6, der Bereich wird sehr wahrscheinlich überarbeitet, so ganz rund läuft das bis dato noch nicht. Gruppen lassen sich also umbenennen und Module lassen sich einer Gruppenrichtlinie oder einem Member zuordnen.

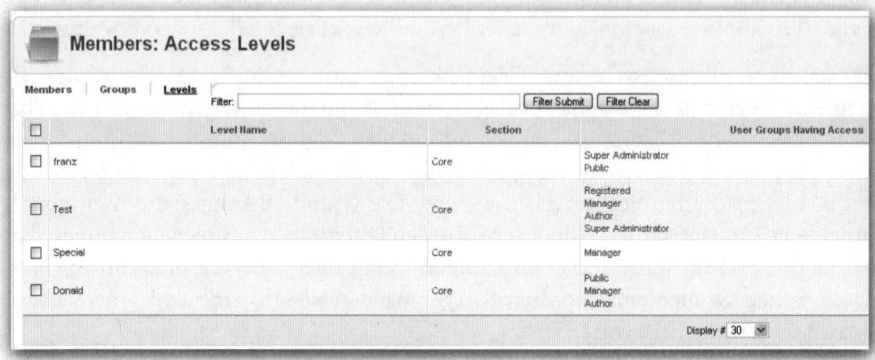

Bild 13.10: Die Zuordnung der Zugriffsebenen

Gruppenbezeichnungen lassen sich umbenennen, dazu folgt gleich ein kleines Beispiel.

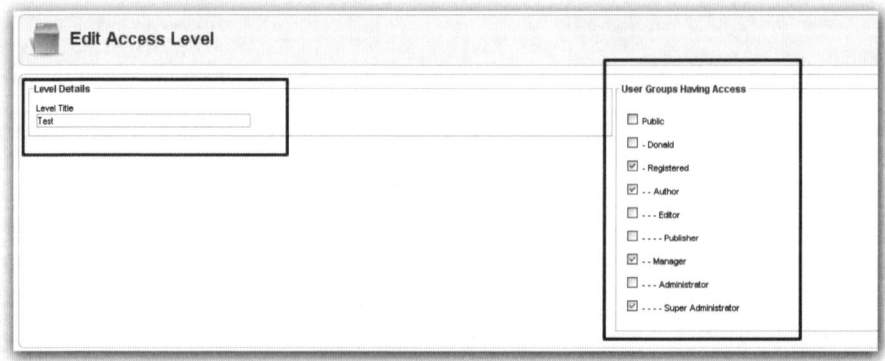

Bild 13.11: Umbenennen einer Zugriffsgruppe

Als Beispiel nehmen wir einen Benutzer, der Dagobert heißt. Als erstes erfolgt die Anmeldung und wir geben ihm die Rechte eines Managers.

Bild 13.12: Das Mitglied Dagobert

Wird die Option `Manager` ausgewählt, werden gleichzeitig alle unteren Gruppen mit weniger Rechten automatisch ausgegraut. Das verbessert den Überblick.

Dagobert muss nun einer Gruppe zugeordnet werden. Dazu klicken Sie oben auf `Groups` und dann auf `new`. Dagobert hat die Rechte eines Managers, daher wählen wir am besten auch `Manager` im Dropdown-Menü `Group Parent` aus.

Bild 13.13: Dagoberts Gruppenzuordnung

Der eigentliche Clou kommt aber erst jetzt. Nun ist es möglich, der Manager-Gruppe, die den Gruppentitel `Dagobert` führt, einzelne Module hinzuzufügen oder diese zu löschen. Bisher hat Dagobert noch keine Module, wie im nächsten Bild zu sehen ist.

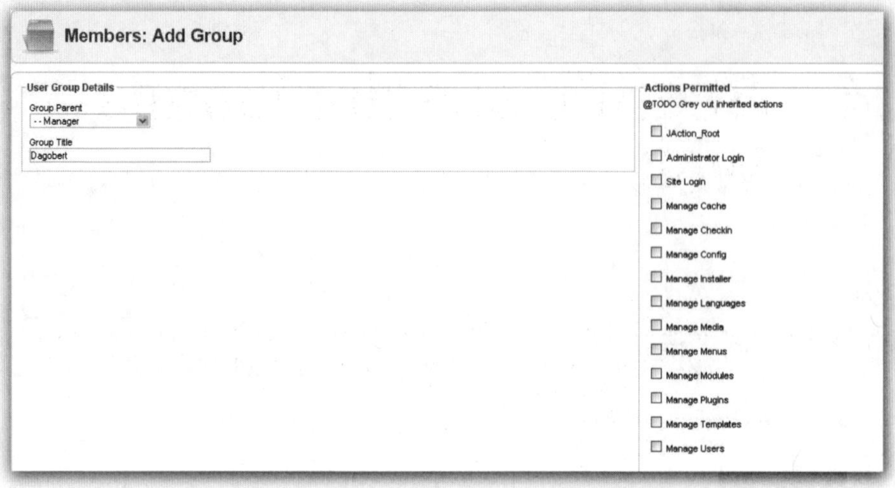

Bild 13.14: Zuordnen von Modulen

Wir ordnen der **Manager-Gruppe** `Dagobert` nun beispielsweise die Funktionen `Site Login`, `Administrator Login`, `Manage Language`, `Manage Templates` **und** `Manage Users` zu. So kann der Member Dagobert nicht nur die Rechte eines Managers ausüben, sondern auch Funktionen benutzen, die sonst höheren Mitgliedern vorbehalten waren. Das ist eine wichtige Neuerung.

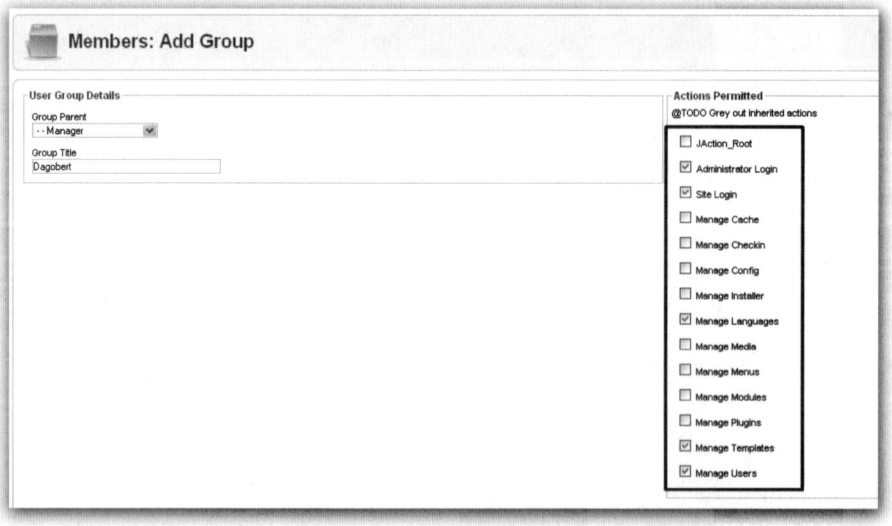

Bild 13.15: Dagobert bekommt Zugriff auf zusätzliche Module eingeräumt

14 Begriffe aus der Joomla-Welt

Backend

Das Joomla-Backend ist das, was der Administrator sieht. Im Backend lassen sich alle wichtigen Einstellungen von Joomla festlegen. Das Backend ist auch Schnittstelle für Module, Erweiterungen und Ähnliches.

Bridge

Einige Joomla-Applikationen lassen sich auch ohne installiertes Joomla auf Ihrer Webpräsenz einsetzen. Für diesen Zweck gibt es für ein kleines Progrämmchen mit dem Namen »Bridge«.

```
Der Download findet sich hier: http://www.joomlahacks.com/
```

Cache

Der Cache ist der Zwischenspeicher. Wenn der Cache im Backend aktiviert ist, werden alle Dateien einer Webseite zwischengespeichert und verringern dadurch die Ladezeiten der Webseite.

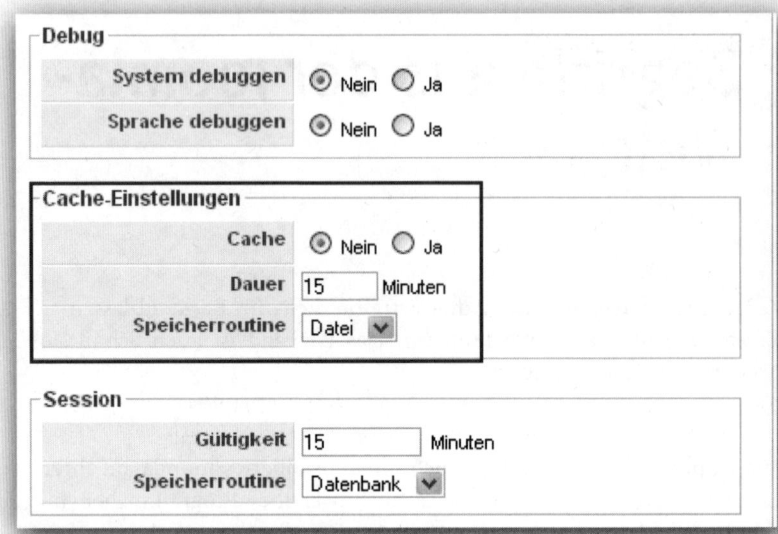

Bild 14.1: Die Cache-Einstellungen im Backend

Core

Die Joomla-Installationspakete werden meist auch als Core bezeichnet. Der Begriff Core steht dabei für den Systemkern.

Changelog

Changelog ist meist eine kleine Textdatei, die über Veränderungen und Weiterentwicklungen des aktuellen Cores Buch führt

CMT

Kurzbegriff für Components (Komponenten)

CHMOD

CHMOD steht für »change mode – mit CHMOD können die Rechte von Dateien und Verzeichnissen von Webservern, die unter Unix laufen, eingestellt werden. Die Ziffernfolge bestimmt die Rechte des Anwenders. Die Zahlenkombination 777 bedeutet, der User hat alle Rechte.

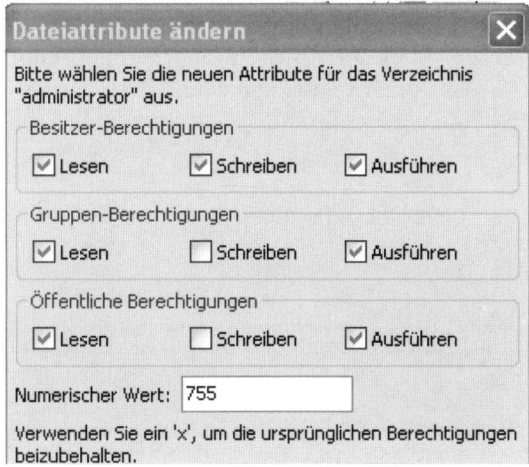

Bild 14.2: CHMOD im FTP-Programm Filezilla

CMS

CMS steht für Content Management System (System zur Inhalteverwaltung). Joomla ist ein solches CMS.

Content

Heißt zu Deutsch Inhalt. Anders als HTML-Seiten unterscheidet Joomla zwischen statischen und dynamischen Inhalten. Bereiche wie Anschrift etc. sind meistens statische Seiten und sind nicht editierbar. Eine größere Bandbreite beim Editieren erlauben die dynamischen Inhalte.

Donationware

Donationware ist Freeware mit der Möglichkeit, dem Entwickler eine Spende zukommen zu lassen. Meist läuft die Bezahlung über Paypal.

Extension

Eine Extension ist der Oberbegriff für eine Erweiterung, die sich in Joomla einfach installieren lässt. Zu den Extensions zählen Module, Plugins, Komponenten, Templates und Sprachdateien.

Frontend

Das Frontend ist die Ansicht Ihrer Website. Es ist das Aushängeschild einer Webseite. In Joomla wird das Frontend zumeist durch Module ergänzt.

GNU / GPL

Die GNU General Public License gilt für viele Programme, deren Quellcode der Anwender beliebig ändern darf. Joomla und auch diverse Online-Shops sind GNU-lizenziert.

Global Check-In

Um gesperrte Einträge wieder freizugegeben, ist es nötig, sich als Superadministrator einzuloggen und im Menü Konfiguration die Option System und dann Global Check-In auszuwählen.

Localhost

oder auch 127.0.0.1 ist die IP-Adresse eines lokal installierten Webservers, z. B. Apache.

JUG (Joomla User Group)

Eine JUG ist eine Art Community, die sich hin und wieder trifft, um Aktuelles und Informationen über Joomla auszutauschen.

Legacy Mode

Eine Betriebsart, mit der ältere Plugins oder Erweiterungen von Joomla laufen können. Um die Lauffähigkeit der alten Module herstellen zu können, muss Joomla im Legacy Mode laufen. Der Legacy-Modus wird über folgenden Menüpfad eingestellt:

```
Erweiterungen / Plugins / auf der zweite Seite dann: System - Legacy
```

Diese Komponente erlaubt das Installieren von Erweiterungen, die noch nicht kompatibel zu Joomla 1.5 und höher sind.

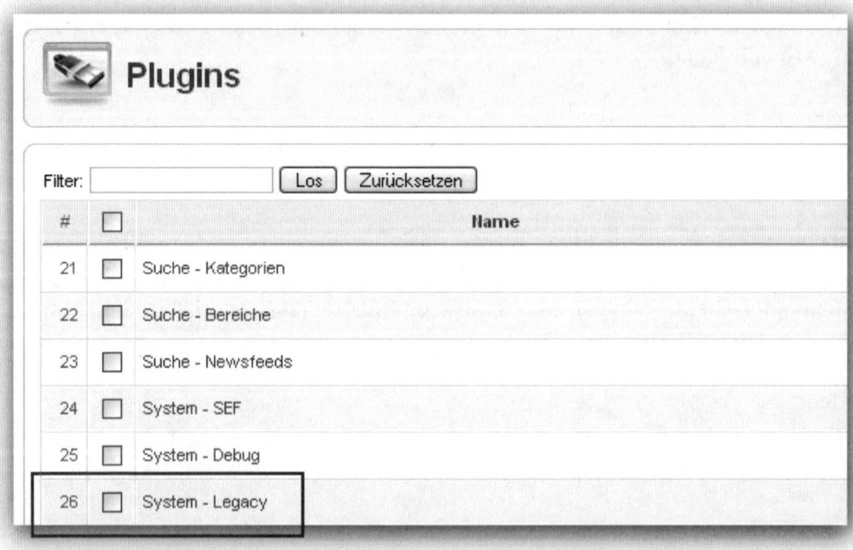

Bild 14.3: Der Legacy-Modus im Backend

Meta-Tags

sind im Header einer Webseite enthalten und können wichtige Informationen für den Webserver und Suchmaschinen enthalten. In Meta-Tags können Suchbegriffe hinterlegt werden, die von den Robots der Suchmaschinen gelesen werden können.

mod_rewrite

ist ein Tool des Apache-Webservers, das zur Suchmaschinenoptimierung beiträgt. Es kann aus dem Joomla-Backend heraus aktiviert werden. Wichtige Informationen zu `mod_rewrite` finden Sie unter folgender URL:

```
http://www.modrewrite.de/
```

Native-Modus

bedeutet, dass eine Erweiterung nur für Joomla 1.5 oder höher programmiert wurde. Bei anderen Versionen funktioniert sie nicht.

PHP

PHP hieß ursprünglich PHP/FI und bedeutete: Personal Home Page/Form Interpreter. PHP ist eine Skriptsprache, die sich für Webanwendungen durchgesetzt hat. Die Konkurrenz, nämlich ASP, ist wesentlich seltener anzutreffen. Joomla ist wie viele andere CMS in PHP geschrieben.

Pathway

Dabei handelt es sich um die Darstellung des Bereichs auf der Joomla-Webseite, auf der man sich aktuell befindet.

Safe-Mode

Der Safe-Mode ist eine Sicherheitseinstellung eines Webservers und kann eine Hürde für Joomla sein.

SEF

SEF steht für Search Engine Friendly (Suchmaschinenfreundliche URLs). Wird zwar im Backend angeboten, hat aber nicht mehr die Relevanz von früher, wo es Seiten mit der Endung PHP schwer hatten, von Suchmaschinen gefunden zu werden.

Bild 14.4: SEF im Backend

SEO

SEO steht für Search Engine Optimization und ist ein wesentlicher Bestandteil einer jeden Profi-Webseite geworden. Durch gezielte Optimierung der Webseite soll eine bessere Trefferquote bei den Suchmaschinen erreicht werden.

Bild 14.5: SEO im Backend

Stylesheet

Joomla wird gänzlich mit Stylesheets formatiert. In Stylesheets werden Aussehen, Farben, Positionen etc. festgelegt.

SQL

SQL = Structured Query Language. SQL ist eine Datenbankabfragesprache

Tag-Cloud (Begriffswolke)

Derzeit häufig auf diversen Webseiten zu sehen. Es handelt sich um kleine Felder, die die Begriffe anzeigen, die von den meisten Besuchern einer Website engefragt werden. Wer Suchmaschinenoptimierung betreiben möchte, sollte eine Tag-Cloud in seine Webseite integrieren und deren Ergebnisse bei der Auswahl der Keywords berücksichtigen.

Thumbnail

Der Thumbnail ist ein kleines Vorschaubild (wörtlich ein Daumennagel). Bestens für Vorschauen aller Art geeignet, weil dadurch Ladezeit verringert werden kann. Anstatt das eigentliche Bild vollständig zu laden, wird nur das kleinere Thumbnail dargestellt.

Web Accessibility

ist das englische Wort für Barrierefreiheit. Darunter versteht man die Anpassung einer Webseite an Menschen, die an einer Behinderung leiden (meist Blinde).

Webserver

Eine Art Betriebssystem (zumeist auf Unix-Basis) für die Darstellung und Verwaltung von Websites. Der bekannteste Vertreter ist Apache.

Web 2.0

Der Begriff steht für eine Reihe interaktiver und kollaborativer Elemente des Internets, speziell des WWW. Geprägt hatten den Begriff 2004 Dale Dougherty und Craig Cline (Quelle: Wikipedia). Im Wesentlichen wird Web 2.0 über Javascript realisiert. Google oder Youtube sind gute Beispiele für die Anwendung von Web 2.0-Aspekten. Hier werden zum Beispiel bei Suchanfragen schon beim Eintippen Vorschläge zum Suchbegriff angeboten.

3rd-Party (3PDs-Tools)

Der Begriff steht für Plugins von Drittanbietern (meist kostenpflichtiger Art).

15   Hilfe aus dem Web

www.apachefriends.org	Unter dieser Adresse finden Sie die Serverumgebung XAMPP für den lokalen Joomla-Betrieb – für Windows-, Linux- und Macintosh-Rechner.
www.joomla.de	Hier können Sie die jeweils aktuelle Joomla-Version herunterladen.
www.joomlaos.de	Eine der wichtigsten deutschsprachigen Community-Seiten für Joomla. Hier finden Sie eine breite Auswahl an Plugins, Templates und Komponenten sowie selbstverständlich auch die aktuelle Joomla-Version.
www.joomla-grundlagen.de	Ein Joomla-Weblog mit nützlichen Tipps und Work-shops.
http://www.joomla-tipps.net/ joomla1.5/classes.html	Enthält die komplette Joomla-Dokumentation ein-schließlich der Namens- und Klassenbereiche sowie der Joomla-Programmier-schnittstelle.
www.buch.cd	Hier können Sie die in diesem Buch verwendeten Listings und Template-Dateien herunterladen.

Stichwortverzeichnis

Danksagung

»Ein Buch zu schreiben sei wie einen Elefanten zu essen«. Das meinte mein Lektor Franz Graser. Und das stimmt! An dieser Stelle sei ihm aus vollem Herzen gedankt. Ein »Danke« auch an Peter Schmid-Meil und dem Franzis Verlag, die mir dieses Buch ermöglichten. Als treuer Freund auch ein Danke an Franz Rufnak sowie an Tiger und Lilly.

Stephan Brey